新曲線 New Curves | 用心雕刻每一本……

http://site.douban.com/110283/
http://weibo.com/nccpub

用心字里行间　雕刻名著经典

50位最伟大的心理学思想家

【英】诺埃尔·希伊　著

郭本禹　方　红　译

人民邮电出版社

北　京

图书在版编目 (CIP) 数据

50 位最伟大的心理学思想家 /（英）希伊著；郭本禹，方红 译 .
- 北京：人民邮电出版社，2012.1（2022.4 重印）
ISBN 978-7-115-26638-5

Ⅰ. ① 5… Ⅱ. ①希… ②郭… ③方… Ⅲ. ①心理学家—生平事迹—世界 Ⅳ. ① K815.1

中国版本图书馆 CIP 数据核字（2011）第 213188 号

50 位最伟大的心理学思想家

◆ 著　　[英] 诺埃尔・希伊

译　　者　郭本禹　方　红
策　　划　刘　力　陆　瑜
责任编辑　常玉轩
装帧设计　陶建胜

◆ 人民邮电出版社出版发行　北京市丰台区成寿寺路 11 号
邮编　100164　　电子邮件　315@ptpress.com.cn
网址　http://www.ptpress.com.cn
电话　（编辑部）010-84931398　（市场部）010-84937152
三河市少明印务有限公司印刷
新华书店经销

◆ 开本：880 × 1230　1/32
印张：10.5
字数：271 千字　2012 年 1 月第 1 版　2022 年 4 月第 6 次印刷
著作权合同登记号　图字：01-2010-1474

定价：28.00 元

本书如有印装质量问题，请与本社联系　电话：(010) 84937152

内容简介

心理学在其不到150年的发展历史中成果卓著，其间无数思想家和学者做出了卓越贡献。很多学者具有哲学和医学的学术背景，又广泛采取了自然科学的观念和研究方法，他们未必是严格意义上的心理学家，但他们的思想和观念对心理学的发展产生了不可估量的影响。

这本小书选取了对心理学历史和发展产生重大影响的50名思想家，介绍了其生平、思想、工作及学术成果。这些最具影响力的人物塑造并推动了现代心理学的发展。

本书适合作为普通心理学及心理学史的补充读物，也适合对心理学感兴趣的普通读者阅读。

目　录

前　言

现代心理学植根于19世纪40年代至50年代德国的思想与文化生活。与自然科学相比，心理学还是处于婴儿期，像每一个婴儿一样，它早年的成长同样让人惊奇。150年前，如果想在一个信封的背面列出欧洲和北美所有心理学家的名字，的确是有可能做到的。而今，拥有心理学学位的人已经成千上万。本书关注的是50位思想家对心理学取得的成就及未来的发展方向产生了怎样的影响。

心理学的基础来源于哲学、医学以及自然科学的观念与方法。书中提到的这些思想家的观念在不同的程度上反映了这一特点。有一些思想家（如冯·赫尔姆霍茨）有医学和物理学的背景，有一些是神经病学家（如斯佩里），还有一些是数学家（如卢斯）。有一些思想家，如语言学家诺姆·乔姆斯基和行为学家康拉德·洛伦茨从未认为自己是心理学家，并且拒绝那样的称谓。然而，他们的观念与研究领域与心理学非常密切，而且对心理学家思考行为、解释行为的方式产生了深远的影响。

欧美的心理学将人类某些非常重要的心理及行为作为研究对象，包括脑、知觉、动机、学习、智力、语言、思维、人格、发展以及社会关系。这里所包括的人物传略反映了所有这些领域中重要人物的思想。选择这些人物是一项极其困难的任务。

这些章节都遵循统一的格式。心理学家们认为，一个人的童年经历可以影响到他长大之后的样子，因此我们给出了详细的个人传记。每一篇人物传记还指出思想家在其成长过程中所受到的主要思想影响，以及他们的研究方法受到的批判性评价。在每个章节的结尾还列出了他们的主要作品以及进一步阅读的建议。这50个人物传记并不是完全没有联系的，我们指出了其在概念、主题以及传记上的相互联系。不过，我们撰写这些人物传记的目的是为了鼓励读者深入本书，同时要超出于本书的内容。我们还为初学心理学的读者提供了一份术语表，这应该会使他们更容易理解心理学家们在思考和写作时惯常使用的一些语言。

哲学家和历史学家乔治·桑塔耶纳曾经评论说，那些不了解历史的人必定会重复前人的错误。仔细阅读本书的一些章节将会发现，这种说法并非总是正确的。在一些情况下，心理学家们已经知道了过去的错误，但还是会重复它们。但是，这种重复有时候是富有成效的：绕圈子可能是一件好事，只要这个圈子足够大，当一个人回到这项任务时，他就会以一种新的视角来看待它，而错误也就带来了新的洞见。

诺埃尔·希伊（Noel Sheehy）
贝尔法斯特，皇后大学

赫尔曼·冯·赫尔姆霍茨（1821~1894）

赫尔姆霍茨（Hermann Ludwig Ferdinand von Helmholtz）发表了第一个对于神经冲动速度的精确估算，从根本上改变了生理学家和心理学家思考神经系统的方式。

赫尔姆霍茨的母亲卡罗琳·佩恩是一位汉诺威炮兵军官（他是成立了宾夕法尼亚州的英国贵格会改革家威廉·佩恩的后裔）的女儿。赫尔姆霍茨出生在德国的波茨坦，他是家里四个孩子中的老大。由于身体不好，他最初在家里接受父亲奥古斯特·弗迪南德·朱利叶斯·赫尔姆霍茨（一位语言学和哲学教师）的教育。8 岁的时候，他进了波茨坦体校，他在体校的学业表现平平。这可以更多地归结为是思维独立性的影响，而不是缺乏任何的能力。从体校毕业后，他曾希望成为一位物理学家，但是他没有钱，这就意味着他不能追求他首选的职业。退而求其次，他进了弗雷德里希·威廉医学院，只要他同意担任普鲁士军队的外科医生，他就可以在那里接受免费的教育。从医学院毕业后，他便开始在波茨坦干起了军队外科医生，在那里，他还继续研究了理论物理学的一些问题。26 岁那年，他提交了关于能量守恒定律的论文。1849 年，他作为一名初级教授来到了科隆堡大学，两年后，被提升为终身教授。他在那里生活了 7 年，后去波恩待了两年，然后到海德堡又待了两年，最后，他被任命为柏林大学的物理学教授。1882 年，德国皇帝授予他贵族身份，此后，他的名字就成了赫尔曼·冯·赫尔姆霍茨（Hermann von Helmholtz）。1893 年，他参加了芝加哥世界博览会，在美国期间，他拜访了**威廉·詹姆士**[1]。上船准备回国时，他不慎摔了一跤，髋关

1 黑体字人名表示为本书将要论述的 50 位人物之一。——译者注

节摔断，头部严重受伤。他一直都没有完全康复，次年去世。但在那之前，他目睹了他的两个孩子、前妻奥尔加・冯・维尔顿以及他杰出的学生和朋友海因里希・赫兹（无线电波的发现者）的死亡。他的第二任妻子安娜・冯・摩尔比他活得长。

1850 年，赫尔姆霍茨发明了检眼镜，这很快就获得了赞誉。它从根本上改变了关于视觉的研究，同时还成为对眼疾诊断与治疗的一种设备。人们对这一创新的反应只略低于对他另一项发现的称赞，他于 1852 年发现了神经流的速度。那是一项惊人的科学突破。尽管他不是柏林大学的学生，但是极大地受到了生理学家约翰尼斯・缪勒（Johannes Müller）及其学生埃米尔・杜・波伊斯－雷蒙德（Émil du Bois-Reymond）的影响，这两个人的根基都在柏林。缪勒之前曾发表了三次对于神经冲动速度的估算，范围从每分钟 2 740 米（9 000 英尺）到每秒 1 755.6 万千米（576 亿英尺）——几乎是光速的 60 倍。赫尔姆霍茨证明缪勒所有的估算都是完全错误的。他对青蛙的运动神经进行了研究，指出神经冲动传递的速度大约是每秒 27.4 米（90 英尺）。接着，他进一步测量了感觉神经中传递的速度，并估计速度在每秒 50 到 100 米之间。尽管杜・波伊斯－雷蒙德后来发表了更为精确的测量，但是神经传递不是即时的——或者说实质上不是即时的——这一发现的重要性几乎是无法估量的。

赫尔姆霍茨关于解剖学、眼睛光学及其在感觉与知觉中之作用的研究，最先在《生理光学手册》（*Handbuch der physiologischen Optik*，1856）中得到了总结。该书不仅包括赫尔姆霍茨自己的研究，还包括了其他研究者的成果。赫尔姆霍茨承担了一项巨大的任务，即重复其他人所做的每一个实验（他在手册中讨论了这些人所做实验的结果）。在一些情况下，这种重新考查产生了新的发现——例如，赫尔姆霍茨对于立体望远镜的发明。他继续改进光学方面的研究，于 1860 年出版了修订版，并于 1867 年出版了第三版。所有这三卷都发表在 1867 年的一本简编本中。该简编本囊括了将近 8 000 条参考书目，至今仍然是标准的光学教科书之一，1924 年重印了一次，1964 年又再次重印。他的主要贡献还包括他的颜色知觉理论。

英国医生、物理学家托马斯·扬（Thomas Young）曾提出，色觉是眼睛中三种不同感受器之刺激模式的产物。赫尔姆霍茨重新发现了扬相对受到忽视的观点，对它们稍微作了些改动，并发表了现在已为人所熟知的扬－赫尔姆霍茨理论，或三原色论。赫尔姆霍茨提出，在眼睛中有三种类型的纤维——红色、绿色和紫色——对每一种类型的刺激会产生一种不同的色觉。一种颜色（而不是原色之一）会刺激这三种纤维作某种结合，结果就是知觉到一种颜色。对于扬－赫尔姆霍茨理论而言，问题之一是，最为常见色觉缺陷是不能将红色与绿色区分开来。根据扬－赫尔姆霍茨理论，知觉为黄色的颜色是红色纤维与绿色纤维刺激的结果。在红绿色盲中，这些被假定是有缺陷的。换句话说，该理论错误地预测一个患有红绿色盲的个体在看见黄色方面也应该存在问题。尽管该理论被证明是不正确的，但是它激发爱德华·海林（Edwald Hering）以对抗过程理论的形式提出了一种不同的更为成功的理论，拮抗过程理论提出，存在着三种双极光感受器，对白－红、红－绿、蓝－黄做出反应。

赫尔姆霍茨在听觉方面的研究［他将这方面的研究总结在了《作为音乐理论之生理学基础的声觉学说》（*Die Lehre von den Tonempfindungen als physiologische Grundlage für die Theorie der Musik*, 1863）中］也具有相当大的重要性。他将解剖学知识与他关于声波的研究结合在一起，形成了“听觉共鸣说”。该理论提出，在被称为柯替氏器官的内耳部分的外部毛细胞，会选择性地对不同的声音频率作出反应。他认为，这使得耳朵得以将单音或合音从撞击在其上的无数声波中分辨出来。赫尔姆霍茨还是第一位研究音色，并解释为什么同一个音符用不同类型的乐器演奏听起来会不一样的物理学家。与约翰尼斯·缪勒（他曾系统阐述了“神经特殊能量定律”）不同，赫尔姆霍茨假定了“纤维特殊能量定律”。因此，他的色觉理论以及他的听觉共鸣说都要求，每一条神经内的单个纤维都要运输特殊的信息至大脑。

赫尔姆霍茨对于感觉与知觉的解释坚定地落于一种经验主义的传统之内，而且为了帮助扩大其影响，他与他的同时代人杜·波伊斯－雷蒙德、恩斯特·布吕克（Ernst Brücke）以及卡尔·路德维格（Carl Ludwig）一起建立了生理学的“1847”或“机械流派”。与活力说不同——活力说认为，生命不仅仅是一个物理过程，而且也不能被还原为这样一个过程——他们的宣言是“没有哪种力量比共同物理力量在有机体内部更为活跃”。他的机械观点招致很多反对意见，尤其是在德国，在那里，人们普遍支持的是伊曼努尔·康德（Immanuel Kant）的哲学。遵循康德的传统，大多数德国心理学家认为，一些思维过程与知觉范畴是先验的，或者说是先天赋予的。与此相反，赫尔姆霍茨提出，知觉必定是习得的。例如，在深度知觉中，身体必须要学会将眼肌的特定肌肉紧张度与经验到的距离联系起来。赫尔姆霍茨将感觉定义为短暂的感觉输入，而知觉是一种来自于过去的输入。知觉通过对其进行增加或减少而改变感觉——他称这一过程为“无意识推论”。这种推论是一种个体觉察不到的影响，是即时的，是不能够抗拒的。例如，当人们想要作出一个知觉判断，如当他们估算要够到远处一个物体所需的杆子的长度时，他们可能会系统地过高估计要够的距离。他们的这种过高估计反映了非知觉过程（在上面这个例子中，指的是想象其结果）对于更为根本的思维过程所产生的无意识影响。因此，尽管赫尔姆霍茨是一位坚定的经验主义者，但是他也认可了一种主动心理的观念。心理的任务是，从它通过身体的感觉系统接收到的各种符号中创造出一个合理准确的现实概念。不过，他关于心理的观点与康德的不同，这是因为康德认为，思维的心理范畴会自动地或先天地呈现一个现实概念。不过，在英国，赫尔姆霍茨的哲学取向更为容易地被接受了，这是因为哲学家洛克（Locke）和穆勒（Mill）为经验主义（这种观点认为，所有的事实性知识都来源于经验）奠定了基础。不过，赫尔姆霍茨关于心理的观点与英国大多数的经验主义者也不同，他们将心理看做在很大程度上是被动的。在赫尔姆霍茨看来，鉴于各种感官所提供的信息是不完整的，而且很可能是歪曲的，因此，心理的工作是建构一个切实可行的现实概念。尽管他发现物理上存在的东西与心理上体验到的东西之间的匹配不是非常好，但是他根据观察者感受器系统与无意识推论的属性解释了这种不一致。通过这样做，他为实验心理学以及更晚一些的认知科学的出现铺平了道路。

赫尔姆霍茨与认知科学（一种研究大脑加工信息之方式的多学科取向）之间的联系，可以体现在他试图解释为什么我们让目光滑过一个静止不动的场景时，场景看起来并不移动，但当物体在我们眼前移动而我们的眼睛静止不动时，物体就会被知觉为是移动的。他指出，将手指按在眼球的边缘会导致似动知觉。不过，当这样做时拉伸的肌肉与眼睛正常状态下所用到的肌肉是一样的。这就表明，运动并不是以眼肌在做什么为基础的。赫尔姆霍茨假定（这种观点后来得到了证实），视觉系统用计划好的眼动预期信息或前馈信息，来确定视网膜上物体位置的变化是由于眼睛的运动还是由于世界上物体的运动。一个世纪以后，哲学家、心理学家杰里·福多（Jerry Fodor，1983）引用赫尔姆霍茨的论证来支持这种主张，即思维过程是以一种模块的方式得以组织的。例如，当拉伸肌肉时，关于眼动的前馈信息对于准确的知觉来说是没有用的，这一事实表明，人为控制系统在机能上与视觉系统是相分离的。换言之，我们可以说这两个系统在大脑中占据独立的模块。

尽管赫尔姆霍茨从未获得一个心理学的学术职位，但是他在物理学与生理学上的研究发现对于普通心理学而言是根本性的，尤其对实验心理学来说是根本的。在心理学方面，赫尔姆霍茨与物理学家、生理学家古斯塔夫·费希纳（Gustav T. Fechner）、冯特以及生理学家 F. C. 唐德斯（F. C. Donders）一起工作过；而在物理学方面，他与法拉第（Farraday）、廷德尔（Tyndall）以及凯尔文（Kelvin）一起做过研究。也许没有其他哪一个人像赫尔姆霍茨一样，对于心理学这门科学的建立产生如此多的影响（不管是直接的还是间接的）。他与热力学、生理学、新陈代谢学、光学、磁学、电力学以及地质学这些领域中一系列划时代的发现都有关系。他所担任的外科学、解剖学、生理学、物理学等各种教授职位，以及他对于电磁波发动机、肌动描记器、正切电流计以及检眼镜的发明与制作在很大程度上促进了他的研究。

赫尔曼·冯·赫尔姆霍茨的主要作品

'Uber die Erhaltung der Kraft (On the Conservation of Energy)', *Wissenschaftliche Abhandlungen*, 1847, 1, 12-75.

'Rate of Transmission of the Excitatory Process in Nerve', *Berliner Monatsbericht*, Comptes Rendus, 1850, 30-3.

Handbuch der physiologischen Optik (Handbook of Physiological Optics), Voss, 1856.

Handbuch der physiologischen Optik part II, Voss, 1860.

Die Lehre von den Tonempfindungen als physiologische Grundlage für die Theorie der Musik (The Theory of Tonal Sensations as the Physiological Basis of Music Theory), Dover, 1863 (reprinted 1954).

Handbuch der physiologischen Optik, Pat III, Voss, 1867 (translated by J. P. C. Southall, Optical Society of America, 1924).

进一步阅读

Fodor, J. A. (1983) *The Modularity of Mind*, MIT Press.

Hurvich, L. M. and Jameson, D. (1979) 'Helmoltz's vision looking backward', *Contemporary Psychology*, 5, 901-4.

Koenigsberger, L. (1902) *Hermann von Helmholtz*, Dover (reprinted 1965).

弗朗西斯·高尔顿（1822~1911）

高尔顿（Francis Galton）开创了关于个体差异的研究，并提出了一种用基因遗传来解释个体差异的理论。

伊拉莫斯·达尔文（医生、哲学家、进化理论家）是查尔斯·达尔文（Charles Darwin）的祖父和弗朗西斯·高尔顿的外祖父。高尔顿出生在伯明翰一个信奉贵格会的家庭里，他们家的财产来源于枪支制造，后来家族的生意又扩展至银行业，并最终取得了成功。他的母亲与查尔斯·达尔文的父亲是同父异母的兄妹。高尔顿是七个孩子中最小的，他早期的教育是在家里进行的，两岁半的时候，他就能够阅读、写字；到了七岁，他就可以阅读莎士比亚的作品。高尔顿接触正式教育的情形与**冯特**并无二致——他们两人都在一种体罚的文化中忍受着严厉的制度。直到16岁，高尔顿才上了寄宿学校，1838年，他去了伯明翰综合医院学习医学，后转到了伦敦国王学院，一年后，他又转到了剑桥大学（1840~1843），在剑桥，他攻读数学，但没有获得学位。在他的父亲去世后，他决定不再回国王学院完成医学学位。

像**比纳**一样，高尔顿继承了大量的财富，这意味着他可以追求所有他感兴趣的东西，而他的兴趣包括对祈祷功效的评估，以及对英国不同地区女性之相对漂亮程度的量化。他发明了照片合成技术，并创新性地使用指纹来进行身份确认。他曾到埃及和苏丹旅行，并穿越了整个中东。在一个富足的社会圈中，他处境很好，本可以过上维多利亚时期稳定的生活，但是一位颅相学者建议他去追求一种更为活跃的生活方式。当时，颅相学者使用现在已经不可信的实践来评估一个个体心理官能的相对力量，并且通过计算头盖骨不同部分隆起的大小来评估他们对于不同职业的适合程度。高尔顿加入了皇家地理学会，并到非洲西南部进行了一次为期两年的旅行，他因绘制了先前没有得到探索的地域（现在的纳米比亚）的地图而得到学会的最高奖赏。在他获得最高奖赏的那一年，也就是 1853 年，他出版了第一本著作《热带南非探险记》(*Narrative of an Explorer in Tropical South Africa*)。他作为旅行家和探险者的专长，使得英国政府的一个委员会给他提供了一个职位，让他教授士兵们露营的方法。

高尔顿在地理学和人类学方面的追求，加上达尔文《物种起源》(*The Origin of Species*, 1859)的出版，使得他意识到个体差异的重要性，而这将他引向了对心理特征与生理特征的遗传性以及它们各自在决定个体差异中的作用的探究之路。高尔顿与哲学家赫伯特·斯宾塞（Herbert Spencer）持有同样的观点，认为如果进化学说是正确的，那么其必然的含义就是，只有通过观察其进化，我们才能够理解心理。斯宾塞阐述了一种进化适应心理学——个体如何适应，而高尔顿将其发展并进一步精炼，他认为可以在一种社会的水平上对其加以运用。

动物们通过它们的感官来认识并适应环境，因此高尔顿推论，感觉灵敏度是智力的基础。感觉越敏锐，个体就可能越聪明。而且，由于感觉灵敏度主要是一种遗传的机能，因此他总结说，智力肯定是遗传的。遵循这一路线，他预测，我们应该能够观察到智力在家人间的遗传：聪明的父母应该会生下聪明的孩子。此外，既然具有高智力水平的人更可能成功地适应他们的环境，他认为，可以将名望与显赫看成一种有效的智力指示器。相应地，高尔顿开始对著名父母（例如，国务部长、法官、外交大使、殖民地统治者等等）的孩子中再次出现显赫人物的概率进行了测量，并与一般人的后代进行了比较。他在这一任务上所采用的方法，使他成为将统计技术运用于心理学的先驱。他作为探险者与地理学家所做的研究，使他了解到了比利时天文学家、社会学家、统计学先驱阿道夫·凯特勒（Adolphe Quételet）的观点。凯特勒证明了在天文学与社会现象中“误差律”（law of errors）控制着变异性，这一论证激励高尔顿使用同样的方法来对心理能力中的差异进行分析。误差律现在一般被称作是正态或钟形曲线，事实上就是，如果我们在一个图上画出一群人的身高，那么与大多数人的平均身高相对应的中间部分就会出现一个大大的凸出部分，而位于这个凸出部分的两翼的、比平均身高矮或高的人数就会少一些。结果非常明显，发表在《遗传的天才》（*Hereditary Genius*，1869）一书中：显赫的父母生下的孩子获得赞誉的可能性要大得多，而一般人群中的父母更可能生下成就较为平常的孩子。然而，在高尔顿看来，要取得显赫的成就，需要智力与动机的结合——仅仅比平均水平更为聪明是不够的，因为有些聪明的人很懒惰。

高尔顿的发现似乎表明了一种非凡的可能性：如果智力是遗传的，那么是不是可以通过选择性地鼓励更为聪明的人生更多的孩子从而提高人类的智力呢？高尔顿感觉是可以的，他发明了"优生学"，并将其界定为是一种提高基因库水平的科学。1865 年，他提出，可以对夫妻进行科学的配对，而且政府应该提供经济诱因来鼓励具有良好智力的个体相互通婚。这包括以下观点，即一个人对配偶的选择可以通过对其家庭记录的研究而做出决定，这些记录可以用来预测后代的智力。经过一段时间后，可以将这些家庭记录收藏在一个国家系谱档案馆中，用来区分那些"有天赋的"、"有能力的"、"普通的"、"退化的"个体。高尔顿的观点在影响英国政府政策方面取得的成功相对很小，比在澳大利亚和美国要小得多。在澳大利亚，他的观点被用来支持"白色澳大利亚政策"；而在美国，他的观点被用来支持美国优生学运动，这次运动关注的是不同种族之间通婚所产生的长期影响。

高尔顿引入了"回归"（他最初称其为"倒转"）概念来描述这种现象，即在一般人群的分布中处于极端（例如，非常高或者非常矮）的父母的后代，倾向于生下处于中等范围（平均高度）的后代。他想要量化父母与后代的特征之间的关系，于是他创出了一条"回归线"，其斜面用来测量相似程度。不过，由于这个斜面取决于测量的比例与单位，因此它并不是一种完善的手段，直到 1888 年，他找到一种以标准形式来进行测量的方式。回归斜面成了一种“相关系数”，是一种对两个变量之间联系的测量，且不受单位限制。后来，卡尔·皮尔逊（Karl Pearson）设计了一个算法，该算法用 –1 到 +1 间的数字表示任何两个变量之间相关关系的强度。例如，+1 这个值就表明，在两个变量（例如，当一个人的身高增加时，他的体重也在增加）之间存在着一种完美的相关关系。0 这个值表示不存在任何相关关系（例如，一个人的身高与他家花园的大小完全没有任何关系），而 –1 表示一种负向的关系（例如，当一个人的体重增加时，他的身高降低了）。

高尔顿极端的先天论思想，即认为心理及其内容是先天决定的观点，并非未受到挑战。法国哲学家阿方斯·德·坎多尔（Alphonse de Candolle）提出了强有力的论点，认为社会风气、宗教宽恕、民主政府以及一种繁荣的经济，都至少与遗传同等重要。为了回应这些批评，高尔顿进行了一项研究，以《科学的英国人》为题发表。在这项研究中，他给在皇家学会的科学家同行发了 200 份问卷。很可能，这是第一次使用问卷作为手段收集心理学资料。尽管大多数的回应者表示他们认为自己对于科学的兴趣受到了遗传的影响，但是高尔顿还是感到非常震惊：首先，他的样本中苏格兰人比例非常高；第二，事实上，这些人倾向于将他们的成就归结为自由的苏格兰教育体系的影响。这与英国科学家们所表达的关于英国教育体系的消极观点形成了对比。高尔顿力促英国的学校进行改革，使其与苏格兰的学校更为相似。由此可知，他在某种程度上修正了他关于智力遗传性的观点：高智力的潜能是遗传的，但是它必须在有利的环境条件中得到培养。不过，他对于双生子所进行的创新研究（他提倡将其作为一种评估先天（遗传）与后天（环境）之相对影响的方法），表明了他从根本上来说是信奉先天论观点的。他认为，单卵或同卵双生子即使分开抚养也会倾向于非常相似，而二卵或异卵双生子即使在一起抚养也倾向于不相似。

《人类才能及其发展的研究》(*Inquiries into Human Faculty and its Development*, 1883)是第一本关于心理现象中个体差异系统、科学的论文集，并首次运用了词语联想测验。该测验包括读出一张准备好的单子上的词语，然后记录听者说出第一个词所需要的时间。高尔顿尤其受到了该测验过程中三个特征的吸引：大多数人对刺激词所给出的第一个反应词倾向于相同；反应词通常源自于儿童期体验；该测验似乎揭示了迄今没有观察到的心理操作(例如，人们有时候会用具有心理上有重要联系的词语来作出反应，诸如母亲-害怕等，而不是诸如母亲-父亲这样的词汇联结)。《人类才能及其发展的研究》还首次大规模地系统调查了心理意象的使用。高尔顿提出，形成意象的能力遵循的是"误差律"——它正态地分布在人群中。不过，他还观察到，他的样本中许多更为显赫的人——那些他认为更为聪明的人——却非常不善于形成意象。这完全是出乎意料的：如果智力是建立在感觉敏度的基础之上，而感觉敏度对于建构意象的能力来说是必不可少的，那么为什么如此多高智力的人却似乎不能形成和使用意象呢？(Arthur Jensen 后来成功地表明了一般智力与体现在反应时任务内的对感觉敏度的测量之间所存在的关系。)尽管智力不再被看做是基于感觉敏度，但高尔顿的研究开启了心理测验运动，并于 1886 年激发了伦敦的一位女校长索菲·布赖恩特(Sophie Bryant)发起了一个在英国进行心理评估的项目。詹姆士·麦肯金·卡特尔(James McKeen Cattell)将高尔顿的心理测验方法介绍到了北美，他曾跟随高尔顿和冯特学习。

高尔顿对个体差异的热情，激励他创建了一个人体测量实验室，用来研究 1884 年伦敦国际健康展会上对人体的各种测量。经过了大约一年的时间，他完成了对 9337 位游客的一个非常庞大的测量，包括他们的头的大小、手臂的长度、中指的长度、视敏度，等等。他在南肯辛顿博物馆的科学长廊中也做了同样的事情，为此他花了几年的时间。在计算机(很适合做这项任务)出现之前，他庞大的数据档案中大多数都没有得到分析。那些分析表明，除了别的以外，那些具有较低社会经济背景的人与那些生活在更优越环境中的人相比，身体成长的时间会更长一些，而且那个时候的发展速度多少比现在要慢一些。

高尔顿受到了他的表哥查尔斯·达尔文很大的影响，这一点毋庸置疑："在他的风采面前我暗淡无光，我对他唯有衷心崇拜和尊敬，他对我的鼓励和赞赏比世界上任何其他人都重要。这就是我的科学史的简单轮廓"（1908）。但是，尽管达尔文基本赞同高尔顿关于优生学的观点，但从他们的通信中也可以清楚地看到，他认为高尔顿极端的先天论观点太过火了："尽管我看到了如此多的困难，研究目标似乎也很重大，而你也已经指出了其唯一可行性。但是，我还是害怕在提高人类种族能力方面，该程序是一个乌托邦式的计划"（Darwin, cited in Desmond and Moore, 1992）。在将高尔顿与冯特相比较时，统计学家、心理学家卡尔·皮尔逊认为，冯特从心理学进展到人类学，而高尔顿是从人类学进展到心理学。他们的贡献是独立的、不同的。冯特开创了实验方法，而高尔顿支持定量调查以及对统计技术的运用。冯特的兴趣在于一般化的人类心理——尤其是正常的、健康的成年人心理；而高尔顿的兴趣在于个体在能力以及全部心理方面的差异。遗憾的是，高尔顿的优生学玷污了他作为一位科学家的声誉，并且或多或少地使他在其他领域所作出的无法估量的贡献显得有些暗淡。

弗朗西斯·高尔顿的主要作品

Hereditary Genius, Macmillan, 1869.

English Men of Science: Their Nature and Nurture, Macmillan, 1874.

'Typical laws of heredity', *Proceedings of the Royal Institution*, 1877, 8, 282-301.

Inquiries into Human Faculty and its Development, Macmillan, 1883.

'Regression towards mediocrity in hereditary stature', *Journal of the Anthropological Institute*, 1886, 15, 246-63.

'Co-relations and their measurement, chiefly from anthropometric data', *Proceedings of the Royal Society*, 1888, 45, 125-45.

Natural Inheritance, Macmillan, 1889.

Fingerprints, Macmillan, 1892.

Memories of my Life, Methuen, 1908.

进一步阅读

Desmond, A. and Moore, J. (1992) *Darwin*, Penguin.

Fancher, R. E. (1985) *The Intelligence Men*, Norton.

Forrest, D. W. (1974) *Francis Galton: The Life and Work of a Victorian Genius*, Elek.

威廉·冯特（1832~1920）

冯特（Wilhelm Maximilian Wundt）由于创立了作为一门独立科学的心理学学科而受到赞誉，他建立了第一个心理学实验室。

冯特生在内卡劳，这是曼海姆的一个郊区。他的父亲是马克斯·冯特，路德教会的牧师，母亲是玛丽·弗里德里克，他在四个孩子中最小；只有他和一个大他8岁的哥哥活过了婴儿期。4岁的时候，全家人搬到了海德尔斯海姆。冯特害羞、胆小，他儿童期唯一的朋友是一个与其沟通非常困难的心智有障碍的小男孩。有 段时间，他的文科教育是由一位在他父亲教堂里工作的年轻牧师指导的。13岁的时候，他进入布鲁沙尔大学预科学校，也许不太令人吃惊的是，这次进入正式的教育环境被证明是一种个人灾难，也是一种学术灾难。他发现交朋友非常困难，而且受到了体罚，还被老师们认为是一个学业失败者，说他最好应该为当邮差作准备。后来冯特转到了海德堡学院，他的哥哥，还有一位表哥都是那里的学生。在那里，他在个人和学业方面都取得了一些进展，尽管在他到学院的第一年，父亲去世了。毕业后，他进入了图宾根大学想获得医科大学预科学位，一年后，他转到了海德堡大学，在那里，他已然是一位优秀的医科学生。他在柏林大学跟随约翰尼斯·缪勒和埃米尔·杜·波伊斯－雷蒙德学习生理学，希望将来从事实验生理学方面的职业。在**赫尔姆霍茨**成为生理学系教授和主任前不久，他回到了海德堡，并成为那里的一名生理学讲师。有较短的一段时间，他担任赫尔姆霍茨的实验室助手，并与俄国生理学家伊万·谢切诺夫（van Sechenov）共用一个实验室，但谢切诺夫回忆说，冯特非常孤僻，自己从未听过他讲话（Thorne and Henley，2001）。美国心理学家斯坦利·霍尔（G. Stanley Hall）坚持说，赫尔姆霍茨曾由于冯特在数学方面的不称职而将他辞聘，但冯特反对这种说法，并指出，赫尔姆霍茨一直都很支持他。

从离开海德堡到1871年回到那里担任教职之间，冯特拥有一段短暂的政治生涯，这包括他于1867年进入巴顿国会。同年，他与索菲·马结婚。在海德堡短暂的任教期间，他最有影响的著作《生理心理学原理》（*Principles of Physiological Psychology*，1873-1874）出版。在此之后，他作为哲学教授在苏黎世大学待了更短的一段时间。1874年，莱比锡给库诺·费希尔（Kuno Fischer）提供了一个哲学教授职位，但是他拒绝了，因为他当时是海德堡的校长。这个教授职位与薪水被分解了，他们让马克斯·海因茨（Max Heinze）来担任一个新的哲学历史教授职位，1875年，又让冯特来担任生理学教授的职位。他余下的职业生涯都一直待在那里，在85岁的时候完成他的自传——就在他去世的八天前完成的。

就在冯特担任莱比锡教授的同一年，他建立了一个致力于实验心理学的实验室，位于孔维克特，这是一栋在奥古斯塔斯普拉特的大学院内的建筑物。七年后，它被正式地指定为实验心理学研究所。早期所有的心理学实验室都模仿冯特的研究所。1882年，为了对一系列的精神病障碍进行大脑解剖研究，神经精神病学家保罗·弗莱克西格（Paul Flechsig）建立了一个实验室。这两个实验室的建立吸引了当时一些最优秀的人才来到了莱比锡，包括**巴甫洛夫**、**斯皮尔曼**、**铁钦纳**、詹姆士·麦基恩·卡特尔、格兰维尔·斯坦利·霍尔（Granville Stanley Hall）以及雨果·闵斯特伯格。大多数人都认为，冯特建立了第一个实验心理学实验室，但有人对此提出了反对意见，一个人支持哪种观点取决于他将何种设备算作是实验室，因此，这反过来又取决于他把什么算作是实验心理学。1875年，詹姆士拥有了一个小小的房间，里面装着各种用于论证的设备。如果以“小房间”为标准的话，冯特从1865年就已经使用了这样的空间——他利用这样的空间来储存各种生理学与心理学的设备。如果以“意义重大的实验室”为标准——正如斯坦利·霍尔所宣称的——

霍尔于 1881 年创立的实验室应该是第一个。（如果他们没有否决大约于 1875 年第一次提出的建立实验室建议，那么剑桥大学就有可能成为拥有第一个实验室的了。）在这一争论中，按年代顺序发生的细节相对不太重要——其兴趣在于，它清楚明白地显示出那个时代生机勃勃的科学力量与竞争性的人格。

在整个职业生涯中，冯特指导了 166 篇博士学位论文，他为建立和宣传这门新的实验心理学付出的努力反映在下面的事实中，他是心理学历史中最为多产的作者之一。波林曾估计，从 1853 年到 1920 年，冯特写下了大约 54 000 页作品——68 年，一天 24 小时，平均每两分钟要写一个字。下面列出的主要出版物代表了冰山的顶端。尽管他非常有影响的《生理心理学原理》进行过几次修订，但是冯特依然觉得需要一种更有效的方法来传播从他的实验室中所获得的发现，于是在 1881 年，为了实现这一目的，他创立了《哲学研究》（*Philosophische Studien*）。他最初想给这份杂志取名为《心理学研究》，但是另一份关于唯灵论和精神研究的出版物已经用了这个名字。

在《生理心理学原理》中，冯特开始追求将生理学与心理学联合在一起，其产物是一门新的科学，他称其为“生理心理学”——或者是如今天所称的“实验心理学”。在冯特看来，心理学的目标是研究人类体验的所有方面，而且他对研究视、听等较为低级的心理过程所需要的方法学和研究语言、思维等较为高级的心理过程所需要的方法学进行了区分。尽管他认为实验方法非常适合于研究较低级水平的心理过程，但是对于分析诸如语言这样的心理机能，以及诸如社会群体中的行为这样的社会过程的适用性，他的立场就不那么明确了。一些历史学家提出，冯特认为比较分析、历史分析这样的非实验方法更适合于研究较高级的心理机能和社会过程。为了支持这一观点，他们指出了，冯特发展了民族心理学（社会心理学），这种心理学与他的生理心理学多少有些不同。其他历史学家坚持一种不同的观点，认为冯特的一些论点已经被断章取义，他认为实验方法也同样适合于对社会过程的分析；但是他没有亲自运用这些方法，因为他个人对心理学的那一领域并不感兴趣。

冯特思想中的一个核心观点是直接经验与间接经验之间的区别。他认为，其他科学，如物理学，都是基于间接经验的：用特殊的工具测量现实原貌。例如，分光计可以用来测量光的波长，并因此提供一种由这种工具作为媒介的关于世界的经验。间接经验与通常经验到的光——对光的“直接”经验——是不一样的。因此，在冯特看来，心理学关注于探究所经验到的世界，尤其是用实验的技术来分析意识的直接经验。这种观点与其他人相反，如奥斯瓦德·屈尔佩，后者反对区分直接经验与间接经验，并提倡使用系统的实验内省来研究复杂的思维——冯特认为这是一种不可能实现的冒险，因为当我们思考时，不可能观察到思维。按照物理学的模型，冯特开始了一个毕生的研究计划，目标是：（1）探索并描述直接经验的基本元素，以及（2）发现支配基本元素组合成更复杂的心理经验之方式的普遍规律。在他的实验室中进行的大多数研究都聚焦于对感觉、知觉、反应时以及注意的分析。他所设计的实验是用他的“thought meter”来论证的。这是一种相对简单的装置，包括一个钟表、一个铃铛，以及一个在校准标度内来回摇摆的钟摆。他发现，我们有可能注意到铃铛的声音，或者是钟摆在标度上的精确位置，但是我们无法同时经验到这两者。注意从一个物体转向另一个物体，需要的时间大约是 1/10 秒。

对注意的研究使他区分了知觉（他用这一术语来指对一个物理刺激作出反应时所包括的所有自动的、不随意的过程）与统觉（一个人所注意到的知觉领域部分——统觉与注意同义，指的是意志控制之下的主动过程）。他的统觉概念意在囊括直接经验所有元素的创造性综合，因此，有时候被看做是心理合成的规律。哲学家戈特弗里德·莱布尼茨（Gottfried Leibniz）最初用“统觉”来指关注于对所感知到的东西的解释与再认的知觉部分，而伊曼努尔·康德（Immanuel Kant）与约翰·赫尔巴特（Johann Herbart）也用它来指同化与解释新感觉印象的过程。冯特更具选择性地用这个术语，意指个体凭其在意志的控制下选择与建构内部经验与中心意识的主动心理过程。集中注意包括一种有意的、自发的、有目的意志行为——这是冯特心理学体系的核心特征，也是冯特的心理学体系通常被认作是意志主义的原因所在。

冯特所作区分的含意可以用下面的例子说明。想象一种情境，在这种情境中，我们知道一个人完整传记的每一个细节。从理论上讲，当呈现给这个人某一特定的刺激时，我们可以用这些传记中的知识来正确地预测出他将会如何作出反应。统觉到的刺激会受到很多因素的影响，如内部动机、情绪、自由意志，因此服从于心理因果关系而不是生理因果关系的规律。冯特总结说，我们无法正确地预测对统觉到的刺激的反应,因为对于关于“意志努力”的意识经验，心理学（正如他所理解的）无法获得足够的概念的或实验的东西。

冯特的一些学生试图测量统觉的广度，精神病学家埃米尔·克雷佩林（Emil Kraepelin）将冯特关于注意控制的观点，扩展到了关于“早老性痴呆”（“年轻人的精神错乱”——早期用来指精神分裂症的一个名称）的研究中。冯特所接受的生理学训练使他认为，统觉过程的神经解剖点位于大脑皮层的额叶，这一观点与认为大脑这一部分与智力有关的一些著名生理学家的观点是一致的。他还认为，统觉过程的生理基层必然是一种抑制型的基层，因为其主要机能之一是抑制干扰，使其不直接卷入这一过程。

“内省”是实验心理学的一个重要工具，但是我们需要将冯特使用这个术语的方式，与习惯上对它的理解区别开来。冯特坚定地认为，内省——分析性的自我反省过程——在实验心理学中没有位置。一些介绍性的教科书中称冯特是内省研究方法的主要代表者，这可能会使熟悉这些内容的读者们感到吃惊；他确实是内省方法的主要代表者，但是非常确定的是，他并不是以这个术语通常所暗含的方式来使用这个术语的。他是以那些揭示内部知觉之内容与结构的技术的发展与系统运用为基础的。他的“内省”是建立在对内部知觉的系统探究基础之上的。只有进行恰当的训练，才有可能进行这种类型的内省。他坚持要求，他的实验室中的每一个人都要接受训练，达到所需的标准。对内部知觉的分析是以严格地遵守特定的规则为基础的：（1）必须报告直接经验而不是间接经验；（2）当准备要引入一个刺激时，观察者需要觉察到，并且不感到吃惊；（3）他们应该处于一种较高的注意状态；（4）他们对于其内部知觉的报告需要重复多次；（5）报告内部知觉的条件需要进行系统的变化，以保证结果可以泛化到大量的情境中。运用这种方法，他发展了一种情感三维说：愉快—不愉快、紧张—松弛，以及兴奋—沉静。运用这种"表达方法"，冯特的一些学生试图将这些维度与脉搏、呼吸等特定生理变化联系起来。这些尝试多以失败告终，尽管后来关于基本情绪经验的结构的研究确定了一些与冯特相似的维度。

尽管冯特是公认的实验心理学的创立者，是多产的作家，但是他还是经常被误解。他创立了两种心理学——实验心理学和民族心理学。人们通常主要由于前者而记住他，而他的民族心理学在心理学的入门性教科书中几乎从未提及。但是，他花了大量的时间来对语言、神话、艺术形式以及社会习俗中所表现的高级心理机能进行哲学分析和社会学分析。例如，他发表了一些关于语言的心理学解释的研究，尤其强调在语言结构的发展中心理因素与生理因素的相互关系。他关于社会群体的分析（他是通过对语言的审查而进行分析的）是以这一信念为基础的，即一个民族的语言与词汇能够表现这个民族的心理学。这引起了后来大量关于个体的语言与其同一性之间关系的研究。冯特认为，高水平的心理过程可以用实验技术来加以研究，后来，哲学家、文化史学家威廉·狄尔泰（Wilhelm Dilthey）对这一观点提出了挑战。狄尔泰指出，尽管心理世界可以用系统观察和规律的确定来理解，但社会世界只能根据其居民所产生的意义来理解。他认为，心理学应该成为"文化科学"首选的方法，就像数学是自然科学的黄金标准一样。但是对于心理学来说，这个理想太大了——对于一门还在确定其自身身份的年轻学科来说，这个理想太大了，没有任何信心可以实现它。

冯特的许多学生发展并修正了他的观点，而这也部分地解释了他作为一位要对人类行为进行还原性解释的实验心理学家的特征。例如，**铁钦纳**是冯特最优秀的学生之一，但是他在北美创立的构造主义流派在许多方面与冯特的两种心理学哲学基础相去甚远：他的意志主义，以及他认为高级心理过程不能用实验方法来分割的观点。冯特的研究没有以任何简单或直接的方式“导致”构造主义的产生，这是因为他根本没有想要将人类意识解释为一种基本元素的结构性的集合。因此，现在许多对冯特的批评——他对于内省的依赖，他对于还原论的信奉，以及认为他的框架预示了铁钦纳构造主义之出现的观点——都是完全错误的，当代心理史学家的很多研究都集中于纠正那些对他的众多误解，这些误解已经蔓延至有关他的观点与方法的历史传记中了。

威廉·冯特的主要作品

Principles of Physiological Psychology, Englemann, 1873-1874.

Lectures on Human and Animal Psychology, Macmillan, 1894.

Völkerpsychologie (Group Psychology) (10 vols), Englemann, 1900-1920.

Outlines of Psychology, Englemann, 1907.

Einführung in die Psychologie (Introduction to psychology), Voigtländer, 1911.

Erlebtes und Erkanntes (What I have experienced and discovered), Alfred Kröne, 1920.

进一步阅读

Blumenthal, A. L. (1975) 'A re-appraisal of Wilhelm Wundt', *American Psychologist*, 1081-8.

Bringmann, W. G., Balance, W. D. G. and Evans, R. B. (1975) 'Wilhelm Wundt 1832-1920: a brief biographical sketch', *Journal of the History of the Behavioral Sciences*, 11, 287-97.

Rieber, R. W. (ed.) (1980) *Wilhelm Wundt and the Making of a Scientific Psychology*, Plenum.

Throne, B. M. and Henley, T. B. (2001) *Connections in the History and Systems of Psychology*, Houghton Mifflin.

Titchener, E. B. (1921) 'Wilhelm Wundt', *American Journal of Psychology*, 32, 161-78.

威廉·詹姆士（1842~1910）

詹姆士（William James）被看做美国心理学之父，他是一位有煽动性的、文风清晰的作家，尤其影响了心理学家对于意识和情绪本质的认识。

詹姆士的祖父也叫威廉·詹姆士，他于 1789 年 22 岁的时候离开了爱尔兰的凯文公司，到纽约的奥尔巴尼定居，在那里，他开办了一家小零售商店。他的商业天赋使他积累了大量的财富，他成了纽约州一位地位较高的人物，只有德国地产巨头约翰·雅各布·阿斯特在财富方面超过了他。他娶了三个妻子，生了 13 个孩子。其中一个儿子亨利成了一位神秘主义者和哲学家，并且是斯韦登伯格的追随者，这使他在很大程度上被剥夺了对家庭巨额财产的继承权，但他每年仍可以获得 10 000 美元的生活费，这是为了使他不用被迫为了生活而去工作。亨利是一个忧郁的、笃信宗教的人，他对经济事务几乎毫无兴趣，他与玛丽·罗伯逊·沃尔什（也是苏格兰－爱尔兰血统）的婚姻生下了五个孩子：威廉，心理学家；亨利，小说家；加思·威尔金森和罗伯逊，他们两个人在农业和投机事业方面的投资失败后，在内战中去服兵役；以及艾丽斯，终身生病，思想激进，拥有强烈的反英格兰 / 亲爱尔兰政治情结。

由于继承了一部分遗产，亨利·詹姆士得以把家从这个城市搬到那个城市，从美国搬到欧洲，又搬回美国。这是一个世界性的高度刺激的环境，而威廉·詹姆士在艺术和科学方面表现出了相当的天赋。18 岁的时候，他开始了作为一位很有前途的艺术家的生涯，并且接受了威廉·亨特（一位浪漫主义传统的美国画家）的指导。由于视力出现了问题，再加上认识到这一职业的前景不佳，一年后他终止了这方面的追求。因为他是一位具有同样天赋的科学家，因此上了哈佛大学医学院预科的课程。这是他第一次长时间离家，不过没有持续太久。虚弱的身体（身体虚弱折磨了他一生，并最终导致了致命的心脏病）迫使他一年之后回到了家，但是为了获得一个医学学位，他于 1863 年再次回到哈佛。与哈佛自然主义者阿加西斯（Agassiz）一起到亚马逊的旅行又一次打断了他的学习，他感染了天花，再次回到了家中，身体状况进一步恶化。一次去德国上生理学课程的旅行再次将他的学习打断，在德国，他上了柏林的埃米尔·杜·波伊斯－雷蒙德和海德尔堡的**赫尔姆霍茨**以及病理学家鲁道夫·魏尔肖（Rudolf Virchow）和生理学家克劳德·伯纳德（Claude Bernard）的神经学课程。由于不断发作有自杀倾向的抑郁，他在德国的时光被打断了，他回到了哈佛，萎靡消沉。获得医学学位后，詹姆士确定他不适合当医生。他的心理问题还继续存在，他通过阅读来使自己保持活力——尤其是法国自由意志哲学家查尔斯·雷诺维什（Charles Renouvire）以及英国联想主义者亚历山大·培因（Alexander Bain）的作品。1871 年至 1872 年期间，他定期地参加"形而上学俱乐部"的活动，这是一个由哈佛的毕业生组成的团体，他们在波士顿会面，讨论当时的一些问题。其成员包括哲学家查尔斯·皮尔斯（Charles S. Peirce）、法理学家奥利弗·温德尔·霍尔姆斯（Oliver Wendell Holmes）以及进化哲学家昌西·怀特（Chauncey Wright）。1872 年，他获得哈佛的一个生理学教职，三年后，他开始讲授生理心理学（即现在为人熟知的实验心理学）课程。学校给他提供了两个房间来放置各种测量反应时和感觉敏度的设备——美国的第一个心理学"实验室"。在他与艾丽斯·豪·吉本斯（Alice Howe Gibbens）于 1878 年结婚之前不久，有人与他签订了出版合同，让他撰写两卷本《心理学原理》（*Principles of Psychology*，1890），该书在当时——以及现在——都被看做是该学科中最有影响力的、最清楚易懂的教科书。撰写该书花了 12 年的时间，那个时候，詹姆士的兴趣已经偏离了心理学，他对心理学的不再着迷表现在《原理》的最后一句话中："一个人越是真诚地试图追溯心理发生的真实进程，一步步探询我们所拥有的心理属性，他就越清楚地感知到‘从微亮的黄昏逐渐变成了完全的黑夜’。”他转到了哈佛哲学系，在那里提出了一种极端的形而上学观点——“激进经验主义”——并在那个职位上一直干到退休。

《原理》获得了广泛的赞扬，尽管一个评论者詹姆士·苏利（James Sully）宣称，该书太过于才华横溢——一本教科书不应该这样让人兴奋，不应该这样有吸引力。还有人批评该书章节有些不太系统。**冯特**评论说："它是文学，它语言优美，但是它不是心理学"（Blumenthal，1970：238）。很长时间以后，**斯金纳**认为："威廉·詹姆士通常被看做心灵主义心理学史上最后一位重要的人物。他是一位细致的思想家、富有魅力的作家，但是我自己的感觉是那些特征让人感到很遗憾"（引自 Thorne，2001：252）。

詹姆士的心理学是对德国构造主义（正如冯特所认为的心理学的使命是确定意识的基本元素）的一次正面攻击。在詹姆士看来，意识并没有元素，而是一条溪流，我们可以在詹姆士·乔伊斯（James Joyce）的《尤利西斯》(*Ulysses*)中看到这种观点最为充分的文学表现。他关于意识的观点，有五条原则。第一，意识是个人的——它反映的是个体的经验，因此任何想要找到一群对于所有人的心理而言是共同元素的尝试都是站不住脚的。第二，意识是持续的，不能通过实验方法而将其分离开来。第三，意识是不断变化的——人们绝不可能两次经验到同样的事情。（这与希腊哲学家赫拉克利特提出的格言相似，即一个人不可能两次踏进同一条河流。）第四，意识是选择性的——进入意识的许多事情中，只有一些会被选择出来进行详细的考虑。第五，意识是机能的——正因为有意识的存在，人们才能够适应其环境。其含义是很明显的："过去的二十年，我不相信‘意识’是一种实体；过去的七八年，我一直对学生们说意识是不存在的，并试图为他们提供其在经验现实中的实际同等物。在我看来，将其公然全部抛弃的时机似乎已经成熟了"（1904：477）。

詹姆士经常被描述为直接地反对冯特对于意识之组成元素的探

求，但是那只是冯特心理学的一个方面。不如前者出名的还有冯特的民族心理学（与“社会心理学”大致相同），这在思想方面与詹姆士的观点更为接近一些。冯特提出，实验方法可以用来描述和理解较低水平的心理过程，如感觉的知觉等，但是，对于它们是否适用于探究较高水平的思维机能（如问题解决）就不那么确定了。他似乎采纳了这种观点，即较高级心理过程只能通过文化和语言，或民族心理学的概念来间接地加以分析——但是这与他所设想的自然科学实验心理学却迥然不同。詹姆士还非常乐意于研究联想主义哲学家关于联结或联想（这些被假定存在于感觉和大脑观念中）的观点，但是他认为它们是在无意识的水平上起作用的，并且更多地存在于较低水平的动物物种身上。不过，在人类身上，意识会紧随并选择情境中有利于生存的那些方面。

詹姆士认为意识的能力是遗传的，而不是习得的。因此，空间中的物体是直接知觉到的，而不是像经验主义者所宣称的那样是从颜色和形状中推断而来的。在这个方面，他的观点与伊曼努尔·康德的心理哲学观点（康德认为，我们是通过思维范畴来认识现实的）非常相似。康德认为一些这样的范畴，例如“量”、“原因”和“结果”是先验的或先天的。同样，詹姆士也提出，大量的行为（动物的以及人类的）都是本能引导的，但是他有一个重要的防止误解的说明：像本能一样的行为——他称之为习惯——在有机体的一生中都是可以习得和改变的。他提出了一种关于习惯形成的神经生物学观点，从广义上讲与**巴甫洛夫**的思想相一致。当一种行为得到重复时，大脑中的神经通路就会一次又一次地被激活，而且随着时间的推移，这些行为操作起来就会更容易、更流畅。对该动物而言，机能的增强涉及疲劳程度的下降，以及操作它们所需的意识水平的降低。詹姆士通过一系列格言清楚地说出了这种观点的实际意义，以引导人们如何习得偏好习惯以及如何消除其他习惯：

1. 让自己置身于有可能操作那些希望获得的习惯的情境中；

2. 尽力避免陷入与你希望养成的习惯相反的行为中；
3. 一心一意而不是三心二意地操作新习惯；
4. 实践一些特定行为，而不只是想要操作它们，这样做会导致新习惯的习得；
5. 尽力以对自己有利的方式来做出行动，要认识到这在一开始的时候可能需要相当大的努力——不要放弃。

这些格言体现了实用主义哲学（机能主义的基础之一）的强烈影响：所有行为都必须根据其结果来加以判断。在詹姆士看来，意识最重要的目的是帮助动物适应其环境。冯特的意志主义（强调心理之目标导向的、有目的的操作）和**铁钦纳**的构造主义（集中于确定意识之基本的构成元素）都遗漏了这个关键点。在詹姆士看来，这既是个人问题，也是需要进行抽象思维的问题。意识到他自己的抑郁肯定是具有某种功能的——它必定为了某个目的——几乎可以肯定的是，这种意识部分地帮助他战胜了经常产生的自杀念头。他对于理解行为之机能的投入表现在他的信念中，即心灵学（关于外表上很奇怪或异常的心理经验的研究）必定具有某种实用的价值，而且他是美国心灵研究协会的一位奠基者。

在当代导论性的心理学教科书中，除了他的情绪理论外（比较介绍**坎农**的章节），已经很难看到詹姆士对心理学的构想了。他认为心理学是“关于精神生活的科学”，这一观点的哲学含义更为普遍深入，并且为这门学科的专业分支奠定了基础。莱特纳·威特默（Lightner Witmer，1896 年，他在宾夕法尼亚大学建立了世界上第一个“心理诊所”）提出了的一种临床心理学观点，这种观点与**比纳**和**弗洛伊德**的观点有质的差异，而与詹姆士的观点则密切得多。威特默在冯特的指导下获得了博士学位，但是他强调严格地用实验探究治疗干预方法的实际效用，这是詹姆士实用主义的价值核心所在，现在的许多临床心理学家都承认这一观点。同样，闵斯特伯格（Hugo Münsterberg，詹姆士的继任者，是公认的工业心理学的奠基者）在组织情境中发起了一个很有影响的应用研究项目，这是受了詹姆士哲学的启发。（顺便提一下，1904 年最早使用“工业心理学”这个术语的是美国心理学会主席威廉·罗易·布赖恩［William Lowe Bryan］，他原本打算指的是“个体心理学”［individual psychology］，但不小心写成了“工业心理学”［industrial psychology］，并且在付印之前没有发现这个印刷错误。）美国现象学家（强调对意识经验进行详细分析的重要性的哲学家）也宣称詹姆士是其先驱。被看做是机能主义哲学奠基者的约翰·杜威（John Dewwy）和詹姆士·安吉尔（James R. Angell）赞同这种说法。更概括地说，詹姆士通过成立哈佛心理学系，以及将大量极具天赋的人吸引到了那里而产生了很大的影响。詹姆士并没有系统地阐述一种新的心理学框架，他的重要影响在于，他重新论述了一系列的心理学问题，正如他典型的格言所道，心理学的进步通常是以它所提问题为标志，而不是以它所给答案的完整性为标志。

威廉·詹姆士的主要作品

Principles of Psychology, Holt, 1890

The Will to Believe, Longmans Green, 1897.

The Varieties of Religious Experience, Longmans Green, 1902.

'Does consciousness exists?', *Journal of Philosophy, Psychology, and Scientific Methods*, 1904, 1, 477-91.

Pragmatism, Longmans Green, 1907.

The Meaning of Truth, Longmans Green, 1909.

A Pluralistic Universe, Longmans Green, 1909.

进一步阅读

Blumenthal A. L. (1970) *Language and Psychology: Historical Aspects of Psycholinguistics*, Wiley.

Myers, G. W. (1986) *William James: His Life and Works*, Yale University Press.

Thorne, B. M. (2001) *Connections in the History and Systems of Psychology*, Houghton Mifflin.

Wilshire, B. W. (1984) *William James: The Essential Writings*, SUNY Press.

伊万·巴甫洛夫（1849~1936）

在对刺激与行为反应之间的关系进行分析的基础上，巴甫洛夫（Ivan Petrovich Pavlov）详述了被称为经典性条件作用或巴甫洛夫条件作用的学习理论。

伊万·巴甫洛夫出生在莫斯科东南大约 190 公里（120 英里）处的梁赞。他是乡村牧师彼得·季米特里耶维奇·巴甫洛夫的儿子，家里 11 个孩子中的老大，不过其中 6 个在儿童期就夭折了。他由于摔了一跤，受了重伤，因此一直拖到 11 岁才进入梁赞教会学校。毕业后，他上了梁赞教会中学，希望能够追随父亲的职业。正是在那里，他读到了查尔斯·达尔文、文学评论家季米特里·皮萨列夫（Dmitrii Pisarev）以及伊万·谢切诺夫（Ivan Sechenov）的著作，后者被看做“俄国生理学之父”。巴甫洛夫并没有完成中学学业，而是到了圣彼得堡大学发展他在自然科学方面的兴趣。在那里，他接触到了活力说的坚定批判者伊里亚·西昂（Ilya F. Cyon）的观点（活力说认为，生命不仅仅是一个物理过程，而且也不能仅仅还原至这样一个过程），在其指导下，他学习了活体解剖技术，并完成了他的第一个关于循环和消化的生理学研究。他决定成为一名生理学家，毕业后，他在军事医学院谋得了一个职位，意在发展自己的研究技能，并获得一个医学学位。他在兽医研究所讲授生理学，并为撰写医学博士论文而研究循环系统。他还要负责管理学院临床主任赛吉·博特金（Sergei Botkin）的小型动物实验室，博特金是一位著名的医生，认为神经系统对于疾病而言是非常重要的，这对巴甫洛夫在这一问题上的观点产生了影响。在获得博士学位之后，巴甫洛夫到德国待了两年，在莱比锡跟随卡尔·路德维格（Carl Ludwig）学习，并在鲁道夫·海登黑因（Rudolf Heidenhain）的布雷斯劳实验室里工作过。当时，海登黑因正在使用切除部分胃的方法来对狗的消化系统进行研究。巴甫洛夫克服了需要维持外部神经供应的缺陷，并完善了这一技术（这一技术被称为海登黑因 – 巴甫洛夫胃切除法）。他于 1890 年被任命为军事医学院的药理学教授，这与他娶谢拉菲玛·瓦西里耶芙娜·卡雪夫斯卡雅（Seraphima Vasilievna Karchevskaya，教师，俄国黑海舰队一名医生的女儿）是同时发生的。次年，他受到邀请，到一个新成立的医学院组建生理学系。1895 年，他被任命为大学教授。在他被授予诺贝尔奖时（1904），得到了一大笔奖金，总数为 73 000 金卢布，他又将这笔钱投资到了诺贝尔的俄国公司。1917 年革命期间，布尔什维克清算了其股票和债券，他丧失了所有的一切。1921 到 1922 年，彼得格勒的情形非常恶劣，巴甫洛夫向列宁提出请求，要求将实验室搬到国外去。这个请求遭到了拒绝，不过 1921 年 2 月 11 日《消息报》上发表了一份列宁署名的政令，提出："鉴于巴甫洛夫院士杰出的科学贡献，这对于全世界的工人阶级来说意义重大，人民代表委员会颁布政令如下：成立……一个具有广泛权利的特殊委员会，其任务是尽可能快地创设最好的条件来保证巴甫洛夫同志及其同事的研究工作。"这份政令中还许可了巴甫洛夫之精装本著作的出版，并给巴甫洛夫和他的妻子发放双倍的定量供应，同时向彼得格勒苏维埃政府发出指示："要确保巴甫洛夫和他的妻子终身使用他们现在所拥有的那套公寓，并尽可能地对这套公寓以及巴甫洛夫院士的实验室进行装修"。

就像**维果茨基**、**鲁利亚**以及其他人一样，巴甫洛夫也承受着巨大的政治压力，要使其正在形成的思想观点与执政党的意识形态保持一致。刚开始，这似乎并不是一项很难驾驭的任务，因为马克思将人类心理看做是对物理环境的反映，同时它还具有改变环境并因此塑造其自身发展的能力。巴甫洛夫的条件反射似乎是将有机体与环境联系起来的最简单的心理事件，而且它还具有使有机体改变其物理环境所需的创造性潜能。不过，巴甫洛夫没那么热心，这主要是因为他对于将政治与科学过度联系在一起的行为感到担忧。巴甫洛夫对马克思主义论点的一次尖刻攻击发表于1923年9月，这招致尼克拉伊·布哈林相当尖锐的反驳，布哈林是官方共产主义报纸《真理报》的编辑，也是中央委员会的一员。在1924年斯大林上台之后，为了反抗将牧师的孩子从学院开除的决定，巴甫洛夫辞去了职务。他坚持自己对当时盛行的政治意识形态的批评，不过，后来，由于俄国遭到了希特勒的攻击，他缓和了自己的批评，并像其他人一样，尽力继续从事科学研究。1927年，他被诊断出患有肝癌，在经受了几次严重的发病之后，最终于1936年2月17日去世。但是，在他去世之后，政治压力仍然存在，1950年，苏联科学院与苏联医学科学院召开了一次联合会，开始对心理学、医学以及同性质学科进行系统的回顾，目的是为了确保巴甫洛夫主义的基础地位。

巴甫洛夫对于条件反射的研究，源于为他赢得诺贝尔奖的关于消化反射之适应现象的研究成果。这项研究主要关注控制各种消化腺分泌的机制，以及那些机制是如何受到食物刺激的。他的外科技术对于这项研究的成功来说是非常关键的——海登黑因实验室的研究之所以会失败，是因为那里的工作人员缺乏巴甫洛夫那样的熟练技术。巴甫洛夫还能够将食物和化合物导入内脏暴露在外的部分，并观察消化腺的活动。他的“假饲”方法是在动物的喉咙处开一个口，这样通过嘴巴的食物在到达胃之前就被抽离了出来，这一方法使得他可以观察到嘴巴中的食物对内脏中消化液的分泌所产生的影响。通过使用这种技术，他发现，嘴巴中食物的味道会导致胃液的释放。

在英国两位心理学家威廉·拜里斯（William Bayliss）和欧内斯特·斯塔林（Ernest Starling）发表了一篇文章之后，巴甫洛夫将他的研究重点与方向从对消化的研究转向了对条件反射的分析。他们造了“激素”（hormone）一词，用来指一种化学信号，这种信号对于消化系统的控制来说非常重要。巴甫洛夫曾假定，嘴巴与胃中分泌腺之间的信号是由神经系统控制的。拜里斯和斯塔林的研究表明，化学信息也卷入了其中。对条件反射的研究把巴甫洛夫引向了学习心理学，在那个领域，他是一名细致的实验者，从根本上推动了学习理论的发展。（巴甫洛夫的研究通常被称为“conditioned reflex”，但是“conditional reflex”一词是一种更好的英语翻译，因为它传达了中性刺激与引发反应的刺激之间相联系的重要性。），他研究“心理分泌”的时间大约与**桑代克**研究动物学习的时间相同，不过巴甫洛夫认为桑代克奠定了必要的实验基础：“我们可以公正地将桑代克的论文……视为这种系统研究的起点”（2001：6）。

巴甫洛夫经典条件反射的本质特征在于，之前为中性的刺激（如铃铛的声音）能够引发出反应（如唾液分泌），这是因为其与刺激（如食物）的联结会自动地产生相同或非常相似的反应。食物可以被视为无条件刺激，而唾液分泌可以被视为无条件反应。呈现铃声这个中性刺激将不会引发相同的反应。不过，如果在呈现食物之前呈现铃声，经过几次试验后，它将会引发唾液分泌反应。在这里，铃声被称为条件刺激，而唾液分泌被称为条件反应。这个简单但却具有独创性的范式使得巴甫洛夫可以通过提出这样的问题来对学习机制进行探究，例如，呈现一种与无条件刺激相似，但却不完全相同的刺激，是否引发出相同的条件反应。他发现，通过被称为泛化的过程，是可以引发相同反应的。他使用相同的范式，对动物识别刺激之间差异（这个过程被称为分化）的能力，以及当重复呈现无条件刺激但紧接着却不呈现食物时会发生什么情况进行了探究。巴甫洛夫注意到，我们可以用相同的原理来理解人类学习。例如，一个被狗咬过的儿童可能会形成对那只狗的害怕反应，并且通过泛化过程，会形成对所有狗的恐惧。但是，通过逐渐地让那个小孩认识从不咬人的狗，他的恐惧就会由于分化过程而下降——他将会只对最初咬他的那种狗感到害怕——最终，这种恐惧就有可能消退。在 20 世纪 30 年代，巴甫洛夫开始使用条件反射这个概念来阐述人类的精神病，他认为精神病是一种人们试图将自己与外部世界隔离开来的手段。这导致治疗精神病患者的方式发生了改变：他们被安排进了单一的环境中，这是为了缓解环境对于精神病人的刺激。

（顺便提一下，一位在宾夕法尼亚大学攻读博士学位的学生埃德温·特惠特梅耶［Edwin B. Twitmeyer］曾独立观察到，膝跳反射或膝关节反射可以对铃声产生条件反射。在 1904 年的美国心理学大会上，他报告了这一发现，但是大会代表们对此普遍缺乏兴趣，这使他感到气馁，从而没有进一步追索这条研究路线。）

巴甫洛夫对于条件反射的确定作为一个原动力，促使他进行非常多产的研究项目——被一些人称为他的生理学工厂——这导致他提出了一个关于皮质兴奋与抑制的神经生理系统的复杂理论。他认为，这两个根本过程构成了所有行为反应的基础。要使有机体做出适应性行为，这两个过程之间就必须达成平衡。他还进一步提出在神经活动中存在着三个基本的维度：（1）兴奋与抑制的绝对强度；（2）这两个过程之间的平衡；（3）它们在特定神经系统中发生改变的易感性。这些观点（他最早是在分析狗的个体差异中提出这些观点的，并开创了气质研究领域）还预示了他的人格类型理论。他对于高级神经活动类型的分类（是以兴奋和抑制这两个神经维度为基础的）与希波克拉底的四类气质相对应：抑郁质——兴奋过程与抑制过程都弱；胆汁质——兴奋过程占支配地位；粘液质——一种平衡的状态；以及多血质——平衡，有活泼的外向行为。

巴甫洛夫的理论从本质上说是关于神经系统的解剖学和生理学的理论，但是在心理学家们看来，它却揭示了行为与神经系统之间的连接。一些人开始将他的发现融合进了自己的理论体系中，尽管不久裂缝就出现了：巴甫洛夫的目的在于理解神经系统，而不是在其发现的基础上系统阐述一种心理学理论。在这个方面，他与他的同时代人、竞争者弗拉基米尔·别赫切列夫（Vladimir Bekhterev）不同，别赫切列夫在建立心理学与生理学之间的概念框架方面没有巴甫洛夫那么谨慎。别赫切列夫很可能更适合于承担这一任务，因为他所接受的心理学训练要比巴甫洛夫更广泛，其中包括跟随**冯特**、神经学家杜·波伊斯 – 雷蒙德以及精神病学家沙可学习的经历。巴甫洛夫认为，**华生**的观点是对他的理论的过分简单的运用："这位心理学家将条件反射视为一条学习原理，认为不需要对它进行进一步的分析，也不需要最终的探究，他努力将其运用于所有的一切，并将学习所有的个别特征都解释为同一个过程”（1932；2001）。事实上，到**克拉克·赫尔**（Clark Hull）提出他关于学习的数学表征理论的时候，心理学家们事实上都已经在使用条件反射的概念而不涉及神经系统方面的内容。

桑（Thorne）和亨利（Henley，2001）曾指出，将巴甫洛夫的影响分成三个阶段，我们可以更清楚地理解他对心理学的影响。第一阶段是巴甫洛夫条件反射对美国行为主义流派所产生的影响；第二个阶段的特征是赫尔提出关于学习的数学模型；第三个阶段是巴甫洛夫的经典性条件反射与桑代克的工具性条件反射之间的区别，以及“二因素”学习理论的出现。这些理论假定，经典条件反射教会动物识别环境中的重要问题，而工具性条件反射使得动物学会操纵那些问题的一些方面。因此，格雷（Gray）总结说：“现在，巴甫洛夫对有关动物学习的研究所产生的影响比过去任何时候都更大、更直接；而且这种影响似乎还在增强”（1979：127）。格雷的评价并不夸张，有两个例子支持这种评价。第一，雷斯科拉（R. A. Rescorla）由于对巴甫洛夫条件反射及其与联结主义哲学之间的关联所进行的创新研究，而获得了美国心理学会1986年的杰出科学贡献奖。第二，简·斯特劳（Jan Strealau）关于气质的研究是在一个巴甫洛夫式的框架内进行的，他证明了气质特征在调节环境刺激对有机体的影响和作用的重要性，以及行为在控制有机体对刺激需要中的作用。

伊万·巴甫洛夫的主要作品

I. P. Pavlov: Selected Works, University Press of the Pacific, 2001.

进一步阅读

Catania, A. C. and Laties, V. G. (1999) 'Pavlov and Skinner: two lives in science', *Journal of the Experimental Analysis of Behavior*, 72, 455-61.

Gray, J. A. (1979) *Pavlov*, Fontana.

Thorne, B. M. and Henley, T. B. (2001) *Connections in the History and Systems of Psychology*, Houghton Mifflin.

Todes, D. P. (2001) *Pavlov's Physiology Factory*, Johns Hopkins University Press.

西格蒙德·弗洛伊德（1856~1939）

作为精神分析的奠基者，弗洛伊德（Sigmund Freud）在他的方法中强调无意识因素在引导人类行为当中的重要性，并将梦解释为一条通往无意识的间接路线。

西格蒙德·弗洛伊德在其父亲雅各布和其母亲阿玛丽娅·娜坦森结婚一年后，出生在摩拉维亚的弗莱堡（捷克斯洛伐克共和国的普日博尔）。阿玛丽娅是雅各布的第三任妻子。弗洛伊德是他母亲所生的八个孩子中的老大。他的父亲是一位毛织品商人，之前的婚姻给他留下了两个儿子，伊曼努尔和菲利浦。伊曼努尔的孩子约翰和波琳是弗洛伊德在弗莱堡的早期玩伴。1859年，他同父异母的哥哥们全家移居到了英国的曼彻斯特。他的母亲教他阅读、写字，1865年，他进入利奥波斯塔特·雷亚大学预科接受正式教育。1873年，他进入维也纳大学学习医学。这包括在恩斯特·冯·布吕克（Ernst von Brücke）的指导下接受生理学训练，以及在弗朗兹·布伦塔诺（Franz Brentano）的指导下接受哲学训练。冯·布吕克动力生理学（在这个取向中，有机体被看成一个使其活着但最终导致其死亡的力量系统的一部分）的某些方面，以及布伦塔诺的意动心理学（其中，意识被看做本质上是意向性的，例如，看的动作中就包含着所看到的东西），后来在弗洛伊德的理论中都有所表现。其他影响来自于哲学家叔本华，其“意志”概念塑造了弗洛伊德关于无意识的观点。作为一位学医学的学生，他通过翻译约翰·斯图尔特·穆勒（John Stuart Mill）的一卷文集而赚了一些钱。1881年，他取得了行医资格，并与玛莎·伯内斯（Martha Bernays）订婚。四年后，他们结了婚。他的第一份从医工作是在维也纳综合医院，后来在西奥多·迈纳特（Theodor Meynert）的脑解剖实验室从事研究。这使他进入了精神病学的大门。1885 年，他成了维也纳大学的一位无薪教师，他在那里教授一门神经系统障碍的课程，同一年，他赢得了一份奖学金，这使得他可以到巴黎的 Salpêtrière 医院在让 – 马丁·沙可（Jean-Martin Charcot）的指导下学习。沙可早期的观点认为歇斯底里是一种生理障碍，而非心理障碍，但是他修正过的观点强调了其心理根源。沙可不仅在理智方面极大地影响了弗洛伊德，例如，训练他使用催眠来治疗歇斯底里，而且在个人方面也对他产生了很大的影响——弗洛伊德给第一个儿子取的名字就是让 – 马丁。一回到巴黎，弗洛伊德就开办了一家私人诊所，主治神经疾病，并且还被任命为马克思·卡索威茨（Max Kassowitz）儿童疾病研究所神经部门的主任。为了赚些外快，他翻译了医师伊波利特·伯恩海姆（Hyppolite Bernheim）的一本著作，并且花了一些时间与伯恩海姆一起待在南锡，为的是提高自己的催眠技术。在此期间，他觉察到了催眠作为一种治疗手段的局限性。他将注意力转到了维也纳医师约瑟夫·布洛伊尔（Josef Breuer）向他介绍的一种方法上。布洛伊尔已经治疗了一些被诊断为歇斯底里症的患者，他发现，当他鼓励患者自由地谈论其症状最早发生时的情况时，他们通常都会拒绝。弗洛伊德通过提出以下看法而发展了这一观点，即许多神经症，如恐惧症、癔症性麻痹等，根源都在于非常具有创伤性的、已经长期被遗忘的体验上。通过将这些体验带回到有意识的觉察中，并以一种理解的方式来面对它们，那么潜在的原因就会被消除，而让人烦恼的症状也将会消失。布洛伊尔与弗洛伊德的观点与方法发表在一本非常著名的教科书《歇斯底里研究》（*Studies in Hysteri*）中，该书于 1936 年首次被翻译为英文。不过，在该书出版后不久，布洛伊尔与弗洛伊德就分道扬镳了，这是因为布洛伊尔认为弗洛伊德对于性根源以及许多神经症内容的强调不仅过分，而且不合理。

1891 年，弗洛伊德一家搬到了贝尔加斯 19 号新建起来的一套公寓里，在接下来的一年，弗洛伊德与一小圈朋友，包括阿尔弗雷德·阿德勒（Alfred Adler）、威廉·斯特克尔（Wilhelm Stekel）、马克斯·卡汉（Max Kahane）以及鲁道夫·雷特勒（Rudolf Reitler）等成立了星期三心理学协会。它的发展非常快速，出于协会发展的考虑，它于 1908 年解散，并重新组建为维也纳精神分析协会。在接下来的一年，弗洛伊德、桑多尔·费伦兹（Sándor Ferenczi）和**荣格**接到了斯坦利·霍尔（Stanley Hall）的邀请，让他们到克拉克大学演讲。这次旅行让他们注意到了北美精神病学家与心理学家中普遍存在的对于精神分析观点的兴趣。

于 1910 年被推选为维也纳精神分析协会主席的阿德勒，由于与弗洛伊德出现了理论上的分歧而决定于次年离开。阿德勒创立了他自己的精神分析研究协会，后来改称为个体心理学协会。在又一次的争论之后（这次是与威廉·斯特克尔就《精神分析学中央公报》[*Zentralblatt für Psychoanalyse*] 编辑委员会而起的争执），汉斯·萨克斯（Hans Sachs）、奥托·兰克（Otto Rank）和弗洛伊德创立了一份精神分析杂志，为的是从多学科的角度对心理进行研究。斯特克尔对此作出的反应是从维也纳精神分析协会辞职。

弗洛伊德与荣格的关系（他们于 1906 年建立了很好的关系）也岌岌可危。弗洛伊德的《图腾与禁忌》（*Totem and Taboo*）在 1913 年出版，这一定程度上是对荣格在神话方面之兴趣的一种尖锐反驳。荣格已在一种力比多新概念的基础上发展了自己的心理学，这个概念在很多方面与弗洛伊德的概念是迥然不同的，因为它对性驱力的强调减弱了。次年，荣格辞去了国际精神分析学会主席的职位。面对这些辞职事件，以及一些分裂运动的出现，恩斯特·琼斯（Ernst Jones）发起了"秘密委员会"，由他本人、弗洛伊德、卡尔·亚伯拉罕（Karl Abrahan）、A. 布瑞尔（A. Brill）、桑多尔·费伦兹、奥托·兰克和汉斯·萨克斯组成。此后不久，弗洛伊德就出版了《精神分析运动史》（*On the History of the Psychoanalytic Movement*，1915）。该书主要是针对早先的分裂做出了辩论性的反应。

到 1918 年，弗洛伊德曾用来投资澳大利亚国家证券的所有财产都丧失了。而且，第一次世界大战还使得他的来访者变得很少，他努力地维持生活。安东·冯·弗洛伊德（Anton von Freud），一位以布达佩斯制造商形象出现的救世主，给了弗洛伊德一大笔钱。由于通货膨胀的压力，这笔钱很快就花光了，但是在国际精神分析出版社（弗洛伊德最亲密的同事奥托·兰克是其第一任社长）成立之前还没有花完。弗洛伊德患上了口腔癌，1923 年就出现了最初的症状。接下来的一年又爆发了另一次自相残杀式的争斗，这次是与兰克，他们在关于出生创伤之重要性这个问题上产生了分歧。弗洛伊德不赞同兰克的观点，兰克提出，出生冲击创设了一种焦虑的心理洼地，而这个储存之所解释了后来生活中诸如恐惧症之类神经症的出现。

弗洛伊德的观点，即从他对梦的分析所获得的发现，以及将精神分析方法运用到那些需要向分析者做出自由联想——从本质上说，就是谈论大脑中所出现的所有记忆、想法或情感——的患者身上所获得的发现，最初遭遇的是嘲笑、怀疑和反对。这些反应在很大程度上是欧洲维多利亚时期时代精神的产物，当时的时代精神还远远没有准备好要接受关于儿童期性欲、性驱力是人类行为的重要动力以及人类不是由理性而是由无意识驱力支配着的观点。弗洛伊德将这种对其理论的愤怒解释为这恰恰清楚地证明了他的观点是让人痛苦的真理。到了 20 世纪 20 年代和 30 年代，精神分析方法通常被称为“谈话疗法”，而且被看做治疗一系列心理障碍的一种强有力的模式。弗洛伊德的名望是如此之大，以至于纳粹党人也犹豫要不要取缔他的诊所，甚至在他以愚弄的语气提到了纳粹党的理想与价值观——一种对他们的讽刺之后，还允许他移居英国——对弗洛伊德来说是幸运的，他因此得以避开了当时的政治漩涡。

弗洛伊德的研究方法从记录可观察的现象开始，一直到对一般规律的系统阐述，而且通过这样做，反映了诸如弗朗西斯·培根和约翰·斯图尔特·穆勒等经验主义哲学家的影响。对弗洛伊德来说，这包括设计大量的、深远的假设，并用在临床中收集到的证据来对其进行验证。精神分析理论囊括了人类心理的每一个方面，并试图解释人类行为的每一个方面。例如，幽默与机智被解释为是无意识的、被禁止的愿望的表达。在允许攻击性和性色彩浓厚的论述以社会可以接受的方式来表达（否则，就不能表达）方面，笑话与梦的作用是相似的。同样，不存在像“错误”这样的东西，因为每一种错误，或者用弗洛伊德的话说是“动作倒错”，都是被压抑欲望的表达。人类行为的每一个部分，不管多么小，都是有意义的。弗洛伊德在早期就发展了一种关于梦的理论，该理论是精神分析中非常重要的一种，并且也是治疗中所讨论的大量内容的焦点。梦是通向无意识的道路，因为真实的梦，即显性内容被看成一种表达被压抑愿望的潜隐内容的伪装形式。这种伪装，这种梦的工作，证明了无意识的作用，证明了心理过程通常是隐藏起来的。因此，对梦的分析就揭示了患者无意识的动机、幻想与欲望。弗洛伊德的理论为人类多方面的行为都提供了解释，这不仅说明了其流行程度，而且还说明了心理学的许多领域都将它驱逐在外。例如，大多数学习心理学的学生在他们大学第一年的课程中就知道了弗洛伊德，并且老师会告诉他们说，这很可能是他们在接下来的学习中最后一次听到弗洛伊德的观点了，紧跟着的通常是学生们沮丧的叹息声。

弗洛伊德成果非常多，而且所有成果都是围绕以下原则组织起来的，即无意识驱力与愿望会对我们的生活产生很大的影响；不了解这些驱力与愿望，真正的改变就不可能发生。弗洛伊德认为，精神分析的实践为获得真正的改变提供了一种非常强有力的方法。因此，精神分析不仅是一套观点，而且还是一种以这些观点为基础的治疗方法。“本我”是弗洛伊德的人格结构，由驱力构成，它是个体心理能量的储存之所。本我是无意识的；它与现实没有任何联系，且根据快乐原则行事，通常会寻求快乐而回避痛苦。随着儿童体验到现实的要求与限制，一个新的人格结构就形成了——“自我”。自我被认为是人格的执行部门，因为它能作出理性的决定。自我遵守的是现实原则；它尽力将个体的快乐限制在现实的界限之内。本我与自我没有道德感。“超我”考虑的是某件事情是对还是错。

自我是如何解决现实的要求、本我的愿望以及超我的限制之间的冲突的呢？它是通过防御机制做到的：自我使用无意识方法来歪曲现实，从而保护个体免于焦虑。在弗洛伊德看来，人格结构中相冲突的要求会导致焦虑。焦虑提醒自我用防御机制的手段来解决冲突。它将不可接受之本我的冲动推到意识之外，并回到无意识中。压抑是基础，所有其他的防御机制都是在它的基础上起作用的。其他重要的防御机制有：替代——当个体将不可接受的情感从一事物转到另一更能为人接受的事物上时，这种防御机制就出现了；投射——这种防御机制被用来将我们自己的缺点、问题与错误归到他人身上；升华——当个体用一种对社会有用的行为来替代社会讨厌的行为时，这种防御机制就出现了。

弗洛伊德的理论指出，个体的发展是与循序渐进的五个心理性欲或力比多阶段联系在一起的：口唇期、肛门期、前生殖器期、潜伏期、生殖器期。被称为心理性欲或力比多阶段，是因为在儿童的发展过程中，会出现不同的主要性感区（嘴、肛门、生殖器）。成人的人格被认为是由如何解决早期快乐的来源——嘴、肛门，然后是生殖器——与现实的要求之间的冲突的方式决定的。如果这些冲突没有得到解决，个体就可能会固着于某一个特定的发展阶段上。固着是一种防御机制，当个体由于需要没有得到满足或是过度满足而深陷于一个前面的发展阶段时，这种防御机制就出现了。例如，俄狄浦斯情结就是一种假定的建构，认为，年幼的儿童会产生一种强烈的欲望，想要代替同性的父 / 母，并享受与异性父 / 母的情感。俄狄浦斯情结该如何解决？在大约五到六岁的时候，儿童会认识到，他们同性的父 / 母可能会因为他们的乱伦欲望而惩罚他们。为了减少这种冲突，该儿童会去认同同性的父 / 母。如果这种冲突没有得到解决，该理论预测，个体就可能会固着于前生殖器阶段，这可以用成人的例子来加以证明，这个人的人格特征可以描述为过于自信地鲁莽、空虚，以及喜欢出风头。

健康个体的特征是自我（关注于现实，在很大程度上是有意识的）、超我（应对的是道德的问题）以及本我（各种驱力与不被接受的、被压抑的欲望的储存室，它完全是无意识的）各种力量之间处于一种动态的平衡关系中。神经质个体被认为是受到了他们的超我的支配。精神病个体的自我防御被刺穿，受到了其本我的控制。因此，在精神病患者的案例中，治疗的目标是用自我的活动来代替本我的活动。

在弗洛伊德去世的时候，他被看做是他那个时代的主要思想家之一，他在思想上的地位可以与达尔文和爱因斯坦相媲美。（尽管弗洛伊德从未明确地将自己与达尔文以及爱因斯坦相比，但他 1929 年日记的第一篇就是“Passed over for the Nobel Prize”。）无疑，弗洛伊德的理论是 20 世纪所有领域中最有影响的理论之一。许多心理学家可能会赞同**艾森克**（最旗帜鲜明地批评弗洛伊德理论的批评者之一）的观点，即认为弗洛伊德的理论对于心理科学的进展来说是一种有害的影响，这在很大程度是因为其理论中的许多概念都不能以对其进行测量的方式来界定。事实上，有一些概念，尤其是那些与无意识联系在一起的概念在弗洛伊德的理论中是这样阐述的，即它们永远都不能被测量。而且，该理论对于个体将会如何行为几乎没有做出任何精确的预测，但是它却一直声称为一个个体过去所做的一切事情提供了一种令人满意的解释。认为女性会受到阴茎妒忌的驱使，并比男性劣等的观点，现在已经普遍认为是具有攻击性的，女权主义批评者已经指出，弗洛伊德所正视的精神分析的内容与成长，是一种父权社会的反映与产物。不过，该理论继续在全世界发展，尤其是在欧洲和美国。其持续流行可以部分地归结于这一事实，即其核心观点在很大程度上与日常的人类体验相一致，并且提供了一种一致解释的前景，这更是主流的心理学框架所不能与其相比的。例如，大量的精神分析语言现在已经成了我们大多数人解释为什么我们会这样思考、感觉和行为的主要用语。然而，弗洛伊德从不相信精神分析会是心理学解释的最后一种语言，他估计其寿命会受到生物化学发展速度的限制，他认为，生物化学可以提供一种解释人类行为的水平，而对此，精神分析几乎从未企及。

西格蒙德·弗洛伊德的主要作品

The Standard Edition of the Complete Psychological Works of Sigmund Freud, Hogarth Press and the Institute of Psychoanalysis, 1966.

进一步阅读

Appignanesi, L. and Forrester, J. (2000) *Freud's Women, Penguin.*

Ellenberger, H. F. (1981) *The Discovery of the Unconscious: The History and Evolution of Dynamic Psychiatry*, Basic Books.

Grünbaum, A. (1984) *The Foundations of Psychoanalysis: A Philosophical Critique*, University of California Press.

Hall, C. S. (1999) *A Primer of Freudian Psychology*, New American Library.

阿尔弗雷德·比纳（1857~1911）

比纳（Alfred Binet）发明了智力测验，并将其用于量化儿童的智力。

比纳生于尼斯，他的父亲是一位富有的医生，母亲是一位业余艺术家，在父母分开之后，他由母亲莫耶娜·比纳抚养长大。他的父亲认为这个年幼的儿子有点懦弱，为了让他变得更勇敢一些，父亲强迫他去观看并触摸尸体。但这并没有用，更糟糕的是，他一生都害怕那个疏远他的父亲。阿尔弗雷德上了声望很高的莱西·路易斯－李格兰德学校，后来获得了一个法律方面的学位，但是法律是他不喜欢的一个领域，于是他转向了医学。也许可以预言的是，他的医学生涯由于他一看见尸体就呕吐而中断。1887 年底或 1888 年初开始，比纳上了埃德沃德－杰拉德·巴尔比阿尼（Edouard-Gérard Balbiani）胚胎学实验的课程，在那里，他也开始熟悉了植物学和动物学。在那里，他发展了自身在实验方法方面的技能，并认识到系统观察之重要性与益处。他关于昆虫次级神经系统的论文使他于 1894 年获得了一个自然科学的博士学位。比纳娶了巴尔比阿尼的女儿劳拉·巴尔比阿尼，他们有两个女儿，马德琳和艾丽斯。这两个女儿都是比纳研究中的被试，在研究中，她们是以假名玛格丽特和阿曼德出现的。年轻的比纳一家生活在巴黎杜雷加德街道和梅登街道，后来搬到了梅登郊区，其后又迁到了缅因大街。

作为一个独立的人，比纳能够追求他自己的兴趣，并且在巴黎的国家图书馆进行了广泛的阅读。他集中阅读了所有可以找到的心理学著作。他开始对约翰·斯图尔特·穆勒（John Stewart Mill）的观点产生了兴趣，并寻找某个能够使他更加理解联想主义心理学的人。1892 年，他遇到了让－马丁·沙可（Jean-Martin Charcot），沙可是萨伯特医院的神经学家，在接下来的八年中，比纳在他的指导下进行研究。该研究的结果是比纳发表了 17 篇关于动物磁性说、催眠以及歇斯底里等主题的出版作品。在此期间，他继续发展他的实验技能并发表他的研究发现，出版了另外两本著作，并发表了 20 多篇研究论文，其中大多数都刊登在了泰奥迪勒·里博（Théodule Ribot）的《哲学述评》（*Revue Philosophique*）上，这是一本致力于对当代重要的问题进行科学辩论和哲学辩论的杂志。1889 年 1 月，里博开创了法国的第一个心理学实验室，作为索邦神学院中高等研究实验学校自然科学部的一分子。医生兼心理学家亨利·博尼斯（Henri Beaunis）最初试图按照冯特的模型来塑造实验室，不过他让比纳全权尝试他认为合适的新模式。1892 年，比纳被任命为副主任，并在 1894 年博尼斯退休后继任了他的职位。就在那一年，比纳创办了《心理学年报》并担任第一任编辑，这是法国第一本致力于心理学学科的杂志。到这个时候，比纳广泛的兴趣也产生了许多关于下列主题的出版物：恋物癖、幻觉、动物磁性说、催眠术、歇斯底里、暗示、知觉、视觉表象、超常记忆、将眼睛蒙起来的下象棋者、音乐、剧院、害怕、宗教、正常与异常的身体关联、痴呆、躁狂抑郁、心理疲劳、书法、聋哑者。

1895 年夏天，比纳作为一名客座教授在布加勒斯特大学授课，但是他拒绝该大学提供的永久教授职位。在与维克托·亨利（Victor Henri，曾在符茨堡师从屈尔佩）合作时，他着手进行了一系列关于巴黎在校儿童的研究。他的意图是建立一个测验文库，可以让他系统详细地分析个体差异。当时，与**高尔顿**和**卡特尔**的研究相关的测验已经广为传播，但是许多智力能力还有待于探究。巴黎的学校为比纳和亨利提供了儿童（通常是儿童），这在他们的心理学实验室中是没有的。尤其是，在比纳开始研究超过正常能力范围的儿童样本时，巴黎一些最贫穷区域的学校提供了许多低于平均能力的儿童。比纳不仅成为他所谓的“个体心理学”以及测量个体差异方法的提倡者，而且也是其促进者。

大约在 1899 年，比纳认识了西奥多・西蒙（Théodore Simon，一位医生），在接下来的 11 年中，西蒙成了他的重要合作者。比纳成为儿童心理研究自由团体的一员，并开始试图让其成员相信教育学中观察与实验方法的重要性。1901 年，里博辞去他在法兰西学院的实验心理学教授职位，比纳试图获得这个职位，但是没有成功。皮埃尔・珍妮特（Pierre Janet）获得了任命，腾出了在索邦神学院的位子，比纳申请了这个职位，但又一次遭到了拒绝，他们任命了乔治・杜马斯（Georges Dumas）。他陷入失望之中。大约也是在这个时候，好朋友利昂・马里莱尔（Léon Marillier）的逝去给他带来了伤痛。尽管遭受了这些职业挫折和个人损失，到 1904 年底，比纳还是带领着一个由部长任命的委员会追踪巴黎学校中的那些“异常”儿童。对于法国政府而言，问题在于客观地鉴定那些很可能不能从国家所提供的标准教育中获益的儿童。比纳和西蒙认为完成这项任务需要心理学和实验方法的帮助。到 1905 年 5 月，他们已经创设了足够的测验项目（按难度等级排列），这些项目构成了很快就被认可第一个有效的智力测量的内容，此测验最容易的任务是要求儿童用他的眼睛注视着一盏灯，这是大多数非常小的儿童都能做到的，但是有些发展滞后或没有学习能力的儿童却做不到。每一项任务的难度从早慧的 11 岁儿童就能解决的造句问题起逐渐增加。在开发了一项满足委员会需要的测验之后，比纳发现自己身处一条道路上，此道路将会引导他对一种评价工具进行系统阐述，这种评价工具可以让他相当精确地指出一个特定儿童的行为是否在他那个年龄儿童的平均水平上。1905 年 11 月，他宣称，他和他的同事已经在位于贝尔维尔格兰杰奥克斯 - 贝尔斯 36 巷（36rue Grangeaux-Belles à Belleville）的巴黎学校成立了第一个实验教育学实验室，他的朋友 V・范尼（V. Vaney）是那里的校长（1971 年 6 月 5 日，为了纪念比纳，在学校的墙上挂上了一块纪念匾）。比纳和西蒙通过这所学校的学生研发出了他们的智力量表，1908 年，他们出版了一个对先前量表的修订本。比纳对此还是不满意，并于 1911 年进行了进一步的修订。范尼是发表在《阿尔弗雷德·比纳学会公报》（*Bulletin de la Société Alfred Binet*）上一些产生较大影响的、关于测量的论文的合著者。

西蒙－比纳测验在北美的普及在很大程度上应归功于两个人：亨利·戈达德（Henry H. Goddard，将这些测验从法语翻译成了英语）、刘易斯·推孟（Lewis M. Terman，将戈达德的翻译版本实施于北美的儿童）。戈达德是美国优生学运动的一位先驱者，他在智力遗传性方面的兴趣使他在瓦恩兰培训学校获得了一个职位，从事"低能"的遗传基础的研究。推孟的兴趣在于理解天才的遗传基础，以及促进测量智力的技术的发展与应用。戈达德与推孟对智力测验的修正考虑到了这一事实，即西蒙－比纳测验的一些项目过于简单，而另一些则难度过大。推孟 1916 年修订版的标题是斯坦福－比纳测验，这表明这项研究是在斯坦福大学进行的，推孟于 1910 年作为教育学校的助理教授加入了该大学。20 世纪 20 年代，对该测验进行了进一步的实质性修订，而到这个时候，推孟已经去了斯坦福的心理学系，开始与儿童临床心理学家莫德·梅里尔（Maud Merrill）合作。

1912 年，比纳的研究得到了法国公众极大的尊重。他的个人状况却相当艰难：他的妻子身体很不好，在 54 岁的时候，比纳开始越来越关注死亡。对于这一点，详尽的证据表现在他的戏剧兴趣中：他一共撰写了 9 部戏剧，其中大多数都是在大吉尼奥尔剧院和萨拉－贝恩哈特剧院演出的。从 1905 年到去世，他创作了四部戏剧："对教育的痴迷"（L'Obsession）、"恐怖的实验"（L'Experiment horrible）、"神秘男子"（L'Homme mystérieux）都是与导演和演员安德烈·德洛德（André de Lorde，也被人们称为"恐怖王子"）合著的。在比纳因中风而去世之后，"在隐身"（Les Invisibles）于 1912 年上演。1923 年，德洛德创作了"精神错乱者屋子里发生的罪行"（A Crime in the House of the Insane），比纳被引为该部戏剧的合著者。这些都探究了郁闷的主题，在其中，精神病学问题也在基于恐惧和担忧的情节中得到了探索。例如，在一个情节中，一位医生治好了一名患者的妄想型精神分裂症，没想到，这位患者仍旧想杀死这位医生的兄弟。

德洛德与比纳的早期童年经验有些相似，这可能不只是巧合：德洛德的父亲是一位贫穷的法国伯爵，靠行医维持生计。德洛德在还是一个刚学会走路的孩子时，就经常在那些患者临死所卧之床边陪着父亲。在他五岁的时候，父亲去世了，他的母亲嫁给了古典戏剧演员让·莫利特－萨利（Jean Mounet-Sully），德洛德在一个居住着很多悲剧演员的艺术环境中长大。

比纳并没有系统地阐述一种智力理论，不过他认为，理解、判断、常识，在某种程度上还包括记忆都是以许多方式显现的。与高尔顿的观点不同，他确信个人的智力差异在于更高级的心理过程，而不是感觉敏度。他抵制关于智力性质——它是什么，以及应该如何来界定它——的理论思辨，并采纳了以下观点：即只要为数众多，而且设计得很好，那么这些测验是什么的问题就相对不太重要。对于比纳而言，可以这么说，智力就是通过他的测验而测得的东西。不过，他认为，不良的测验作业并不会给人强加上智力缺陷这样一个无期徒刑的判决，而且他强烈地认为，老师应该排除智力表现是完全由先天决定的错误观点。与他的观点及一些解释中所暗含的意思相比，关于智力潜能的延展性，他更多地采用实用主义和乐观主义。尽管他认为遗传因素在智力潜能上设置了一个上限，不过如果给予恰当的刺激和支持，每个人都能以非常相似的方式获得智力上的成长，特殊的教育能够大大提高测验分数。因此，当人们认为比纳的智力量表代表了智力测验中的一个突破，是他对心理学的主要贡献时，他却认为其主要价值在于，能够作为确定儿童中谁能够从不同的教育模式中获益最多的有效而可靠的工具。

比纳的研究是**阿纳斯塔西**以及许多其他人后来所作贡献之先驱，其本身也得到了广泛的认可。不过，他大多数的其他研究却已经被忽略或遗忘。例如，他早期关于无意象思维以及一种系统的内省方法的研究，与后来与符茨堡学派联系在一起的观点是等同的。比纳的《实验心理学研究》(*L'Études de psychologie expérimentale*, 1891)早于屈尔佩 1895 年关于无意象思维的出版物，而且屈尔佩不承认比纳的说法，即他第一次看到“无意象思维”假设是在比纳的论文《心理意象之强度》(*L'intensité des images mentales*)中，对此，比纳在好几个场合中都提出了抗议。屈尔佩的观点是，是他在指导两位学生卡尔·马尔比（Karl Marbe）和纳齐斯·阿赫（Narziss Ach）未发表的研究时最先阐述这个概念的。比纳关于易受暗示性和目击证人证词之心理学的著作《暗示感受性》(*La Suggestibilité*, 1900)，就等同于雨果·闵斯特伯格（Hugo Münsterberg）的经典研究，并预示了威廉·斯特恩（William Stern）受到广泛称赞的贡献，斯特恩知道比纳的著作，不过没有引用它。在很多方面，比纳的影响都由于一个事实而受到限制，即他从未拥有一个教授职位，这一限制的产生是由于人们对他的思想贡献与职业贡献缺乏传记的和历史的调查。

阿尔弗雷德·比纳的主要作品

'Perceptions d'enfants', *Revue Philosophique*, 1890, 30, 582-611.

L'Études de psychologie expérimentale, Doin, 1891.

Les Altérations de la personnalité, Alcan, 1892.

La Fatigue intellectuelle, Schleicher Frère, 1898 (with V. Henri).

'La mesure en psychologie individuelle', *Revue Philosopgique*, 1898, 46, 113-23.

La Suggestibilité, Schleicher Frères, 1900.

L'Études expérimentale de l'intelligence, Schleicher Frères, 1903.

'Sur la nécessité d'établir un diagnostic scientifique des états inférieurs de l'intelligence', *L'Année Psychologique*, 1905, 11, 163-90 (with Th. Simon).

'Le développement de l'intelligence chez les enfant', *L'Année Psychologique*, 1908, 14, 1-94.

进一步阅读

Fancher, R.E. (1985) *The Intelligence Men*, W. W. Norton.

Wolf, T. (1973) *Alfred Binet*, W .W. Norton.

查尔斯·斯皮尔曼（1863~1945）

斯皮尔曼（Charles Edward Spearman）发展出了一种智力理论，该理论区分了一般智力因素（“g”）与特殊因素，并且他还提出新的统计技术来验证他的理论。

斯皮尔曼的祖父亚历山大·扬·斯皮尔曼爵士是英国财政部的一位高级官员，其父亲在1865年就去世了，年仅33岁，查尔斯是他与路易莎·梅恩沃林结婚后生下的两个儿子中较小的一个。路易莎再婚了，但是她的第二任丈夫亨利·莫利纽斯–斯蒂尔1882年就去世了，当时查尔斯刚刚成为皇家工程兵中的步兵军官不久。在他15年的服兵役生涯中，他参加了几次殖民地战争，1897年，他离开了军队。

斯皮尔曼最初的学术兴趣是哲学，但是并不喜欢联想主义（这是他最为熟悉的一个思想流派）：“感觉主义与联想主义与享爱主义的关系非常密切；而在我看来，后者过去是（并且现在也是）一种可憎的东西”（1930：301）。他坚信，如果哲学要取得真正的进展，那么它也主要是由心理学而获得的。因此，他来到了莱比锡，在那里，他学到了许多实验心理学知识，这些知识不是直接从**冯特**那里学到的，而是从冯特的两位助手菲利克斯·克鲁格（Felix Krueger，曾与斯皮尔曼合作出版著作，并且继任了冯特在莱比锡的职位）和威廉·沃尔斯（Wilhelm Wirth）那里学到的。就在斯皮尔曼离开莱比锡那年，奥托·克莱姆（Otto Klemm）来到了莱比锡，斯皮尔曼认为自己错失一个向他学习的机会。冯特对斯皮尔曼的影响是不可或缺的，尽管斯皮尔曼不赞成他毫无根据地强调对基本感觉进行分析。

斯皮尔曼在莱比锡的时光由于布尔战争而被中断了，战争使他不得不回去服现役，期间，他担任根西秘书长副官及助理，这是一个由于法国政府的矛盾态度而具有重要性的职位。他在海峡群岛过了两年节衣缩食的日子，期间他遇到了终生的搭档弗朗西丝·艾克曼（Frances Aikman），之后他回英国一段时间，但是在波克夏的生活费用促使斯皮尔曼一家搬到了莱比锡，在那里，查尔斯完成了关于空间知觉的博士学位论文（并辅修了历史和政治经济学）。他从那里又到符茨堡待了三个月，跟随冯特以前的学生奥斯瓦德·屈尔佩（Oswald Külpe）学习，尽管对他的思想产生更大影响的是卡尔·彪勒（Karl Bühler）的现象学——这是一种集中于分析意识经验而尽力不受到预期或前概念影响的哲学。之后一段时间，他到了哥廷根跟随乔治·米勒（George E. Müller）学习，其相当短浅的思想与屈尔佩形成了对比。在哥廷根，他上了胡塞尔的课程，并且走遍了整个德国，包括与卡尔·斯顿夫（Carl Stumpf）和赫尔曼·艾宾浩斯（Hermann Ebbinghaus）的短暂会面，艾宾浩斯是第一个支持研究一般智力的人。1907 年，他离开了德国，担任伦敦大学学院（UCL）实验心理学高级讲师。这个职位还要求他负责一个小实验室，这个小实验室是 10 年前由詹姆士·苏利（James Sully）设立的，当时，在雨果·闵斯特伯格要从德国移居到美国之前，UCL 保护了他的相当一部分设备。斯皮尔曼在 UCL 接下来担任心理与逻辑的格罗特教授职位，这个职位是他在前任卡弗斯·里德（Carveth Read）退休后担任的——卡弗斯·里德的认识论影响了**詹姆士**关于实用主义的观点。斯皮尔曼担任这个职位一直到 1931 年，尽管其头衔于 1928 年就改成了心理学教授。退休后，他花了一些时间为**桑代克**的统一特质委员会工作，试图就智力的本质上形成一种普遍认同的观点。

尽管**高尔顿**测量心理现象的方法以及他对于智力测验的重视在当时的德国并不特别流行，但是斯皮尔曼却认为它们是鼓舞人心的，并且他从德国将自己极具创造性的手稿《客观确定与测量的“一般智力”》（1904b）寄到了《美国心理学杂志》发表。在这篇文章中，他列举了“相关心理学”的实例，“其目的是用实证的方法确定所有的心理倾向，尤其是那些将所谓的‘心理测验’与具有更大一般性与引起更大兴趣的心理活动联系在一起的倾向”（1904b：205）。斯皮尔曼运用他的统计学背景，评估了一所乡村学校中 10 到 13 岁儿童的智力，但是他很快就认识到，只要对变量的测量存在错误，通过实证得出的任何两个变量之间的相关都将会造成对真实的或“正确的”联结的不正确评估。不过，如果可以计算出测量中存在的错误的量，那么我们就应该可以根据以下这个公式来纠正观察到的相关：r（正确的）= r（观察到的）/ 变量 1 的信度 × 变量 2 的信度。使用这个“相关公式”，斯皮尔曼观察到了他所认为的成对变量之间的正确关系，并且推断出“一般智力”或“g”实际上是真实存在的，而不仅仅是统计的产物。他还注意到，他对儿童操作所进行的许多测量之间的相关几乎都是正性的、成等级的。这两个概念促进了其智力二因素理论的发展。

根据这种理论，从事任何智力活动都需要将“g”（这是同一个个体从事所有的智力行为都须在相同程度上用到的）和“特殊因素”或“s”（这是每一个活动所特有的，并且在每一个活动中强度都是不同的）结合起来。因此，斯皮尔曼认为，如果我们知道一个人是如何执行一项需要非常多“g”行为的任务的，那么我们就能精确地预测，任何其他需要数量相当的“g”行为的任务将具有相似的操作水平。而根据斯皮尔曼的定义，预测对于具有高“s”因素之任务的操作将不会那么精确。不过，斯皮尔曼认为“g”遍及对所有任务的操作，因此，预测对于具有高“s”因素之任务的操作在重要性上不过是比随机稍好一些。因此，斯皮尔曼总结道，所要获得的关于个体之智能的最重要的信息是对其“g”的评估。

斯皮尔曼没有注意到 7 年前挪威心理学家、教师托马斯·帕尔（Thomas Parr）所做的非常相似的研究。1897 年，帕尔发表了他对于书法方面所取得成绩与其他所有科目上所获得成绩之间关系的分析。他的样本人数是 234 人，这比斯皮尔曼的样本要大得多，尽管他的分析基于对平均分数的检查，而不是相关。他发现，书法较优秀的儿童也倾向于在其他科目上获得高分数。与斯皮尔曼的观点相比，他对于这种关系的解释与高尔顿的观点更为接近——他认为，高智力成就（例如，科学与文学方面的高智力成就）在非常高的水平上是由一个人操作简单任务（如书法）的能力决定的。

斯皮尔曼最为伟大的成就之一是他通过一种统计程序成功地验证了他的理论，这种统计程序即四分体差异的方法，用来还原大规模数据并阐明其中的潜在结构。这种程序（即现在人们所熟知的因素分析）确定了他数据中的潜在模式，斯皮尔曼将其解释为支持了他的二因素理论。因素分析的目的是检测大量测验之间的相关，并将它们还原为较少数量的潜在维度或因素。一个现象与这种方法有些相似，即可见光的所有颜色可以被还原为仅仅三种原色。当斯皮尔曼检测各种不同心理测验之间相关的模式时，他发现，几乎所有的相关都是正性的，他称这种现象为“正性集合”。这种正性集合的影响是，当他用因素分析方法分析数据时，存在一个非常大的一级因素。斯皮尔曼从其推断出“指示物无差异原则”。这就意味着，例如，一次词汇测验中所取得的分数与一次计算测验中所取得的分数相关，这是因为两次测验都指向了一般智力或“g”——这种指示物无差异指的是这两次测量中任何一次都可以用来指示一般智力。

斯皮尔曼所假定的一般因素得到了一些心理学家的支持，著名的有西里尔·伯特先生（Sir Cyril Burt）和**卡特尔**，“g”的支持者在杰出心理学家的行列中还在不断出现，著名的有亚瑟·詹森（Arthur Jensen）。诸如路易斯·瑟斯顿（Louis Thurstone）、卡特尔（Cattell）和乔伊·吉尔福德（Joy P. Guilford）这样的批评者提出了一种多因素的智力观点，而其他批评者，如大卫·韦克斯勒（David Wechlser，曾在UCL跟随斯皮尔曼学习）认为斯皮尔曼的一般智力严重冲淡了动机因素与人格因素的重要性。不过，第一个向斯皮尔曼的“g”提出严肃挑战的是瑟斯顿，他宣称，这仅仅是一种假设的构想，我们不需要赋予它超越于其他构想的特殊重要性。瑟斯顿所提出挑战的经验基础源于他观察到斯皮尔曼的因素分析可以在非常大的相关矩阵中简化，但是它不能解释原初相关矩阵很大一部分的变异。尽管斯皮尔曼能够构建出一个简单的二因素结构，但是还经常存在大量无法解释的变异。为什么会这样？瑟斯顿发展了一套统计技术，他认为这比斯皮尔曼所使用的要高级一些。这些技术所产生的影响是，使任何特定测验与一个特殊因素之间的联系或加注在其之上的“负荷”最大化，而使其与任何其他因素之间的联系最小化。当运用他的这种技术时，他发现，斯皮尔曼称之为“g”的这种因素消失了。瑟斯顿提出，他的因素分析表明应该将智力看成许多独立的能力。继起的争论产生了一个僵局，因为斯皮尔曼与瑟斯顿的方法在数学方面是等同的。偏向于其中一种或另一种的唯一原因在于，运算数据集时是支持智力的二因素还是多因素理论。20世纪30年代后期，**艾森克**运用伯特提出的统计技术重新分析了瑟斯顿的一些数据，报告的证据表明斯皮尔曼的“g”实际上存在于瑟斯顿的数据中。艾森克总结说，斯皮尔曼与瑟斯顿所采用的方法并不存在内在的矛盾。

尽管斯皮尔曼的影响是与他的二因素理论以及他对于因素分析的贡献联系在一起，但是他也发表了关于智力本质以及认知定律的研究。尽管他关于认知心理学的系统发展的论点依据充分，但是他非常夸大“新遗传图式”，这种做法使得其观点很难被人接受。他提出，所有的人类认知都可以用三条定律来解释，其中每一条都源自于联想主义者所赞同的较为古老的原则：经验理解定律、关系教育定律、相关教育定律。依据这些定律，心理开始觉察到其经验以及经验内容之间的关系，并在原初经验的基础上（不过要超过这些原初经验）创造新的项目。诸如“认知的整个范围，不管是被看做形式还是材料，都似乎将接受其有限的、最终的界限”（1922：354）。这样的朴素论断，通常都被看做是难以置信的。他的“认知定律”从本质上说是经验的泛化，并且包括这样的论断，如“心理事件倾向于比它们第一次发生时更易再次出现”，以及“疲劳倾向于减少心理过程”。持续定律（the law of perseveration），即“在心理事件的开头和结尾迟钝或滞后的倾向”，促使他的一些同事和学生开始追求另一条研究路线，这条研究路线使得他们假定在“g”旁边还有另一个一般因素“p”的存在。

斯皮尔曼通常被赞誉为在英国建构了一种动态的、得到国际认可的心理学研究流派，而且他对于其发展所产生的形成性影响的程度体现在这一事实中，即《英国心理学杂志》最初 20 篇附录专论中有 12 篇都是曾跟随他学习或跟他一起工作过的人写的。他从医院的卧室跳下后去世（他一直认为，每个人都有权利决定自己死亡的时间），他的去世使得西里尔·伯特成为英国因素分析的旗手和 UCL 斯蒂德曼教授职位的继任者。

查尔斯·斯皮尔曼的主要作品

'The proof and measurement of association between two things', *American Journal of Psychology*, 1904a, 15, 72-101.

'"General intelligence" objectively determined and measured', *American Journal of Psychology*, 1904b, 15, 202-93.

The Nature of 'Intelligence' and the Principles of Cognition, Macmillan, 1923.

The Abilities of Man, their Nature and Measurement, Macmillan, 1927.

Creative Mind, Cambridge, 1930.

Human Ability, Macmillan, 1950 (with L.Wynn Jones; published posthumously).

进一步阅读

Burt, C. (1940) *Factors of the Mind*, University of London Press.

Lovie, P. and Lovie, A. D. (1996) 'Charles Edwards Speaman, F. R. S. (1863-1945)', *Notes and Records of the Royal Society of London*, 50, 77-88.

Spearman, C. (1930) 'C.Spearman', in C. Murchison (ed.), *A History of Psychology in Autobiography, Volume 1*, Clark University Press.

爱德华·铁钦纳（1867~1927）

铁钦纳（Edward Bradford Titchener）是构造主义思想流派的创立者，在理解经验的结构上，他强调通过分析内省来揭示心理生活的构成元素。

在美国内战期间，铁钦纳的父亲（当时还是一个年轻人）从英国来到美国，并站在南部联邦的支持者一边投入战斗。他一从战场回来就结了婚，并在苏塞克斯一个古老的、罗马人建立的奇切斯特城定居了下来。之后不久，爱德华就降生了。铁钦纳的父亲30多岁就去世了，不过铁钦纳是一个聪明的孩子，而且一份奖学金使他在马尔文学院（一所声望很高的中学）接受了良好的教育。之后，他上了牛津大学，在那里，在约翰·斯科特·巴登先生（Sir John Scott Budon）的影响下，他对实验生理学产生了兴趣，同时，在阅读了冯特的《生理心理学原理》（*Principles of Physiological Psychology*）第三版之后对实验心理学也产生了兴趣，他将这本书翻译成英文，并拿着译文去了莱比锡，他在那里跟随冯特学习了两年。铁钦纳回到牛津待了非常短暂的时间，之后他收到了康奈尔大学的邀请，让他去担任詹姆士·安吉尔（James R. Angell）空出的职位——正是安吉尔提出铁钦纳是一个非常合适的代替人选。牛津大学也给他提供了一个职位，但是康奈尔还提供了实验室设备并想发展实验心理学，而牛津对此没有表现出什么兴趣。尽管他似乎原本认为自己在康奈尔逗留的时间会比较短暂，很可能希望牛津对于实验心理学的态度会发生改变，但是他之后的整个职业生涯都待在了那里，并建立了北美最大的心理学博士项目。他通常被称为美国的“实验心理学主任”，他在将冯特的实验心理学和德国传统带到美国这一过程中产生了非常大的影响，并因此促使美国的心理学从关注精神生活中的哲学问题转向关于精神的心理科学。他最为重要的贡献无疑是奠定了心理学的科学地位，而且他是以冯特的独裁风格做到这一点的。他知道需要做的是什么、谁最适合于承担这项工作。因此，他的实践就是设计研究，并将其分派给他认为合适的学生去做。

关于铁钦纳的轶事非常多，尽管时间的流逝通常会强加上一些润饰，但是大多数传记描述的细节都反映出他的价值观和风格呈现惊人的一致性。他关于科学的观点是明确的："科学处理的不是价值观，而是事实。在科学中没有好坏、健康不健康、有用无用之分"（1914：1）。伊万斯（Evans，1984：18）是这样描述他对于心理学的态度的："对铁钦纳来说，19 世纪 80 年代之前——而且之后还有很多——的美国心理学就是冲淡了的笛卡尔哲学、加工整理过的颅相学，或者最糟糕的是，显而易见的伪装过的神学"。像冯特一样，铁钦纳也非常想在装有能够分离意识的标准装置、设备完善的实验室的基础上，建立一种心理科学。不过，他认为华生想要建立的行为主义流派仅仅是设备驱动的行为技术，与他所理解的纯实验心理学是迥然不同的。

1894 年，铁钦纳与索非娅·贝洛结了婚，在他的实验室以及为他的著作准备图片方面，她给了他无法估量的帮助。他对于女性的态度很复杂，或者说至少是不一致的、有争论的。美国心理学会几乎从其创立之日起就允许女性加入，但是在铁钦纳成立一个非正式的心理学实验室主任团体——实验者（后来被重新组织为实验心理学家协会）时，他拒绝女性成员的加入。这使他背上了大男子主义和厌女症的控诉。克里斯廷·赖德－富兰克林（Christine Ladd-Franklin）当时正在做关于色觉的重要研究，她的愤怒记录在了他们之间的通信之中。与此相矛盾的是，其他一些证据表明他对女性的态度通常是很好的，例如在塞莱斯·苏珊娜·帕里什（Celestia Suzannah Parrish）的例子中。塞莱斯参加了他 1893 年的暑期班，在他的鼓励和支持下，她成为国家师范学校（后来成为乔治亚大学的一部分）心理学与教育学的教授。玛格丽特·弗洛伊·沃什伯恩是他的第一位博士学位投考者，她也是第一位获得心理学博士学位的女性。他的前 12 个博士学位中有一半是授予女性的，而且“在他的指导下获得博士学位的女性，比他那个时代其他任何一位男性心理学家所指导的都要多”（Evans，1991：90）。

围绕铁钦纳生活的其他有争议的例子，与美国心理学会和实验者协会之间难缠的关系有关。他创立后者的部分原因是对学会的不满，部分原因是他不满于没能成功地谴责 E. W. 斯克里普彻（E. W. Scripture，耶鲁大学心理学实验室的主任），他认为斯克里普彻剽窃了他所翻译的冯特的一本教科书（《人类和动物的行为》[*Human and Animal Behaviour*]）。有好几年的时间他都是《美国心理学杂志》的高级编辑，该杂志于 1921 年被他的学生卡尔·达伦巴哈（Karl Dallenbach）购买。当达伦巴哈打算引入广告时，他辞去了编辑的职位。心理史学家埃德温·波林（Edwin G. Boring）已经指出，铁钦纳在美国心理学界立足过程中所遇到的一些困难几乎可以说是他自己造成的。他一直保留着一种强烈的英国人身份认同——经常称美国人为“你们”，而称英国人为“我们”——甚至对于接受美国国籍似乎都持敌意的态度。（顺便提一下，在**卡特尔**的贵族习气方面，我们也观察到了相似的情况。）具有讽刺意味的是，他的价值观和个人风格强烈地受到了他在莱比锡度过的时光的影响，以至于他有时候会被误认为具有德国血统。

铁钦纳传播了心理学是关于正常成人心理之科学的观点。通过系统地运用内省分析技术，可以将心理分解为几个基本元素：感觉、情感和意象。他认为意象是情感的元素，而情感是情绪的元素。在他职业生涯的尾声，他按目录分出了 44 000 多种不同的感觉。他对于分类学的浓烈兴趣也反映在了他的家中，他的家就像是一个博物馆，收藏颇丰，其中包括许多种活的爬行动物。铁钦纳大部分的职业生涯都用在了根据五种属性来区分心理元素及为其命名上：性质、强度、持续性、清晰性和外延性。性质使得我们可以对感觉作出区分，而强度描述的是经验的强烈程度。持续性指的是经验持续的时间，而清晰性表明的是经验从其背景中凸显出来的程度。外延性是根据空间维度来说明经验。心理学的一个目标就是创作一部关于基本感觉的百科全书或词典，在其中，每一感觉的条目都是在五个标志性标题之下得以组织的。在铁钦纳的构造主义框架中，注意与清晰性是同义词，而意义是某种我们在背景的基础之上归于我们的经验的东西。但是，尽管冯特认为把直接经验（例如，一个人对于某一视觉刺激的直接反应）与间接经验（例如，对于由曝光表引起的同一个刺激的测量）区别开来是非常重要的，但铁钦纳坚持将心理学看做一门自然科学，这使得他强调对直接经验进行分析，而且应该从不同人的视角来进行分析。心理学应该关注于对意识、某一既定时刻的所有直接经验、心理以及终身所积累的经验进行分析。在铁钦纳看来，既对体验到的东西（如视错觉）进行系统分析，又对通过物理工具描述或测量到的东西进行系统分析的心理学，是注定要失败的，因为它犯了“刺激错误”。这使得描述刺激本身，而不是对关于刺激的体验进行分析成为必需。在铁钦纳看来，冯特对直接经验和间接经验所作的区分是错误的，因为这是完全没有必要的；从不同的视角来看，存在的仅仅只有一种经验。

将铁钦纳看做冯特的翻版是一种误解。尽管他们两人在风格上的相似是很明显的：他们两人都非常专制，都坚持要求在其实验室工作的同事和学生遵从他们的理论观点。但是他们在思想上存在着本质的区别，尽管铁钦纳强调“如果我最近的作品看起来似乎是针对冯特的学说，这也只是一个不能坚决肯定这位大师之文字教义的学生的自然反应”（1901：vii-viii）。在这些差异中，有一种是冯特认为需要有两种心理学：一种是用实验的方法来探究较为低级的心理过程，如感觉；另一种用来研究较为高级的心理过程，如语言、思维。冯特认为是用实验技术来研究后者是不容易控制的，而铁钦纳认为这是完全可行的。铁钦纳强烈地坚持以不受价值观约束的方式来使用内省技术的重要性，认为这将会产生一种不受意义限制的关于意识元素的描述（一种被称为构造主义的观点），而冯特强调心理随意的、目标导向的、有目的的操作（一种唯意志论的观点）。他们这种观点的差别可以在下面的分歧中看出来，冯特认为知觉或注意是通过意志行为实现的，而铁钦纳则认为注意仅仅是一种可以用于基本感觉和意象的清晰性属性。

在谈论误表征这个话题时，我们有必要提一下被熟知为“铁钦纳错觉”的现象——它并不是铁钦纳发现的。这种视错觉通常会出现在入门性的心理学教科书中，而且可以通过画两个一模一样的其间相距 5 英寸的圆来创设出这种错觉。当围绕着其中一个圆画一个大的圆环，而围绕着另一个圆画一个小的圆环时，原先的两个圆就会被知觉为大小有些不一样。尽管通常都将这种错觉归功于铁钦纳错觉，但他既没有寻找也没有声称自己的作者身份，而且几乎可以肯定的是，该错觉应归功于赫尔曼·艾宾浩斯，他在 19 世纪 90 年代第一次描述了这种错觉。

在许多方面，铁钦纳都要直接或间接地为构造主义的灭亡承担责任。从这是他所寻求的研究路线之必然结果这个意义上说，他要负直接的责任——它们很快就暴露出了作为构造主义之基础的理论弱点和方法学弱点。例如，内省与反省似乎难以区分，而且似乎是在用未经证明的假定来辩论铁钦纳是否真的是在分析对于感觉的记忆，而不是感觉本身。从他回避心理学的实际应用，而这导致专业实践与纯实验取向（他提倡用其来对正常成人的心理进行分析）之间出现了隔阂这个意义上说，他要为构造主义的衰败负间接的责任。铁钦纳一些更为杰出的学生，如沃尔特·皮尔斯伯里（Walter B. Pillsbury），冲淡了构造主义那些较为极端的信条，并且非常成功地通过较受欢迎的教科书将合理的实验心理学传播给了后代的学生。不过，铁钦纳的排外性让他的构造主义远离心理学其他分支的一些重要发展。例如，他集中于研究正常成人的心理，这就意味着构造主义几乎不能为临床心理学提供任何东西，而且其与精神分析也几乎没有接触。此外，对动物行为的研究，与致力于揭示人类意识元素的构造主义，也几乎没有任何相关。行为主义者的研究发现表明，研究其他物种对了解人类非常有用，可是构造主义可以从他们那里学到些什么呢？其实铁钦纳自己也很矛盾——作为一名牛津的学生，他对动物行为的比较研究尤其感兴趣。铁钦纳主要研究成人心理，这还意味着他与诸如阿诺德·格塞尔（Arnold Gesell）这样的儿童心理学家之间几乎没有互动，格塞尔使用的是系统观察和测量的方式，这表明他赞同了构造主义者支持的研究方法。同样，构造主义者忽视或者找不到什么桥梁使自己为人格、学习以及个体差异研究中的那些突破性进展做出贡献。在构造主义的灭亡中，还有一个关键的因素，它没有吸收进化研究的观点与证据。这是一件最让人非常吃惊的事情，因为铁钦纳曾一度是进化理论家赫伯特·斯宾塞（Herbert Spencer）的追随者。尽管构造主义流派很短命，而且从本质上说是由于铁钦纳而灭亡的，不过心理学史上还是为它留有地位，这要归功于机能主义的出现——机能主义这个名字是铁钦纳为一个非常有影响的流派起的，它是作为对构造主义的反击而出现的，在理解有机体如何适应环境以及如何受到环境影响时，机能主义强调意识与行为的重要作用。

爱德华·铁钦纳的主要作品

'The postulates of structural psychology', *Philosophical Review*, 1899, 8, 290-9.

Experimental Psychology, 4 volumes, Macmillan, 1901-5.

Lectures on the Experimental Psychology of Feeling and Attention, Macmillan, 1908.

Lectures on the Experimental Psychology of the Thought Processes, Macmillan, 1909.

A Text Book of Psychology, Macmillan, 1910

'On "Psychology as the Behaviorist Views It"', *Proceedings of the American Philosophical Society*, 1914, 53, 1-17.

Systematic Psychology: Prolegomena, Macmillan, 1929.

进一步阅读

Boring, E. G. (1927) 'Edward Bradford Titchener', *American Journal of Psychology*, 38, 489-506.

Evans, R. B. (1984) 'The origins of American academic psychology', in J. Broek (ed.), *Explorations in the History of Psychology in the United States*, Associated University Presses (pp.17-60).

Evans, R. B. (1991) 'E. B.Titchener on scientific psychology and technology', in G. A. Kimble, M.Wertheimer and C. L. White (eds), *Portraits of Pioneers in Psychology*, Erlbaum (pp.89-103).

沃尔特·坎农（1871~1945）

坎农（Walter Bradford Cannon）系统地提出了一种情绪理论，这种理论是20世纪心理学中一场大辩论的核心。

在17世纪，阿尔斯特省居住了大量的苏格兰和英格兰新教徒，但是恶劣的经济条件促使许多人移居到了北美。这对于生活在班恩河山谷中的苏格兰农民塞缪尔·卡纳汉一家人来说也是这样，他们于1718年出发到马萨诸塞州的布兰福德追求更好的生活。阿尔斯特省本地苏格兰语对于“Carnahan”的发音与“cannon”相似；因此这家人的姓就改成了“Cannon”。塞缪尔的一个孙子斯蒂芬把家搬到了俄亥俄州奥罗拉所属的一片土地上。斯蒂芬的第五个孩子卢修斯是威斯康星州麦迪逊的一位店主，后来搬到了密尔沃基。卢修斯的一个儿子科尔伯特是一个报童，后来管理着芝加哥、密尔沃基以及圣保罗铁路的所有报童。在科尔伯特与威尔玛·丹尼尔结婚一年后，沃尔特·布拉德福出生在普雷里德欣，在他后面还有三个妹妹，伯尼斯·梅、艾达·莫德和简·劳拉。威尔玛于1881年新年前夕生下第四个女儿后不久死于肺炎，这个女儿也在几周后死亡。科尔伯特垮了。

1871年，从一次头部受伤开始，科尔伯特连续遭受了几次让人抑郁的事情，这使得坎农家成了一个相当阴郁的地方。在威尔玛去世18个月后，科尔伯特娶了卡罗琳·摩尔，因为科尔伯特想要为他的孩子们找一位家庭主妇和继母。有了卡罗林来照顾他的孩子们，科尔伯特有了更多的时间来追求他的梦想——成为一位医生。除了在所有可以找到的教科书中搜集到的内容外，他没有接受一丝一毫的医学训练，他在家里开了业，免费为朋友和家人提供实验性的治疗，并在家人的身上实施。由于下定决心让他的孩子们都能够自力更生，科尔伯特编制了各种权宜的策略，包括一项自己饲养小鸡的计划，意图鼓励他们学会独立。与此相矛盾的是，在沃尔特 14 岁生日的时候，科尔伯特就不让他继续接受正式教育了，并把他送到了一个铁路办事处工作。两年后，沃尔特劝说他的父亲让他回去上学，1888 年，他进了圣保罗高中，他在那里用三年的时间完成了四年的课程。不过，铁路办事处的时光在他身上留下了印迹，因为从那以后他就成了一个非常守时的人。

坎农进入哈佛大学，学习艺术与社会科学，正是在读大学期间，他第一次遇到了威廉 · **詹姆士**（William James），当时詹姆士是哈佛哲学系的主任。坎农考虑寻求一种哲学与心理学方面的职业，但是詹姆士建议他不要这么做，于是坎农 1896 年进入了医学院。在亨利 · 鲍迪奇（Henry Bowditch）的实验室工作期间，他开始了一系列创新性的探究，他使用新发现的“X 射线”非侵害性地研究吞咽的机制以及胃的运动，并设计使用辐射透不过的化学物质（钡硫酸盐，一种惰性的无机盐）来对肠胃系统进行研究。1900 年，他被任命到哈佛生理学系任教，1902 年，被提升为助理教授，1906 年，当鲍迪奇退休时，坎农继任希金森教授，这个职位他一直任到 1942 年。20 世纪 30 年代中期，X 射线明显地灼伤了坎农的脸、手、手臂以及大腿上的皮肤，后来他在美国新罕布什尔州的富兰克林死于白血病。他怀疑，他最终所患的疾病与自己曾暴露在 X 射线之下有关，并要求进行尸体解剖，证据也要发表出来，这样其他人就可以从这些发现中获益。

坎农对心理学的影响始于 1909 年 5 月，当时詹姆士刚给纽约活体解剖改革协会写了一封信，在信中，他批评了动物实验中所涉及的价值观、标准以及实践，这封信发表在《纽约邮报》上，后来又被转载于《波士顿晚报》上。坎农与詹姆士之间产生了尖锐的分歧，不仅在关于动物实验的问题上，而且在关于情绪的本质上，他们之间的分歧都很大。坎农早期就开始了对情绪之生理影响的研究，包括大出血所导致的神经系统损伤所产生的影响。这使他提出，肾上腺对交感神经系统（它调节脉搏、出汗以及相关的机能）的作用，负责动物作出“战或逃”反应。这一假设提出的背景是詹姆士的情绪理论，以及丹麦生理学家卡尔·兰格（Carl Lange）的情绪理论，兰格的情绪理论与詹姆士的相似，这两个理论合在一起被称为詹姆士–兰格情绪理论。人们通常认为，一个刺激（如你得奖的消息）产生一种情绪（如高兴），然后这种情绪引发了一种复杂的生理反应，如心律增加。詹姆士–兰格理论与此相反，认为，刺激引起一个反应，而对生理反应的觉察构成了情绪。因此，对刺激的情绪性反应通常比认知评价更为快速、基础。詹姆士–兰格理论部分地反映了查尔斯·达尔文的观点，即情绪是进化的现象，具有意义重大的生存机能，在某种程度上是预先编入程序的。不过，尽管达尔文的关注点在于情绪的生存含意，但詹姆士和兰格主要关注的是生理变化与情绪之间的关系。坎农用一些实质性要点向詹姆士–兰格的论题提出了挑战。第一，他认为，从对动物的研究中所获得的经验证据表明，将内脏从中枢神经系统中分离出来并不会改变情绪行为。不过，詹姆士从未宣称所有的情绪感觉都依赖于内脏反馈，而是赞成肌肉反馈是非常重要的。因此，他反驳说，坎农的生理学证据是基于那些没有消除来自于肌肉的反馈的研究之上的。后来对那些脊髓受损的人所进行的研究发现，在受损的水平与感觉的强度之间存在着一种关系，这一发现与詹姆士–兰格理论是一致的。第二，坎农指出，对强烈情绪所特有的内脏变化的实验诱导（例如，通过注射肾上腺素）并不会引起这些情绪。

坎农和他的学生菲利普·巴尔德（Philip Bard）提出了一种与之不同的坎农–巴尔德情绪理论。根据这种理论，大脑的两部分，即丘脑和杏仁核，在对激起情绪变化的情境的解释中扮演着非常重要的角色。它们同时向自主神经系统（负责调节呼吸、消化以及其他自主的身体机能）和大脑皮质（负责对特定情境的解释）传送信号。这一阐述部分地受到了坎农与**巴甫洛夫**之间密切的思想联系的影响，并吸纳了后者的条件反射概念。巴甫洛夫将皮质下的机能（与坎农的“基本”情绪相对应）包括进他关于更高级的中枢神经系统活动的模型之中，反映了一种相互之间的影响。坎农与巴甫洛夫之间的思想联系发展成了密切的私人关系：巴甫洛夫访问哈佛时通常与坎农一家人待在一起。坎农－巴尔德理论的根本错误在于，假定在大脑中存在一个情绪中心——据推测，这个情绪中心位于丘脑。到了 1937 年，神经解剖学家詹姆士·佩泊斯（James Papez）提出，情绪不是某一特定的大脑中心的机能，而是一个包括四个基本结构的大脑回路的一种机能，这四个基本结构是：下丘脑、前丘脑核、扣带回和海马。此外，斯坦利·沙克特（Stanley Schachter）和杰罗姆·辛格（Jerome Singer）的研究证明，刺激怎样导致唤起以及引发什么样的情绪感觉取决于它是如何得以解释的：同一个生理变化可以被解释为是积极的（例如，愉快），也可以被解释为是消极的（例如，害怕）。他们指出，加于情绪唤起之上的意义，比坎农所设想的更为任意一些，而且部分地是由偶然的情境因素决定的。

坎农对詹姆士－兰格情绪理论的批评，引发了 20 世纪心理学的一场大辩论，**西蒙**在关于认知的动机控制与情绪控制的研究中也对一些受到争论的问题继续进行了研究。尽管坎农在用生理学证据来进行争论时总是感觉很有把握，但是在涉及心理学时他就不那么自信了。例如，他 1913 年提交给美国心理学会的论文就由于对心理学问题仅作了简短的论述而招致批评，尽管文中也包括了重要的一点，即承认威廉·麦独孤对其思想所产生的影响。麦独孤提出了他所谓的“策动心理学”，用来强调行为的目的性，这反映在本能的重要性以及情绪的适应性意义上。受到这一批评的困扰，坎农有意识地决定花更多时间来与哈佛的心理学家们探讨他的观点，但是他们仅表达了对其观点的兴趣和鼓励，这让他很失望。由于渴望获得更为彻底的批评分析，他恳求雨果·闵斯特伯格（Hugo Münsterberg）和詹姆士·麦基恩·卡特尔（James McKeen Cattell）对他做出详细的（而且通常是支持性的）反应。

坎农在《身体的智慧》（*The Wisdom of the Body*，1932）中对应

激和体内平衡进行了系统阐述，这是他的另一个影响深远的贡献。体内平衡（homeostasis）来源于希腊词语“same”和“steady”，指的是有机体用来积极地保持生存所需的稳定状态的所有过程。坎农提出，这是一种关于动态过程的描述，例如人体是怎样保持稳定的体温水平以及其他维持生命所必需的状态的，大约在此70年前，法国医生克劳德·伯纳德（Claude Bernard）就已经发现了这一点。体内平衡反应是一个机能正常的系统的自主反应。一种稳定的状态或体内平衡可以由许多共同作用的系统来维持。例如，脸红是一种对热的自主反应：皮肤会变红是因为小血管自动地扩大，以使更多的热血接近皮肤表面，在那里，热血能够冷却下来。负反馈是体内平衡方面的一个主要概念，指的是这样一种情境，在其中，一个有机体会自动地反抗任何强加在其身上的改变。例如，如果一个个体的体温升到大约华氏107度，负反馈系统就会停止操作。被设计用来冷却身体的过程，如出汗，停止了发挥作用，而这又会导致体温的进一步升高。这整个已经不受控制的系统就可能会停止发挥作用，导致死亡。在整个行为与社会科学内，体内平衡这个概念得到了更为普遍的研究。

坎农还出版了关于化学神经传递的创新性著作；他的“交感神经素1和2”现在被人们熟知为是肾上腺素和去肾上腺素。20世纪20年代和30年代进行的研究已经表明，注射肾上腺素会导致心脏跳动加速（心动过速），也会导致血压的升高。当时的“抗肾上腺素”药物会使血压降低，但是并不会影响心动过速。坎农的交感神经素理论试图解释这些发现，提出，未经确定的特定的分子交感神经素E和I，与肾上腺素递质一起，在细胞中创造了一种活性物质：交感神经素E被认为会引起兴奋性活动，而交感神经素I被认为导致抑制性活动。尽管没有经验证据来支持交感神经素E和I的存在，但是通常情况下，交感神经素理论得到了相当的重视，一直到20世纪40年代。

坎农关于消化作用的研究使他获得了1920年诺贝尔奖的提名，

但是由于提交太晚而被剔除。1934 年、1935 年和 1936 年，诺贝尔评审团都认为他应当获奖，然而他一次奖都没有得到。

沃尔特·坎农的主要作品

'The influence of emotional states on the functions of the alimentary canal', *American Journal of the Medical Sciences*, 1909, 137, 480-7.

'The interrelations of emotions as suggested by recent physiological researches', *American Journal of Psychology*, 1914, 15, 256-82.

'Studies on the conditions of activity in endocrine glands: V. The isolated heart as an indicator of adrenal secretion induced by pain, asphyxia and excitement', *American Journal of Psychology*, 1919, 50, 399-432.

'The James-Lange theory of emotions: a critical examination and an alternative', *American Journal of Psychology*, 1927, 39, 106-24.

Bodily Changes in Pain, Hunger, Fear and Rage, Branford, 1929.

The Wisdom of Body, Norton, 1932 (revised and enlarged, 1960).

'Stress and strains of homeostasis', *American Journal of Medical Sciences*, 1939, 189, 1-14.

Autonomic Neuro-effector Systems, Macmillan, 1935 (with A. Rosenbleuth).

进一步阅读

Benison, S. , Barger, A. C. and Wolfe, E. L. (1987) *Walter B.Cannon: The Life and Times of a Young Scientist*, Harvard University Press.

Schachter, S. and Singer, J. E. (1962) 'Cognitive, social and physiological determinants of emotional states', *Psychological Review*, 69, 379-99.

Wolfe, E. L. , Barger, A. C. and Benison, S. (2000) *Walter B.Cannon: Science and Society*, Harvard University Press.

爱德华·桑代克（1874~1949）

桑代克（Edward Lee Thorndike）的理论详细说明了学习规律，并且这些规律是可以被实验证明的，由此，他为现代学习理论奠定了基础。

桑代克出生在马萨诸塞州威廉斯堡，是家里四个孩子中的老二。他的父亲是卫理公会教派的牧师，他的母亲是家庭主妇。他上学的时候是一个勤奋的学生，在卫斯理大学读大三时第一次听到了“心理学”这个词。当他进入哈佛时，本打算拿一个英语方面的学位，但是却逐渐地受到了心理学的吸引。他的研究工作是埃德蒙·德拉巴尔（Edmund B.Delabarre）指导的，德拉巴尔是布朗大学心理学实验室的创建者。在哈佛期间，桑代克上了**詹姆士**讲授的一门课程，而且两人成了好朋友。当他第一次到马萨诸塞州的剑桥时，由于心理学研究中会用小鸡做实验，他就在卧室里养了一些小鸡。但房东不同意他的这一行为，这并不令人感到奇怪，于是詹姆士试图帮助他，准备将哈佛的实验室空出一些地方给他。但哈佛没有同意，因此詹姆士让桑代克在他家的地下室继续其研究。由于求婚遭到了拒绝，而且自己对为付研究生学费而做的辅导工作没有兴趣，于是桑代克想换个地方，他接受了哥伦比亚大学詹姆士·麦基恩·卡特尔（James McKeen Cattell）提供的研究员职位。1897 年，他来到了纽约，随身带了两只小鸡，他打算喂养这两只小鸡来验证 J. B. 拉马克（J. B. Lamarck）关于习得能力的遗传性（这个观点认为，动物在其一生中所获得的任何特征，都将会遗传到后代的身上）的论文。当他认识到训练与饲养几代小鸡需要花费多长时间时，他放弃了这个计划。他的博士学位论文是一项关于动物学习的实验研究，是由卡特尔指导的，这篇论文是现代比较心理学（关于不同物种之行为的研究）的基础性文献。他自己也知道这一点，在写信给他的未婚妻时，他说，“我的论文棒极了……我得出了一些理论，这些理论将旧的权威敲得粉碎”（Joncich，1962：146）。

正是在哥伦比亚期间，桑代克开始了确立其在心理学方面之声誉的研究。他设计了经典的实验，在这个实验中，主要的装置是一个谜箱，以及各种各样的绳子、梯子、杠杆，等等。将一只动物（通常是一只猫）放进箱中，并通过提供放置在箱外的食物来鼓励它逃跑。桑代克观察到了动物的行为：通过尝试与错误，它将能从箱子中逃出来，并吃掉食物。最初，一只猫可能需要三到五分钟才能从箱子中逃出来，但是每次再将它放回箱子中，它逃出来所需的时间越来越短。非常明确的是，这只动物已经学会了逃跑，第一次尝试是一种冒险，后来的尝试都受到了先前经验的指导。尽管这种解释看起来可能非常明显，但是非常重要，因为桑代克用这些发现向**惠特海默**以及其他的格式塔心理学家所赞同的观点提出了挑战，他们认为，动物能够通过问题解决过程以及几乎即时的顿悟来学习。如果这些观点是正确的，那么已经解决了一次问题的那只猫，当将它放回箱子中时，就应该可以很快逃出来。桑代克进一步系统阐述了一种立场，从这一立场出发，他提出，学习是一个尝试与错误（他后来更喜欢用“选择”与“联结”这两个术语）的过程，这对较为低级的物种和人类来说都是一样的。那时，学习的联结理论提出了两种机制，也许可以解释桑代克的发现。第一种来自于行为的结果：行为与其结果联系在一起。**斯金纳**很重视这种类型的学习，并集中分析了强化物对于一个先前的行为将被重复的概率所产生的影响。第二种机制认为，呈现两种或更多刺激（在空间和时间上很接近），会对有机体在它们之间所作的联结产生影响。桑代克认为这两种解释都太简单，但是依然是很好的起点。他大部分的职业生涯都投入到了详细阐述那些可被实证研究证明的学习规律之中，他详细阐述了这些基本观点，并对其进行了修正与精练。以 20 世纪 30 年代早期为界，我们可以将他关于这一点的思想分为两个阶段。

英国联想主义哲学家亚历山大·培因（Alexander Bain）曾提出一种简单的关于联结的神经学理论，桑代克与**巴甫洛夫**都对其进行了研究。桑代克尤其受到了培因论述的生理学基础的吸引，但是，作为詹姆士的学生，他认为生理学原则本身不能解释学习的过程，而学习过程对于机能主义关于行为的适应性的论述来说是非常重要的。因此，他的理论观点从本质上说是联想主义与机能主义的综合。桑代克在20世纪30年代之前的学习理论假定，学习是刺激与行为之间形成联结的机制。他提出，这些联结的躯体表征是在大脑内形成的神经元联结，在此基础上，他提出了学习的联结主义理论，简单地说，这一理论认为学习就是建立联结，而不学习——或者说是“遗忘”——就是联结的破裂。三个变量——接近性、频率，以及新近性——连在一起，构成了他的理论的基础，而它们之间的关系也可用三种基本的规律来定义。练习律说的是，在其他所有方面都相等的情况下，重复操作某一任务会使这项任务变得更容易完成，并会减少犯错误的可能性。由于桑代克使用的“在其他所有方面都相等的情况下”这个短语存在不确定性，所以这一规律被认为是有问题的，但是有一段时间它在教育领域内非常有影响，因为它与“实践与重复会促进学习”这一教育学观点一致。他更为著名的“效果律”认为，如果反应之后出现了一种满足物，那么刺激－反应联结就会得到加强。不正确反应则是由于烦恼物的出现。将这两个观点集中到一起，效果律假定，一个人会习得或保持那些有满足物紧随其后的反应，而避免那些有烦恼物紧随其后的反应。作为效果律的一个必要补充，他引入了“准备律”，来解释为什么一些行为比另一些行为更可能被习得。准备律从未得到明确的界定，这也就解释了它为什么会消失，但是从根本上说，它指的是，有机体要想学习，就必须注意情境中特定刺激的结果。这条定律成立的一个困难是，它没有说清楚动物如何解决有许多新异刺激在其周围的问题，也许在它作出一个行为反应之前就已经“知道了结果”。例如，一只动物是怎样确定进入一个它以前从未遇到的黑洞是否安全的？

除了这三条主要的定律，桑代克还提出了五条具体的补充定律：

1. 多种反应：如果有机体的第一个反应没有立刻带来某种满足物，那么它就会以各种不同的方式作出反应；
2. 定势或态度：有机体表现出特定行为方式的心理倾向；
3. 要素的优势：有机体学会选择性地对一个问题的要素作出反应；
4. 类比反应（也称为同一要素说）：有机体在新的情境中可以学会的速度，是由环境与先前经验的相似程度决定的；
5. 联想转换：有机体会以相似的方式对相似的刺激作出反应。

桑代克的理论吸引了大量的实验，越来越多的实验证据预示了桑代克从 1930 年开始对其理论进行的修正。他关于尝试和错误的观点分别被选择和联结的过程取代了，不过最为重要的改变是他撤销了练习律，这是因为在人类身上所做的研究表明它并不适用。对人所做的研究表明，诸如问题解决这种内隐的认知过程必定暗含在人类学习之中。这些修正后来体现在了他的“观念学习”原则中。

桑代克认为，心理学证据应该，同时也可以与神经系统的机能联系起来。他指出，神经元之间的联结决定了神经元流的流动，而这是所有心理过程的基础。桑代克并不是发展心理学家：他认为那些被称为“发展的”的现象是在他的学习定律范围内可以解释的，并且他还认为“发展心理学”这个术语是完全没有必要的。尽管他的理论框架是还原论的，但是他对于刺激 – 反应联结之首要性的说明，以及那一论题对于教育政策的影响，都比人们所设想的丰富得多。例如，桑代克和罗伯特 · 武德沃斯（Robert S. Woodworth）对“正规训练”教育政策进行了一次经验评估，“正规训练”认为，通过要求儿童学习拉丁语和希腊语来训练他们的心智，可以极大地促进他们对于所有与这两种语言无关的其他学科的学习。桑代克和武德沃斯对人们进行了各种任务训练，并测量他们在其他与原初任务相似程度不等的任务中的成就。结果表明，促进作用是微乎其微的，而且促进作用似乎主要取决于不同任务中所共有的相同元素的数量。这些发现有助于教育实践从基于正规训练的政策转向任务导向的教学。顺便提一下，桑代克的儿子罗伯特（Robert）在关于学校心理测验方面的研究和探索也取得了成功。桑代克的学生莉塔·斯泰特尔·霍林沃思（Leta Stetter Hollingworth）在她对于特殊的高智力或低智力儿童和青少年所进行的经典研究中将这些观点向前推进了一步。她的研究让桑代克缓和了强调遗传影响的强烈的先天论立场，而对环境因素在行为的塑造中的作用赋予一个更为重要的角色。

桑代克是一位多产的作家，他出版500余作品，其中包括50本著作。他的研究尤其引起了关注，是因为它代表了心理学家首次认真地为了动物而研究动物行为，而不是为了揭示人类过程的本质而研究动物行为。早期（如乔治·罗曼尼斯［George J. Romanes］关于动物智力的作品）的论述大多都是轶事性的。康威·劳埃德·摩尔根（Conwy Lloyd Morgan）纠正了罗曼尼斯对动物的心理生活进行拟人化描述的方向，而且美国心理学家玛格丽特·弗洛伊·沃什伯恩（Margaret Floy Washburn）将摩尔根想要量化不同物种的意识水平的做法进一步予以系统化。在这种背景下，桑代克的研究具有极大的创新性，因为它开始将对动物行为所进行的实验分析作为一项具有其自身价值的事业。不过，并不是所有人都接受他的观点。美国动物心理学方面的资深专家韦斯利·米尔斯（Wesley Mills）尖锐地批评了桑代克的方法，认为在动物的自然居住地之外对其进行研究是毫无意义的。其他人也认为桑代克的联结主义走得太远了，不过理由各异。爱德温·古斯里（Edwin Guthrie）认为，学习就是刺激与运动和内分泌运动之间的联结（这种观点与**巴甫洛夫**的观点相似，不过比其更简单），而且他还总结说，仅仅只需要一条学习原则就够了：刺激与运动之间在时间上的接近性。古斯里认为，桑代克所做的是毫无根据的理论建构和设计所谓的学习定律，而没有研究学习是什么这个根本问题。桑代克对动物所进行的很多研究，尤其是他在进行行为描述时对于客观性的坚持，预知了后来**华生**和斯金纳所阐述的观点。尽管桑代克对人类学习所做的研究也受到了詹姆士的机能主义传统的启发，并针对其而展开研究，同时他的研究在构建教育科学的观念中也极有影响，但是人们还是倾向于认为他是一位行为主义者。

爱德华·桑代克的主要作品

'Animal intelligence: an experimental study of the associative processes in animals', *Psychological Review Monograph Supplements*, 1898, 2, 8.

'The influence of improvement in one mental function upon the efficiency of other functions', *Psychological Review*, 1901, 8, 247-61 (with R. S. Woodworth).

Animal Intelligence, Macmillan, 1911.

Educational Psychology: Vols I & II. The Original Nature of Man, Teachers' College, 1913.

The Fundamentals of Learning, Teachers' College, 1932.

The Psychology of Wants, Interests and Attitudes, Appleton-Century, 1935.

进一步阅读

Joncich, G. (ed.) (1962) *Psychology and the Science Of Education: Selected Writings of Edward L. Thorndike*, Teachers' College.

Lattal, K.A. (1998) 'A century of effect: legacies of E. L. Thorndike's Animal Intelligence monograph', *Journal of the Experimental Analysis of Behavior*, 70, 325-6.

卡尔·荣格（1875~1961）

荣格（Carl Gustav Jung）曾被看做弗洛伊德有确定继承权的人，但他与弗洛伊德在关于性驱力作用的看法上发生了分歧，并提出了一种不同的观点，这种观点将个人的哲学需要和精神需要也囊括其中。

荣格出生在瑞士康斯坦斯湖畔一个名叫凯斯维尔的小村子里。他的父亲是一位乡村教区牧师，在荣格六岁的时候就让他学习了拉丁语，这是荣格对于语言，尤其是对诸如梵文这样的古代语言有终身兴趣的原因。一直到九岁，荣格都生活在父亲保罗·荣格和母亲埃米尔·普赖斯沃克·荣格的争吵声中。在青春期，他是一位独行侠，不太喜欢学校，并且厌恶任何种类的竞争性活动。在寄宿学校，他老是受欺负，他学会了装病，包括晕倒，以此作为一种摆脱困难情境的手段。他对于古代语言和文化的兴趣最初似乎暗示他可能会选择一种考古学方面的职业，但是他选择进入巴塞尔大学攻读医学学位。正是在神经学家理查德·克拉夫特—艾宾（Richard Krafft-Ebing，司法精神病学与性病理学方面的专家）的指导之下从事研究期间，他决定从事精神病学方面的职业。毕业后，他的第一个职位是在苏黎世布勒霍尔兹利精神病医院跟随尤金·布洛伊勒（Eugen Bleuler，精神分裂症方面的专家）工作。在布洛伊勒的建议下，荣格将**高尔顿**的语词联想技术用在了被诊断为精神病的人身上，以揭示他们的无意识思维过程。他发表的第一篇文章是对一种神秘现象进行心理学分析，这篇文章是他的博士学位论文的基础。

1896 年，荣格遇到了埃玛·劳申巴赫；他们于 1903 年结婚，生了五个孩子。大约在 1911 年，荣格找了一个情妇安东尼娅·沃尔夫，他们的关系一直持续到 1952 年安东尼娅去世。（他的妻子埃玛于 1955 年去世。）这种状况对于这两个女人来说尤其困难，因为她们两个人都与荣格一起工作，而且都是分析师。不过，她们容忍了这种状况，并忍受了这一事实，这一点也成为苏黎世分析师圈子中公开的秘密。

荣格在很长时间内都是**弗洛伊德**的敬慕者，他们两人于 1907 年在维也纳碰面。几年以后，荣格、弗洛伊德以及桑多·费伦兹（Sándor Ferenczi）一起到美国旅行，这次巡游包括与**詹姆士**的一次会面，詹姆士对荣格的一些观点尤其感兴趣。正是在这次旅行期间，荣格与弗洛伊德的关系开始冷却。他们之间思想分歧的主要根源在于他们各自对力比多（一种生命力能量）的观点。弗洛伊德认为力比多能量从根本上说是性能量，荣格指出他对于这一观点的怀疑。荣格认为那是一种具有创造力的生命力，其中包括性欲，但比性欲要大得多，他还将个人的哲学需要和精神需要也囊括其中。其他人，如精神分析人类学家亚伯拉罕·卡丁纳（Abraham Kardiner）也就力比多能量提出了一种不一致的观点，不过还是继续保留了弗洛伊德学派中的一个身份。因此，荣格与弗洛伊德之间的分歧很可能不仅仅是一次思想上的碰撞。到了 1912 年，他们不再通信，两年后，他们之间的友谊结束。荣格发现，与弗洛伊德绝交特别困难，接下来的三年时间他经历了长时间的抑郁。同时这也是荣格非常具有创造力的时期，在此期间，他提出了自己独特的人格理论。

1928 年，荣格加入了国际综合医学学会心理治疗分会（International General Medical Society for Psychotherapy）；也在那一年，马西尔斯·海因里希·戈林（Mathias Heinrich Göring，赫尔曼·戈林［Herman Göring］的堂弟）也加入其中。1930 年，荣格被推选为副主席，三年后被选为主席。学会的杂志《心理治疗文摘》也就大约在这个时候得到重组，意在荣格的领导下发行一个国际版本，以及在戈林的管理下发行一个德语版本。戈林发表了一个呼吁，呼吁读者们将希特勒的《我的奋斗》作为基本的参考书。不管是由于错误还是政治诡计，该杂志刊登了这篇呼吁，还署上了荣格的名字。这是很多人怀疑荣格是一位纳粹支持者的主要原因，而且怀疑他就任主席是将纳粹的意识形态强加在学会事务之上的计划的一部分。从他——以及其他许多人所掀起的对于德国国家社会主义变革的热情——早些时候的言论中我们可以看到支持这一观点的更进一步的证据。他与弗洛伊德之间关系恶化的部分原因，很可能是那些针对荣格的反犹太主义的控诉是由弗洛伊德点燃的，弗洛伊德对于荣格之前辞去国际精神分析学会主席一职所造成的伤害依然耿耿于怀。20 世纪 30 年代荣格在科隆和耶鲁大学所作演讲的内容表明，他已经彻底地、真正地放弃了早几年对于国家社会主义的一些信条所持有的赞同观点。不过，有人总结说，对所有证据进行分析后发现，荣格是一位种族主义者、反犹分子以及厌恶婚姻者（McLynn，1997）。

像弗洛伊德的理论一样，荣格的理论也提供了一个关于心理的三重结构。他将自我等同于意识。他的“个人无意识”概念指的是那些无意识的但是却可以很容易地将其带进意识之中的东西，如对于一个人的衣服与其皮肤是否相衬的感觉，以及对于白天早些时候发生的一些特殊事情的记忆。荣格的“集体无意识”概念借用了哲学家卢西恩·莱维－布吕尔（Lucien Lévy-Bruhl）所使用的“集体精神”观点以及涂尔干（Durkheim）的“社会团结”观点，借以表达个体联合起来形成一种集体心理存在。它还类似于德日进（Pierre Teilhard de Chardin）的“noosphere”，即一个全面性的经济与心理联系网络。詹姆士·洛弗洛克（James Lovelock）的盖亚（Gaia）理论将地球看做一个完整的有生命的有机体，我们可以将这种理论看做是对于一种相似观点的更为充分的说明。荣格使用这种集体无意识概念来指物种特有的储存经验之所，它不能被带进意识之中，也不能直接地加以分析。它可以追踪至人类以前和动物世系，由原始意象或祖先记忆痕迹组成。尽管集体无意识不能被直接地观察到，但是证明其存在的证据可以在我们的行为对自己及他人所产生的影响中观察到。一些类型的体验尤其能够表明它的存在，包括似曾见过、死亡体验以及一见钟情。在许多主题相同的神话以及所有宗教中及神秘主义者的精神体验中可以看到跨文化的例子。荣格称集体无意识的内容是原型，即为了组织人类体验而以特定方式来体验事物的先天倾向。他认为原型是以与弗洛伊德的内驱力概念非常相似的方式发挥作用的。例如，在西方文化中，母亲原型就是以原始母亲——夏娃作为象征的。他确定了许多原型，包括死亡、出生、重生、上帝，等等。例如，在 1931 年到 1934 年，他对理论物理学家、诺贝尔奖获得者沃尔夫冈·泡利（Wolfgang Pauli）进行了治疗，其中包括对泡利大约 1300 个梦的分析，以探究数学符号的原型本质。

与弗洛伊德的经典观点（荣格轻蔑地称其为“还原论解释”）不同，荣格认为，心理事实不能仅根据因果联结来加以解释，当然也不能根据精神分析学家所赞同的无意识的、预先决定的本能来解释。不过，像弗洛伊德一样，他也认为，人类从根本上说是雌雄同体的，以文化为导向的社会化过程塑造了男性和女性身份。阿尼玛（anima）被看做是反映了男性心理之“女性”方面的集体无意识（例如，情绪性），而阿尼姆斯（animus）则反映了女性心理之“理性”方面的集体无意识（例如，逻辑和推理）。人格面具（我们用来管理给别人的印象）通常所起的作用是：掩盖女性身上阿尼姆斯和男性身上阿尼玛的影响。在这个方面，他的思想预示了后来关于雌雄同体性的心理学研究。

荣格关于心理动力学的思想受到了哲学家尼采的影响，尼采的著作《瞧！这个人》（Ecce Homo）有一个副标题——“一个人是怎样变成他那样的”（How One Becomes What One Is），这类似于荣格的个别化概念，即赋予某人或某物以个别性的行为或过程。他们两个人依次又都受到了叔本华的影响，他的“个别化原则”——时间和空间的力量确定一个个体之独特性的方式——在荣格关于心理动力学的观点中有所表现。荣格提出，这些都受到三条原则的控制。相反原则表明，每一种愿望都暗示了其对立面。他认为状态之间的对立（例如，好——坏，高兴——难过，爱——恨）是力比多能量或心理能量的根源。第二条原则是等价原则，指的是一个人准备在多大程度上承认相反状态是存在的。例如，一个人在多大程度上承认那个他所爱的婴儿也是一个可恨的对象。对于个人的成长而言，等价原则是非常重要的。如果一个人意识到了相反力量的存在，那么成长的潜能就出现了。根据一种特定状态被否认或压抑的程度，成长将会受到抑制。对愿望的否认或压抑会导致心理能量转向情结的发展。荣格的情结概念是对最初由约瑟夫·布洛伊尔（Josef Breuer，弗洛伊德的早期合作者之一，他们之间也由于在性驱力之首要性这一问题上出现了分歧而分道扬镳了）提出的概念的修正。荣格使用这个术语来表示一系列被压抑的想法和情绪，它们聚集在一个原型的主题周围。他开创性地在治疗背景中使用了语词联想，以确定情结的存在。他这样推断道，如果一个特定的词语（例如，“父亲”）引发了患者的延迟言语反应，或者呼吸或姿势方面可察觉的变化，那么这个词语就触及了一个情结。荣格的第三条原则是熵原则，指的是相反的状态会一起出现的倾向。他提出，熵会随着年龄而增加，而这就解释了为什么随着我们年龄的增大，力比多能量或心理能量会降低。自我也是一种原型，它代表了对于所有相反状态的超越，因此，个体人格的每一个方面都会得到同等的表现。

在对人类行为进行解释的机械取向与目的论取向之间，我们可以作出一种宽泛的区分。机械取向包括了弗洛伊德和**华生**的观点，并且支持生物－物理解释。目的论取向则包括诸如**马斯洛**、**罗杰斯**这些人本主义者。荣格在同步性这个概念的基础上提出了第三种取向——同步性指的是事件可以毫无理由地紧密联系在一起，例如两个亲密的朋友会报告说他们做了一个相似的梦。许多心理学家将这种现象看做是巧合，并将这种结合所引起的惊奇感归结为是大多数人都会低估两件事情会在同一时间发生的可能性。例如，**米尔格拉姆**的“六自由度”（six degrees of freedom）假说预测，从世界上任何地方随机抽取任意两个人，他们都可以通过一条非常短的朋友或同事链而互相联系在一起——仅仅只要六个。

在荣格看来，“态度”和“机能”既可以在意识水平上发挥作用，也可以在无意识的水平上发挥作用。他宣称，存在着两种主要的态度：内倾型和外倾型。内倾型的人指向于主观经验，而外倾型的人指向于客观经验。这些界定要比通常对于内倾型和外倾型的理解宽泛一些，通常人们认为内倾型是与害羞和社会退缩联系在一起，而外倾表现在爱交际和社交性上。而且，荣格认为每个人都拥有这两种态度，这些是由相反原则控制的。因此，外倾型的人在无意识方面是内倾的，而内倾型的人在无意识方面是外倾的。不管我们是内倾型还是外倾型，我们都需要应对世界（内部世界和外部世界），而且荣格提出有四种基本的方式或机能：感觉、思维、直觉和情感。他指出，大多数人都只能发展出一种或两种这样的机能，但是个人发展的目标应该是运用所有这四种机能。他还进一步提出，态度和机能通过三种方式而发生相互作用。它们可能会相互对立、相互补充或通过综合而结合在一起。态度与机能结合在一起，为荣格的心理类型提供了基础。后来，凯瑟琳·布里格斯（Katharine Briggs）和她的女儿（剧作家、小说家伊莎贝尔·麦凯维·迈尔斯［Isabel McKelvey Myers］）发展了这些类型。迈尔斯－布里格斯类型指标是最为流行的、研究最为彻底的人格类型测验之一。

荣格在当代主流心理学内所产生的有限影响，与他在其他方面所产生的相当大的影响形成了对比，例如，他对保罗·蒂利希（Paul Tillich）和多米尼加神父维克托·怀特（Victor White）的神学作品所产生的影响。对此，原因有几个。像弗洛伊德的精神分析一样，荣格的许多概念都不能通过测量而加以界定，而且还有一些概念（如集体无意识）的建构使得对其进行测量是不可能的。因此，除了著名的迈尔斯－布里格斯调查表，很少有设计很好的测验能用来评估由荣格理论而得出的各种预测。像弗洛伊德一样，荣格也提供了一个用来解释人类体验每一个方面的框架，不过与精神分析相比，他的同步性概念走得更远——进入了心灵学领域，或者研究超感觉经验。而且，他的理论是通过大量的专业术语来表达的，不熟悉那些术语的读者可能会觉得他的作品有些费解。甚至他对于一些关键概念的界定也有些不一致。在《对分析心理学的贡献》（*Contributions to Analytic Psychology*，1928）中，他将“象征”界定为“转换能量的心理机器”（p.50），在第 53 页上却写道：“象征是过多力比多的表现形式和表达”。在其他地方（《寻找灵魂的现代人》（*Modern Man in search of a Soul*，1933），也有这个问题：意识被界定为“就它们同样被自我所感觉而言，指的是心理内容与自我之间的关系”（p.535）。而在第 540 页，又写道：“对于自我，我的理解是它是表征的一种复合物，它是我的意识领域的中心，并且似乎拥有着一种非常高的持续性和一致性。”具有讽刺意味的是，荣格对于理论建构的超级反感（以及他对于炼金术和神秘现象的热情）阻止了很多心理学家去探讨他的研究，他们害怕自己会看到一堆乱七八糟难以界定的观念：“心理学中的理论真的是魔鬼。诚然，我们需要一些特定的观点，因为其具有指导和启发的价值；但是，我们应该一直将其仅仅看做是一些辅助性的概念，在任何时候都可以将其搁置一边”（1946：7）。

卡尔·荣格的主要作品

Psychological Types, Harcourt Brace, 1923

Contributions to Analytic Psychology, Harcourt Brace, 1928.

Modern Man in Search of a Soul, Harcourt Brace, 1933.

Essays on Contemporary Events, Kegan Paul, 1946.

Collected Works, 1902-60, 18 volumes, Routledge & Kegan Paul, 1960.

进一步阅读

Bennet, E. A. and Storr, A. (1995) *What Jung Really Said*, Schocken.

Cohen, E. D. (1976) *C. G. Jung and the Scientific Attitude*, Littlefield Adams.

Gallard, M. (1994) 'Jung's attitude during the second World War in the light of the historical and professional context', *Journal of Analytical Psychology*, 39, 203-32.

McLynn, F. (1997) *Carl Gustav Jung*, St Martin's Press.

Welsh, E., Hannah, B. and Briner, M. (translators) (1947) *Essays on Contemporary Events*, Kegan Paul.

约翰·华生（1878~1958）

华生（John Broadus Watson）创立了一个名为行为主义的思想流派，该流派关注对行为的预测和控制。

在 1928 年为《星期六文学评论》撰写的一篇通俗文章中，华生这样说道："许多传记作者都将其性格回溯至婴儿期和儿童期，为的是确保这位传记作者本人的生命走向有一种特定的连续性。现在随便拿出这些传记作者中的哪一位，根据行为主义者所教给我们的关于婴儿期条件作用和倾向的东西，其不确切性立马就变得非常明显了。"因此，有些具有讽刺意味的是，很多写华生的东西都集中于他的儿童早期及其对于成年生活中有时候所发生的一些悲剧事件所产生的后果。华生的高曾祖父于 1752 年离开北爱尔兰的邓恩郡（他与坎农一样，出生一个苏格兰－爱尔兰世家）。他的祖父将家庭农场留给了儿子皮肯斯，皮肯斯娶了埃玛·凯西娅·罗。在约翰在南卡罗莱纳州格林威尔的特拉夫勒斯雷斯特出生之前，他们已经有了三个孩子：爱德华、托马斯·斯特拉德利和玛丽·艾丽斯。华生的父母在美国内战期间丧失了大部分的家产。华生是在这样一个家庭中长大的：他的母亲努力地维持一种虔诚的、基督教新教浸礼会环境；他的父亲是一个追求女色的人，还有严重的酗酒问题——他的女儿波莉·哈特雷说他在格林威尔地区有两个印度妻子——他于 1891 年离开了家，当时约翰 13 岁。我们不清楚是埃玛将他赶出了家门还是他自己选择离开以追求一种更为享乐的生活，但是其创伤性的影响——小 J. B. 华生感觉到了背叛——却表现在了华生对于同伴、学校老师的攻击性态度，以及偶尔对于法律的触犯中。华生进入了伏尔曼大学，这是他人生的一个转折点，他将更多的时间花在了学术追求上。当他获准去上芝加哥大学的研究生课程时，他偶遇了来自伏尔曼的一位教师戈登·穆尔（Gordon Moore），他上了穆尔关于思维、意识以及**冯特**心理学的课程。詹姆士·安吉尔（James R. Angell）鼓励他攻读实验心理学专业（辅修哲学），他很快就对研究动物行为和比较心理学产生了热情。他的哲学辅修课程包括教育家约翰·杜威所上的课程，杜威赞同反省、独立技能的发展以及批判探究，他认为从行动中学习要比当时所盛行的学习知识、并在考试的时候对其进行回忆的教育要高级得多。他的博士学位论文是在安吉尔和神经学家亨利·唐德森（Henry Donaldson）的指导下完成的，主题是关于在白鼠身上观察到的行为与其神经系统的发展之间的关系。这项研究主要分析了被杀死很短时间（如一天）的老鼠的皮质和被杀死较长时间（如 30 天）的老鼠的皮质，并将行为变化与生理变化联系起来。唐德森的指导为他带来了额外的收获，即认识德籍美国生物学家雅克·洛布（Jacques Loeb），洛布当时提出了关于动物行为中的控制机制的激进观点。当时，洛布拓展了由德国植物学家朱利叶斯·萨克斯（Julius Sachs）系统阐述的趋向性理论，通过证明简单动物的运动是由诸如光和地心引力这样的物理力量决定的、而将该理论从植物扩展到了动物身上。

完成博士学位论文后，华生获得了一个在芝加哥大学担任教师的职位，也正是在那儿，他遇到了玛丽·伊克斯（Mary Ickes），并与她结了婚，生了两个孩子。像他的父亲一样，华生也有着一系列的婚外情。这些差点断送了他的工作。发展心理学的一位创立者詹姆士·鲍德温（James Baldwin）给他提供了一个位于巴尔的摩的霍普金斯大学的职位。在华生到达那里后不久，鲍德温由于一次丑闻（他被发现在一个妓院中）而辞职，他让华生继任了系主任以及各家杂志的编辑职位，其中包括著名的《心理学评论》。当时，华生、比较心理学家耶克斯以及其他少数人所做的那种动物研究，似乎很难作为一种刚出现的客观心理学向**铁钦纳**及其他人的思想提出挑战。华生的才能表现在他的《行为主义者眼中的心理学》中，这是一个将心理学解读为关于行为之控制与预测的科学的宣言。他提出，这种关于行为的客观心理学的观念叫“行为主义”，主要关注于对行为的描述、预测及控制。它明显地融合了多种思想：奥古斯特·孔德（Auguste Comte）的实证科学哲学、**詹姆士**认为意识并不存在的主张、麦基恩·卡特尔对于客观心理学的呼吁、洛布认为趋向性能够解释动物的很多行为的观点，以及乔治·赫伯特·米德（George Herbert Mead）对于二元论（心－身）哲学和阿迪生·穆尔（Addison Moore）的工具性实用主义（思维是做事情的方式——行为的手段）的批判。奈特·邓拉普（Knight Dunlap）也对华生产生了相当大的影响，他在詹姆士的继承者雨果·闵斯特伯格的指导下获得了博士学位，他在约翰·霍普金斯的时间与华生是重合的。邓拉普认为，一个人要觉察到自己的觉察状态是不可能的；一个人不可能观察到观察的过程。

华生彻底抵制心理主义、内省主义以及所有与这些传统相伴随的东西。他认为思维只不过是一个默读过程，并且提出，可以通过记录喉动而对其进行测量。言语也没有什么特别的——与其他任何种类的行为活动一样，而且他还提出，语言的获得很可能遵循**桑代克**的效果率，该条定律认为，在反应之后出现桑代克所谓的“满足物”，刺激－反应联结就会加强，而反应之后出现“烦恼物”，这种联结就会减弱。华生认为，一个人所能拥有的经验的数量是没有止尽的，因此铁钦纳的构造主义其实是要完成一项不可能完成的使命，因为它永远都没有尽头——人们能够将人类的经验分解成越来越基本的元素。华生在哲学方面与詹姆士的机能主义更为接近一些，不过他承认，他从来都不确定机能主义应该是什么样子的，不过这没有什么关系，因为他显然没有针对注定要失败的构造主义的缺陷提出一种似乎有理的不同理论。在华生看来，认为意识在行为主义心理学中有一席之地的说法，就像认为它在分子生物学中有一个天然的家一样，都是荒谬的。对于意义（meaning）也是一样的：“我可以坦诚地、毫无争议地说，对于那些试图将“意义”（“价值观”是另一个不可侵犯的词语）这个概念引入行为的心理学家和哲学家，我毫不赞同。在每一个点上，我们都要根据所看到的有机体正在做的事情来描述所有的心理学”（1919：103）。直到1919年，华生才认为本能在学习中占有重要地位，但是他关于这一点的主张被郭任远（Zing Yang Kuo）就老鼠的学习所做的研究削弱了，他的研究表明结果不是这样的。到了20世纪20年代中期，他降低了本能的重要性，而支持一种不那么先天的或以遗传为基础的观点。

华生是这样总结他的心理学的实际意义的：“给我一打健康的没有缺陷的婴儿，让我在自己的特殊世界里将他们抚养长大，那么我可以保证：从这十几个婴儿中随便选出一个，我都可以将他训练成我所选定的任何类型的特殊人物——医生、律师、商界首领，甚至是乞丐和窃贼，而无论他们的才能、嗜好、倾向、能力、职业以及种族是怎样的”。他的自传包括为他的《对婴儿和儿童的心理护理》（*Psychological Care of Infant and Child*）而做的一个道歉，理由是“要写我想写的书，我知道的还不够多”（1936：280）。在一些关于如何抚养孩子的建议中，我们可以看到对于这一结论的支持性证据：“不要拥抱他们，不要亲吻他们，不要让他们坐在你的大腿上。如果你一定要这么做，那么在道晚安的时候亲吻一次他们的前额。早上与他们握手”（1928：81—2）。

华生与雷纳（Rayner）关于“小阿尔伯特”的研究有力地证明了他所认为的那些支持复杂行为的、简单的学习原则的力量。“小阿尔伯特”是一个11个月大的婴儿，他没有表现出任何明显的特定害怕或恐惧症的迹象，除了害怕突然发生的很大响声。华生带来了一只被驯服了的白鼠，阿尔伯特很高兴地跟它玩。在另一个场合下，将这只他已经熟悉了的老鼠放在阿尔伯特的大腿上，然后雷纳在阿尔伯特正背后弄出很大的、预料之外的噪音，阿尔伯特很快就变得很紧张。一段时间之后，仅仅出现白鼠就会让阿尔伯特变得很紧张，尤其是当重复地突然发出预料之外的噪音时就更是如此。一段时间之后，一看到带毛毛的物体，这个小男孩就会变得很紧张。

在华生看来，这就完全可以证明精神分析学家对恐惧反应所做的那种不可观察的内部过程的解释是站不住脚的。这个行为主义研究路线的原型例子激起了强烈的反应：它象征着对内在心理过程的完全抵制。一些持反对意见的人的结论可以缩略为，它似乎标志着一种对于阿尔伯特不幸境况的道德性关注，这证明了行为主义存在一个令人讨厌的伦理真空。华生反驳说，只这一次实验就足以证明他所寻求建立的原则，此后，他推动将这些学习原则用于消退儿童身上的害怕、恐惧症等适应不良之行为。（有人报告说，玛丽·科弗·琼斯［Mary Cover Jones］已经使“小阿尔伯特”的害怕消退了，他是华生的最后一位研究生，巧的是，他也是罗莎莉·雷纳［Rosalie Rayner］在瓦萨的同学和朋友。）不过，从个人偏好出发的论点非常多，比如亨利·默里（Henry Murray）对华生的描述，他将华生描述为是一个有说服力的、偏狭的、魅力超凡的、合时宜的时事评论员。其他人的攻击不那么带有个人色彩，但是甚至是行为主义的支持者也对华生的激进观点持批判的态度。例如，学习理论家爱德华·托尔曼（Edward C. Tolman）自创了“twitchism”这个术语以阐述自己的观点，即华生的理论过于强调分析个体对特定刺激的反应，而忽视了说明复杂本能行为的组织特征所需的较高分析单元。在华生由于桃色事件而离开约翰霍普金斯，并决定涉足广告业时，既有对他的思想的批评，也有对他个人的道德责难。

正是在约翰霍普金斯，华生遇到了罗莎莉·雷纳，她是他所指导的一位研究生，华生与她发生了关系。他与玛丽·伊克斯之间不可避免的离婚受到了苛刻的、广泛的宣传——情书的内容被泄漏给了新闻界，而且文章出现在了《纽约通报》、《纽约时报》以及其他国家和地区的报纸上。由于玛丽是政治家哈罗德·伊克斯的姐姐，哈罗德后来成了罗斯福总统的内政部长，媒体对这件事就更有兴趣了。（哈罗德·伊克斯一直反对他姐姐的婚姻。该事件发生在1903年12月，华生夫妇一直分居，直到于1904年末正式宣布他们的婚姻状况。）罗莎莉·雷纳是雷纳参议员的侄女，而雷纳负责对泰坦尼克之沉没进行公开调查。媒体对于这一事件的关注败坏了约翰·霍普金斯大学的名声，到 1920 年，华生失去了工作。由于认识到了这可能会对玛丽 · 科弗 · 琼斯的学术生涯造成伤害，他拒绝了她想要与他共同撰写很多他们当时还未发表的合作研究的邀请。华生自己在学术界的生涯已经被撕得粉碎，他的余生都花在了广告业上，开始是在沃尔特 · 汤普森（J. Walter Thompson）代理处，后来是在威廉 · 埃斯蒂（William Esty）代理处，并在那里一直待到退休。

在离开学术界之后，华生开始为非专业人士创作，这些作品揭示了害怕及其他情绪反应的习得机制，并提供了控制和消退这些反应的方法。华生与罗莎莉生了两个孩子，詹姆士（James）和威廉（William），据大家所说，他们的婚姻是幸福的，尽管华生在情感上跟这两个孩子的距离比较远。1935 年他深爱的罗莎莉的去世，对华生来讲这是一个无法计算的损失，他经常醉酒，而这又进一步伤害了他与儿子们之间已经紧张的关系。当听到威廉宣布说要追求心理学的生涯时，华生非常生气，从此以后父子之间就很少交流。威廉在他父亲去世四年前朝自己的头开了一枪。华生的女儿玛丽（Mary，昵称波莉 [Polly]）一生中曾有六次试图自杀，而他的孙女，演员玛丽特 · 哈特利（Mariette Hartley，除了其他的一些，她参演了电视肥皂剧“Peyton Place”中，后来参演了连续剧“Caroline in the City”中）将其自身的成瘾问题部分地归因为她与祖父之间机能失调的关系。华生在康涅狄格的乡下过着隐居的退休生活，他照看家畜，并经营一间工厂。在他由于肝硬化而去世前不久，他将未发表的作品收集到一起，一把火烧掉了，这一行为显然是由于他认为“当你死去，你就是死去了”。

华生对于心理学的贡献很可能并没有得到应得的认可——或者说至少这种承认被推迟了——但是还好得到了贝格曼（Bergmann）的赞赏。这鼓励其他人将注意力转向华生最初的文章，并重新检查一些核心观念和术语学，这种术语学是 20 世纪 50 年代美国心理学必需的研究。它还有助于阻止有一些作者将**斯金纳**看做是激进行为主义的创立者。在许多方面，华生的行为主义与机能主义运动走过同样的路——两者都成了自明之理：“事实上，现今的每一位美国心理学家，不管他对其是否知晓，都是一位方法论的行为主义者”（Bergmann，1956：270）。华生的观念至少产生了三种持久影响。第一，他构建了一个有力的事实，即将心理学看做是一门关注于对可观察的行为进行研究的科学。第二，他重新对心理学进行了定向，使其脱离了对意识之结构与内容的分析，而转向了对行为的预测与控制。第三，他的许多观点都已经从心理学的可见地图上被抹去了，这是因为它们已经以各种不同的姿态被融合进了许多心理学家的日常字典中。

约翰·华生的主要作品

Animal Education: An Experimental Study on the Psychical Development of the White Rat, University of Chicago Press, 1903.

'Psychology as the behaviorist sees it', *Psychological Review*, 1913, 20, 158-77.

Behavior: An Introduction to Comparative Psychology, Holt, 1914.

Behaviorism, Norton, 1914.

Psychology from the Standpoint of a Behaviorist, Lippincott, 1919.

The Psychological Care of Infant and Child, Norton, 1928 (with R.R.Watson).

进一步阅读

Bergmann, G. (1956) 'The contribution of John B. Watson', *Psychological Review*, 63, 265-76.

Cohen, D. (1979) *J. B. Watson: The Founder of Behaviourism*, Routledge & Kean paul.

Samelson, F. (1981) 'Struggle for scientific authority: the reception of Watson's behaviorism', *Journal of the History of the Behavioral Science*, 17, 399-425.

Watson, J. B. (1936) 'John Broadus Watson', in C. Murchison (ed.), *A History of Psychology in Autobiography*, vol. 3, Clark University Press.

马克斯·惠特海默（1880~1943）

惠特海默（Maximilian Wertheimer）对于似动的研究使他成了格式塔心理学的创立者之一。格式塔心理学宣称，心理具有先天的组织能力，可对如何知觉世界产生影响。

马克斯·惠特海默的父亲是一位在经济上取得了成功的教师，他给儿子灌输了一种对于学习和教学的终身兴趣。1890 年至 1898 年，马克斯就读于布拉格的诺伊斯泰特大学预科。他是一个极有天赋的乐器演奏者，他会拉小提琴，还会谱交响乐和室内乐，似乎注定要成为一名成功的音乐家。他进入布拉格大学，打算学习法学，尽管当时自由的教学计划允许他去上心理学、音乐、哲学、生理学以及艺术史课程。他逐渐地受到了法律哲学的吸引，之后又受到了关于法庭作证之心理学的吸引。在布拉格期间，他上了哲学家克里斯琴·冯·厄棱费尔（Christian von Ehrenfels，哲学家弗朗兹·布伦塔诺［Franz Brentano］的学生）的课程，其 *Gestaltqualität* 概念对他的思想产生了深远的影响。1901 年，他离开了布拉格——当时的学生要想通过上几所大学来完成大学教育是很不寻常的——到了柏林的弗里德里希 威廉大学学习心理学，在那里，他上了哲学家、心理学家卡尔·斯顿夫（Carl Stumpf）的课程。巧的是，斯顿夫在孩提时代也极有音乐天赋，也曾学习法学。惠特海默将心理学以及法学的兴趣结合在一起，希望发明一种测谎器以及设计一种具有司法潜能的字词联想方法。这两种方法都出现在了他在符茨堡大学由奥斯瓦德·屈尔佩（Oswald Külpe）指导的博士学位论文中。这之后紧接着的是他获得了柏林、布拉格、维也纳的多个研究职位，在那里，他对复杂的两可视觉模式的知觉的产生了兴趣。他惊讶地发现，在智力上不那么具有天赋的儿童，只要他们掌握了整个有关结构，他们就能够识别模式并解决问题。这是对后来被熟知为格式塔心理学的那些观点的系统阐述的开端；*Gestalt* 是一个德语单词，意思是“形式”或“形状”，而且这一思想流派认为我们知觉世界的基本方式是有模式的、有组织的。格式塔心理学的另外两位开山鼻祖我们也必须提及：沃尔夫冈·苛勒（Wolfgang Köhler）和库特·考夫卡（Kurt Koffka）。苛勒出生在爱沙尼亚的雷瓦尔，在柏林大学获得博士学位后，去了法兰克福大学。考夫卡出生在柏林，像苛勒一样，他也在柏林大学完成了博士学位，然后去了法兰克福，在那里，他遇到了苛勒和惠特海默。惠特海默与考夫卡、苛勒以及神经学家库特·戈尔德斯坦（Kurt Goldstein）一起，创办了一本新杂志《心理学研究》（*Psychologische Forschung*），这本杂志成为他们传播新格式塔流派的研究的工具。德国的政治事件逐渐使得惠特海默在法兰克福大学的地位开始有点不稳了。1934 年，他与妻子，还有他们的三个孩子一起移居到了纽约。在那里，他在社会研究新学院的建立中起了重要的作用，而且与其他德国同事一起，成功地吸引了大量来自欧洲的难民学者。包括：乔治·卡托纳（George Katona），经济心理学的创立者之一，在第二次世界大战接近尾声的时候他就职于美国政府部门，管理经济；经济学家汉斯·斯皮尔（Hans Speier），他是战争信息局的局长；哲学家霍勒斯·卡伦（Horace Kallen），“文化多元论”概念的提出者；以及精神分析学家卡伦·霍妮（Karen Horney）。

大多数教科书都提出，格式塔心理学以“整体大于部分之和”这一观点为基础。这是一种误解，因为真正的观点比这一提法更为微妙、更为广博，即体验到之物体与感觉元素的混合，或者如惠特海默所称谓的“加起来的总和”（add-sums）是有根本性区别的。这句话的含意是，如果我们从分析感觉器官真正感觉到的东西开始理解心理生活，那会心理学将不会取得什么进展。惠特海默的老师冯·厄棱费尔用旋律作例子来向他介绍这条推理路线。厄棱费尔着重解释为什么在弹不同的键时可被认为是相同的旋律。当耳朵以不同的方式受到刺激时，两样东西怎么会被体验为是相同的？冯·厄棱费尔的解释是，一个旋律具有格式塔的特质——形状或形式的特质。惠特海默接受了这种解释，并在其基础上发展了这一论点，即有机体与其环境之间关系的本质，决定了将会体验到什么样的形状或形式特质。例如，正是观察者与观察物之间的关系，决定了一个图像中的什么东西被体验为前景，什么东西被确定为背景。一位观察者站在人行道上看房子，可能会将房子看做前景，而将周围的环境看做背景。一个人坐在房子里，看着外面街道，他可能会将墙、窗框看做前景，而将人行道和车行道看做背景。当然，如果我们沿着这条思路前进，那么我们就要解释为什么体验到的是一些种类的格式塔而非其他种类的。图形优化趋势定律（Law of Prägnanz）在这里就非常重要了，因为它体现了这一观点，即真实体验到的形式在既定的情境中会呈现最为节俭或“最佳的”排列。换句话说，在一个特定的刺激所能引起的所有可能知觉体验中，那种最符合“好图形”概念的，是最有可能被知觉到的。在这里，“好”这个词的意思是对称的、简单的、有组织的以及规则的。图形优化趋势定律与物理学家所说的平衡概念是类似的，物理系统据此花费最少的能量而趋近最大限度的规则。

惠特海默着手于对这一问题作出解释，即两个刺激（如一个铁道路口的警示）是如何导致对运动的错误知觉的——就好像只有一盏灯从一边闪到另一边。正如大家所称的，这种似动现象在 1859 年被比利时物理学家约瑟夫·普拉泰奥（Joseph Plateau）观察到。惠特海默的老师，生理学家西格蒙德·艾克斯纳（Sigmund Exner）在 1875 年通过使用一种能发出电火花的装置而演示了这种效应。**冯特**曾将这种效应归因于他所谓的“创造性综合”，而**赫尔姆霍茨**将其解释为无意识推断。换言之，他们认为这种现象是由于某种已经习得的东西导致的。例如，赫尔姆霍茨认为，知觉通过一个无法抵制的无意识过程而对感觉进行了增加或删减。创造性综合和无意识推断都不是非常有说服力的解释，因为我们根本不清楚已经习得了什么、是如何习得的。而且，这种似动现象是让人非相信不可的——一个观察者无法消除它，也不能简单地把它忽略。由于此时人们制作活动图片的兴趣刚刚发展起来，因此越来越需要一种对于似动知觉中所涉及过程的合理解释。

惠特海默设计了一系列具有独创性的实验，表明如何能够同时在两个方向（垂直的和水平的）知觉到似动现象，并得出结论说，冯特与赫尔姆霍茨都肯定是错误的——学习机制不能对此负责。惠特海默的解释成为格式塔理论的主要前提：知觉是刺激之物理特征与支配观察者体验的定律及限制规则之间*交互作用*的产物。这里的观点是，大脑包含着先于感觉刺激存在的电化学力的结构领域。这种立场与赫尔姆霍茨等心理物理学家以及**铁钦纳**等构造主义者的观点是相对立的，后者的解释是以恒常假说为基础的——环境刺激与它们所引起的感觉之间一一对应。惠特海默在主张所谓的知觉的“自上而下”观点时，反对“自下而上的”以经验为基础的解释，认为大脑的组织活动是最重要的。

格式塔的使命是，确定那些描述组织活动的定律，包括：邻近性——倾向于根据其接近性而将元素归到一起；相似性——倾向于将在某些方面相似的项目归到一起；闭合性——如果一些项目倾向于将某个实体补充完整，那么它们就会被归到一起；单一性——根据对称、规则以及平滑的原则而将一些项目组织成简单的图形。格式塔流派进一步确定了一百多个格式塔或构形，其中最为重要的一个是图形－背景——将知觉领域分为一个个别的、统一的图形，以及图形置于其中的更为弥散的背景。惠特海默加强了他的图形优化趋势定律，这条定律将邻近、相似、闭合以及对称这些定律都囊括其中。根据这一定律，知觉组织将一直如主要环境条件所允许的那样好，这是因为大脑活动的领域将会一直以可能的最为简单的方式来自我分布。尽管作为图形优化趋势定律之基础的神经科学已经受到怀疑，但是这条原则的精神还存在于当代一些承认知觉之特质的理论观点中——这种对知觉特质的承认表现在对“好”与“不好”知觉之间所作的区分上。他的知觉恒常（与恒常假说有着非常显著的不同）概念指的是一个观察者对刺激事件作出反应的方式是相同的，甚至当感觉刺激发生改变时也是如此：街道上朝你走来的那个人不会被知觉为变得越来越大；某一旋律在不同的键上弹奏时，听起来却一样。尽管那些受到联想主义哲学影响的心理学家会用学习来解释这些事情，但是格式塔心理学家们坚持认为，这种效应可以用以下事实来说明，即知觉领域中一个物体与其他物体之间的关系是保持不变的。既然关系是恒定的，那么大脑活动领域就是恒定的，心理体验或知觉也因此是保持恒定的。

格式塔心理学家们的观点影响了学习、思维以及问题解决领域，并在某种程度上预示了通常所说的心理学中“认知革命”的出现——一种理解人类行为的理论流派的出现，其强调注意、决策、问题解决、记忆等的重要性。惠特海默关于问题解决和思维的研讨班是以这样的问题开始的：“为什么有些人在面对问题的时候可以有很聪明的想法，获得发明和发现？发生了什么事情，是什么过程导致了这样的解决方式？我们能够采取什么样的措施来帮助人们在面对问题的时候具有创造性？”（Luchins and Luchins, 1970：vol. 1, p.1）。在惠特海默看来，问题解决的本质在于理解问题会导致认知不平衡，这种不平衡会一直持续到问题得到解决。在俄国心理学家布卢马·蔡加尼克（Bluma Zeigarnik）的研究中就抓住了这个观点的核心：蔡加尼克效应表明，与已经完成的任务相比，人们更容易回忆起被打断的或没有完成的任务。当找到一种解决方式时，这种平衡就会恢复，而且找到解决方式的过程也包括对问题的全部结构的理解。惠特海默证明了问题解决通常是怎样从重组问题的各个部分实现的，以及先前的解决问题的方式是怎样妨碍对新问题的解决的。通过这么做，他和同事们从中受到启发，发展了一条有操作性的理论与研究路线，对问题是如何得以解决或没有解决作出解释。不过，他们没有在关于表征之数学体系和逻辑体系的基础上提出正式的问题解决的科学。这项任务留给了 20 世纪后期的其他思想家，尤其是赫布·**西蒙**。

阿希与勒温曾对许多心理体验的社会本质（如某一社会群体的成员资格，以及对于不同社会群体之间差异的知觉）进行过分析，在他们解释人们如何对社会压力和社会冲突作出反应时，借用了很多惠特海默的研究。不过，惠特海默的理论也代表了一种对于社会心理学家穆兹费尔·谢里夫（Muzfer Sherif）关于社会规范的极具影响的研究的挑战。谢里夫关于社会群体的实验推定，被评价的物体在社会性上可以是中立的、不受价值观约束的，而当与某一社会群体联系在一起时，它们就变为满载着价值观了，而且被赋予了社会意义；格式塔心理学刚认为，经验从一开始就被赋予了意义——没有意义的或不受价值观约束的经验是不存在的。（顺便提一下，格式塔心理学与格式塔疗法并不相关——后者是由德国精神病学家弗里茨·皮尔斯［Fritz Perls］发展出来的心理治疗方法。）

为什么格式塔心理学会在那个时候出现在德国？惠特海默、苛勒以及考夫卡关注于尽力解决新出现的心理学学科所面临的问题。他们认为大多数问题的根源都在于对于非常狭隘的科学观点的盲从，这种科学观点对于人类经验（或者是我们今天更喜欢说的"生活质量"）的丰富似乎不能做任何贡献。格式塔心理学代表了一种尝试，通过在一般而言的自然科学内，尤其是在心理学内发展出一种整体思维方式，从而向前迈进一步。这是一种完全改变了的心理学观点，弥散在人类所有经验中的意义感预示了这种观点，而且它也促成了这种意义感。在惠特海默看来，构造主义和行为主义有一个共同的弱点，即它们都信奉一种关于行为的元素论。他的创新姿态向冯特的心理学提出了重大挑战，它无疑是一种不同的阐述得最为完整的现象学心理学——这是一种重视对意识经验进行分析，而尽力不受到预期或前概念影响的取向。格式塔对于行为主义的批评是毫不妥协的。尽管行为主义提出，心理学应该以物理学为模型，但是它没有注意到关于实验观察和相对性的新信息。它从本质上依然与联想主义哲学结合在一起，要在竞争中把其他流派甩开。格式塔流派由于引进了模糊的以及在一个实验情境中很难获得的概念而受到批评。例如，“格式塔”这个词以及图形优化趋势定律都没有精确的界定。在许多方面，格式塔流派都是第二次世界大战的受害者。其主要领导人离开德国去了北美，这对他们的学术生涯和个人生活所造成的干扰是无法计算的。虽然围绕着这个流派的一些关键人物，惠特海默及其他人得以重新建立起了一种有活力的思想环境，但是，当时正在发生政治与社会的巨变，要不然的话，这一思想流派的影响力将会是另外一种情况。

马克斯·惠特海默的主要作品

'Psycholgische Tatbestandsdiagnostik' (Psychological evidence diagnostic), *Archiv für Kriminalanthropologie*, 1904, 15, 72-113.

'Uber das Denken der Naturvolker' (Thought processes of sound directions), *Preussische Akademie der Wissenschaft*, 1912, 61, 161-265.

'Uber Wahrnehmung der Schallrichtungen' (The perception of sound directions), Preussische Akademie der Wissenschaft, 1912,20, 388-96.

'Untersuchungen zur Lehre von der Gestalt' (Investigations of the study of Geatalt), *Psychologische Forschung*, 1922, 1, 47-58.

'Untersuchungen zur Lehre von der Gestalt' (Investigations of the study of Geatalt), *Psychologische Forschung*, 1923, 4, 301-50.

'Uber Gestalttheorie' (On Gestalt theory), *Philosophische Zeitschrift*, 1925, 1, 39-60.

进一步阅读

Köhler, W. (1944) 'Max Wertheimer 1880-1943', *Psycological Review*, 51, 143-6.

Lehar, S. M. (2002) *The World in Your Head: a Gestalt View of the Mechanism of Conscious Experience*, Erlbaum.

Luchins, A. S. and Luchins, E. H. (1970) *Wertheimer's Seminars Revisited, vols 1-3*, SUNY Press.

克拉克·赫尔（1884~1952）

赫尔（Clack Hull）的学习理论几乎无所不包，它的假设清晰，并且能经得起系统方法的严密验证。

克拉克·赫尔的父母在15岁的时候就结婚了。他的父亲是一个自大的人，脾气暴躁，而他的母亲是一个害羞的妇女，婚后就帮助她的文盲丈夫读书、写字。在他哥哥16个月大的时候，赫尔出生在了纽约阿克隆附近一个农场的小木屋里。在克拉克大约三岁或四岁的时候，全家人搬到了密歇根，他与哥哥是在贫困的家庭环境中长大的，每天要花很多时间到农场工作。他在西可尔斯一个很小的村庄上了一所只有一个教室的学校，他有时不得不放下学习去农场干活。17岁的时候，他通过了教师考试，这使他有机会在一所乡村小学担任教师。他在那里大约干了一年，在此期间，他经历了一次宗教信仰危机。教学经验以及他的信仰的丧失，使他觉察到自己对很多问题的理解是不够的，于是他决定到阿尔玛学院继续深造。他在那里待了两年，但是毕业典礼之后的一次特殊晚宴上，一些教师和学生由于吃了受到污染的食物而死于伤寒症。赫尔也病得很严重，这次伤寒症使他永远失去了那段时光的记忆，而且使他余生的记忆力也不好。一年后，他作为一名新生回到了阿尔玛学院，希望成为一名采矿工程师。在接受训练期间，他就获得了一份在明尼苏达州矿井的工作，但是这次他又患上了脊髓灰质炎，而且后来又双腿瘫痪。因此，在24岁的时候，他就不得不放弃成为一名工程师的理想，他什么都不能做，只能回到家里的农场，在那里度过了一段长时间的恢复期。在他逐渐康复的那段时期，他决定追求某种可以让他将自己工程学方面的才能与在宗教和哲学问题上的好奇心结合起来的职业。心理学听起来很有前途，因此，他花了大量的时间阅读威廉·**詹姆士**的《心理学原理》(*Principles of Psychology*),这是一本有 1 400 页的很有分量的大部头著作。事实上,这本书的大部分都是他妈妈读给他听的,因为他的视力非常差,以至于无法阅读。康复后,他回去教了一段时间的书,之后他进入了密歇根大学,于 1913 年毕业,获得了一个心理学学位。作为一名学生,他尤其受到了实验心理学家沃尔特·B. 皮尔斯伯里(Walter B. Pillsbury,铁钦纳的杰出学生之一)和 J. F. 谢泼德(J. F. Shepard)的影响,他还受到了他所上的一门逻辑学课程的影响,这门课程鼓励他将他的工程学才能运用于一种逻辑机器的设计和建造上。当时,**华生**关于行为主义的观点开始渗透进大学心理学,赫尔是通过谢泼德间接地了解到这些的。毕业后,赫尔被聘为威斯康星大学约瑟夫·贾斯特罗(Joseph Jastrow)的助手,他在那里完成了关于人们如何获得并发展出概念的博士论文。他于 1918 年毕业,并继续在威斯康星待了十年的时间。在此期间,通过与约瑟夫·金杰雷利(Joseph Gengerelli,威斯康星的一名研究生,他像赫尔一样,也是一位有天赋的工程师和具有创新精神的实验者)的讨论,他对格式塔心理学产生了兴趣。通过很多努力,赫尔终于将库特·考夫卡(Kurt Kaffka,格式塔心理学的奠基者之一)请到威斯康星待了一年的时间。1927 年当**巴甫洛夫**的《条件反射》(*Conditioned Reflexes*)英译本面世时,赫尔非常认真地进行了学习,他甚至制造了一台机器来模拟条件反射。1929 年,他来到耶鲁大学,之后所有的职业生涯在那里度过。

尽管赫尔因为学习的理论而闻名于世,但是他学术生涯的最早十年都用在了对催眠和受暗示性的研究上。他对于后者的兴趣开始于给威斯康星的医学院预科学生上一门包括催眠治疗的心理学课程。他的《催眠与受暗示性》(*Hypnosis and Suggestibility*,1933)出版于 10 年后,其中显示了他理解行为时所采用的研究方法方面的一些主要特征。在赫尔之前,关于催眠的大多数研究主要集中于研究催眠"恍惚状态"的性质。赫尔对这可能是什么或可能不是什么并不感兴趣；相反，他着手于运用各种机器来记录与催眠性恍惚状态相伴随的生理变化。这种方法不仅反映了他特别推崇运用客观的实验方法来收集心理资料，而且也反映了巴甫洛夫的著作对他的影响，因为他认为催眠状态是一种无意识习得的习惯——巴甫洛夫的条件反射。耶鲁医学院的教师非常关注赫尔的研究。当时，催眠的性质被附上了相当神秘的色彩，而且很多人认为这是一种未知的、具有潜在危险的技术。很多压力压在了赫尔的身上，他在这一领域的研究终止了。他的注意力转向了对于学习的分析。

赫尔认为，行为是有机体与其环境之间不断交互作用的结果，而且他使用学习和动机这两个相关的概念解释任何活着的有机体之行为方式的规律。尤其是，他认为巴甫洛夫的条件反射概念提供了一种能够解释学习的机制，而且他使用内驱力这个概念来解释行为出现的原因。尽管赫尔对行为主义持赞同态度，尤其是对华生放弃内省法而支持更为客观的实验研究方法表示赞同，但是对于行为主义更为狂热的支持者所采纳的、他认为过于教条的观点就不那么赞同了。赫尔认为，他们的这种热情有时候会阻碍有益的学术争论，而且行为主义者也不能令人满意地解释格式塔心理学流派针对行为主义的一些批评。例如，格式塔心理学家沃尔夫冈·苛勒（Wolfgang Köhler）发表证据表明，动物能够习得刺激之间的联结，而不仅仅是一个刺激与一个反应之间的关系。苛勒总结说，动物能够产生某种类型的关于这两个刺激的内部心理表征，并且能够在它们之间形成一种联结。赫尔并不认为格式塔心理学家是正确的，而是认为行为主义者在辩论中夸大了自己的观点，而且没有充分强调他们的例子，尽管那些例子已经在动物的行为中表现出来了。通过发展出一种他所谓的假设–演绎学习理论，赫尔开始强调这种不足。一般而言，一种好的科学理论应该包含一套逻辑严重的公设或假设，根据这些公设或假设我们可以合乎逻辑地推断出公理或命题。因此，每一个命题都应该在实验条件下得到验证。如果证据支持该命题，那么（根据该理论不同部分之间的逻辑联系）该理论整体上是得到支持的。如果证据并不支持这个公理，那么该理论整体上就被削弱了。赫尔运用这种一般取向发展出了一种学习理论。为了给所陈述的基本假设中加上一种逻辑结构，也为了保证公理是根据逻辑性而推导出来的，他的理论广泛地使用了数学概念和逻辑概念。数学概念和逻辑概念的使用经常使他遭受批评，人们认为它的理论非常抽象，以至于看起来像是不相关的。不过，他的这种方法是由这种炙热的信念激发的，即主观性是大量冲突与人类痛苦的根源。他提出，需要将严密的研究方法与最佳类型的推理结合起来，而这可以在数学与逻辑学中找到。

赫尔的研究取向根源于1931年夏天一次关于机械学习——通过简单的重复而学习——的课堂讨论。威廉·莱普利（William Lepley，宾夕法尼亚州立大学的一名研究生）向赫尔领导的一个小型课程训练投来了稿件，在其中，他提出，学习理论家克里斯琴·冯·艾宾浩斯（Christian von Ebbinghaus）所报告的机械学习的一些方面与巴甫洛夫条件反射观点的一些方面似乎是等同的。艾宾浩斯做了一些关于记忆和遗忘的经典研究，在这些研究中，人们必须学习一系列的项目，然后以同样的顺序回忆起这些项目。莱普利提出，可以将这种类型的系列学习和回忆解释为对一系列刺激的条件反射。赫尔在一篇题为《冲突着的学习心理学——一条出路》（1935）的文章中发展了这一观点。这篇文章陈述了小机械学习体系的一个理论模型，该模型包含从基本公设中逻辑推导出的11条公理。到赫尔的《行为体系》（*A Behavior System*，1952）在他去世后不久印刷出版的时候，该理论模型已经扩展到17条公设和130多条公理。

赫尔关于学习的数学模型的核心观点认为，在任何行为中都存在着两种成分：习惯和内驱力。习惯强度（$_SH_R$）应归于联想性学习，这可以在刺激（如铃铛）与反应（如唾液分泌）之间通过强化（例如，食物）而得到联结的事实中得到论证。内驱力（D）是赫尔理论中的动机部分。从上一次强化之后，内驱力的强度会随着强化物消失时间的增加而增加。例如，一动物吃过某样东西之后的时间越久，想要再吃的内驱力就会越大。运用这些成分，赫尔提出了基本公式：${}_{S}E_{R}=D\times({}_{S}H_{R})$，其中 ${}_{S}H_{R}$ 代表的是兴奋势能。这个公式要说明的是，有机体作出一种反应的倾向（赫尔开始称其为兴奋势能，后来改为反应势能）取决于通过学习而获得的习惯强度以及在操作某一个特定行为时内驱力的水平。如果将这个公式转换为实验预测，那么就是这样的，即一只已经学会如何通过迷津的饥饿老鼠，要比一只对迷津的熟悉程度与其相同但刚刚才吃饱的老鼠跑得快得多。

赫尔在他的公式中大量地使用下标，尽管它们不具有任何数学意义——它们是描述性的标记。例如，如下使用的这些下标——${}_{S}H_{R}$——为的就是提醒读者这里所指的是特定刺激与特定反应之间的联结（在这个例子中，指的是习惯）。赫尔最有影响的公式之一是关于习惯形成的定律：${}_{S}H_{R}=1-10^{-aN}$。这条定律所表明的是，习惯强度能够在最小值（0）和最大值（1）之间变化，而且通过强化，它可以有规律地增至最大强度。

赫尔理论建构方法的主要优点之一在于，该理论中的每一个部分都是合乎逻辑地、清楚地与其他部分联系在一起。当用它来生成一条定理时，可以对它进行客观的验证，而且支持该理论的证据所产生的影响也可以得到合理的评价。当然，这样一种充分建构的理论在其内部必定存在着自身毁灭的种子。一个人可以说，它设计出来就是要被毁灭的，只有这样才能提高我们的理解并指导更好的理论发展。赫尔的理论从两个方面来讲就是这样的。第一，正是因为其逻辑连贯性和透明度，它吸引了大量人的兴趣。例如，1941 年到 1950 年期间，《实验心理学杂志》和《比较与生理心理学杂志》上发表的研究中有 40% 的都引用了赫尔的理论。第二，通过使用设计得很好的实验而收集的证据并不支持从赫尔的理论中所得出的许多预测。当然，其中一些假设看起来是正确的。例如，从 ${}_{S}E_{R}=D\times({}_{S}H_{R})$ 这个公式中，我们可以做出的预测是，如果内驱力（D）或者习惯强度（${}_{S}H_{R}$）是 0，那么有机体就会什么都不做——因为任何值乘以 0 得出的答案都是 0。假设你真的非常饿（D 的值很高），你认识的某个人说如果你为他做某项工作，他就会给你一些食物，而在过去，你做完这项工作的时候并不会有任何食物出现在你面前（$_{S}H_{R}$ 的值为 0，因为在口头陈述［S］与食物出现在面前［R］之间没有任何的联结）。因此，不管你有多饿，你都不会为那个人工作，因为你已经习得他们从来都不会给你食物。

尽管从赫尔关于学习的数学理论推导出的许多预测没有得到实证研究的支持，但是他的影响还是非常大的，而这在很大程度上要归功于肯尼斯·斯彭斯（Kenneth Spence）。斯彭斯于 1933 年在耶鲁大学获得博士学位，并在理论上与赫尔形成了一种密切的思想关系，这种密切的思想关系不仅得到了赫尔的认可，而且在他们之间的详细通信中也有记录。在赫尔去世之后，斯彭斯通过积累实验证据，拓展用他们的共同思想解决实际问题——就像一位工程师所希望的那样——的机会，来找出理论进步所需的改变因素，进而发展赫尔的理论。因此，他们的理论通常被称为赫尔－斯彭斯学习理论。我们可以在行为疗法中清楚地看到赫尔的影响，行为疗法是一个术语，指的是运用学习原理来控制和消除不需要的或适应不良的行为的一种心理治疗技术。这些疗法是以这一观点为基础的，即大多数心理疾病的产生都是由于学习了适应不良的行为，通过帮助个体消除导致这些疾病的行为就可以治愈该疾病。赫尔的观点对解决实际问题的影响都可以追溯到赫尔的内驱力概念和**弗洛伊德**的内驱力概念。尽管弗洛伊德的内驱力概念与赫尔的内驱力概念在理论上迥然不同，但是赫尔的学生约翰·多拉德（John Dollard）和尼尔·米勒（Neal Miller）却利用这两种理论观点的核心价值非常有效地阐述了一种治疗取向。多拉德与米勒的研究是对挫折－攻击假说的简化——也许是一种歪曲，这取决于个人的观点。该假说以一种最为简略的形式表明，挫折一直先于攻击行为：挫折是攻击的一个先决条件。一种关于该假说的极端说法认为，挫折总是会导致某种类型的攻击，因为攻击是降低压抑的唯一方式。米勒在使赫尔的理论应用于心理治疗上所起的作用尤其重要，而且他详细阐述了一种观点，认为心理治疗是一种手段，可以让人们消除适应不良的个人行为与社会行为，并获得更为有效的生活模式。我们还可以从其他间接证据看到赫尔思想的广泛影响，例如，在**安德森**的观点中，就详细阐述了一种更加正式的学习理论，这种理论可以编成计算机程序，并逐渐系统地打破赫尔的传统。

克拉克·赫尔的主要作品

'Quantitative aspects of the evolution of concepts: an experimental study', *Psychological Monographs*, 1920, 28: 123.

'The influence of tobacco smoking on mental and motor efficiency', *Psychological Monographs*, 1924, 33: 150.

'A functional interpretation of the conditioned reflex', *Psychological Review*, 1929, 26, 498-511.

'Knowledge and purpose as habit mechanisms', *Psychological Review*, 1930, 37, 511-25.

'Goal attraction and directing ideas conceived as habit phenomena', *Psychological Review*, 1931, 38, 487-506.

Hypnosis and Suggestibility, Appleton-Century-Crofts, 1933.

'The conflicting psychologies of learning—a way out', *Psychological Review*, 1935, 42, 491-516.

'Mind, mechanism, and adaptive behavior', *Psychological Review*, 1937, 44, 1-32.

Mathematico-Deductive Theory of Rote Learning, Yale University Press, 1940 (with C. I. Hovland et al.).

Principles of Behavior, Appleton-Century, 1943.

Essentials of Behavior, Yale University Press, 1951.

A Behavior System, Yale University Press, 1952.

进一步阅读

Koch, S. (1954) 'Clark L.Hull', in W. K. Estes et al. (eds), *Modern Learning Theory*, Appleton-Century-Crofts (pp.1-176).

Smith, L. D. (1986) *Behaviorism and Logical Positivism: A Reassessment of the Alliance*, Stanford University Press.

弗雷德里克·巴特利特（1886~1969）

图式是思维的一个基本单位，作为一位研究人类认知的理论家，巴特利特（Frederick Charles Bartlett）普及了这个概念。

巴特利特的儿童时代是在沃尔德的斯多小镇上度过的，这里离牛津大约30英里，离伦敦85英里，他的父亲在这里成功地经营一个鞋类批发商店。当地的语法学校关闭了，所以他的父母打算让他和他的哥哥去上寄宿学校。但是，14岁的时候一场几乎致命的胸膜炎让那些计划都结束了，巴特利特在父亲的鼓励以及当地一个牧师的图书馆的支持下，留在家里自学。后来他作为一名校外学生上了伦敦大学，听了由伦敦大学在剑桥的函授学院开设的哲学和逻辑学课程。他的初级学位使得函授学院给他提供了一个指导教师的职位。在担任此职位期间，他攻读了伦敦大学的文学硕士，并在社会学与伦理学上获优等成绩。此后，他决定重新开始，去了剑桥读研究生。他获得了第二个初级学位，尽管他自己想要继续人类学方面的职业生涯，他的导师，生理学家、心理学家威廉·里弗斯（William Rivers）却鼓励他学习实验心理学方面的课程，因为它能拓宽他的就业机会。第一次世界大战中，由于心理学家查尔斯·迈尔斯（Charles Meyers）、威廉·麦独孤（William McDougall）、威廉·布朗（William Brown）都离开学校去从事军事服务了，这使得他的职业生涯定了型。由于他身体不好，再加上缺乏医学训练，他也就无法参军。他接替了迈尔斯的职位，并被任命为心理学实验室副主任。1924年当迈尔斯去伦敦成立工业心理学国际研究所时，他成了实验心理学的高级讲师，并于同一年担任实验室主任。

正是在战争期间，他遇到了后来的妻子玛丽·史密斯（Mary Smith）。他们合作研究了对微弱声音的知觉，这项研究对于水听器反潜艇探测设备的操作具有相当大的重要性。在此期间，基于这些研究，他完成了一篇论文。几年以后，这些研究构成了他的经典教科书《记忆》（*Remembering*，1932）的核心。尽管他的新职务有新的要求，但巴特利特还是找出时间花在他热爱的社会人类学研究上。出去进行现场研究是不可能的，但他还是能够运用心理学专长，通过诸如神话、民间传说等手段，对记忆的文化传播和社会传播进行一种新颖的分析，这发表在他的《心理学与原始文化》（*Psychology and Primitive Culture*，1923）中。他在此方面的研究使我们联想起了**冯特**的民族心理学（社会心理学）。

巴特利特最为人所熟知的是他关于记忆的探究，尤其是他的著作《记忆》，该书分析了社会因素对记忆的影响。他最初关于社会影响的论述，是从人类学的角度描述习俗的跨文化联系时开始的。他是这样界定"习俗化"过程的，即在其中"外部的文化素材形成一团，逐渐地渗透进一种不同于那一团的相对稳定的模式中。新的素材被同化进了这个由其构成的稳定群体中"（1958：280）。他在这些观点与他关于记忆的实验数据之间建立了联系，他的实验数据表明，在重复回忆之后，被试的原始记录就成了一种相当稳定的形式，而且回忆中的任何改变通常都能证明旧信息对新信息的影响。不过，尽管他最初认为他的研究是"一场对习俗化的竭尽全力的实验攻击"（1958：143），但是他对于这一观点的幻想还是破灭了，因为习俗化看起来不怎么像一个解释性概念，而更像是不同学科领域之间相似性的一个标签。

巴特利特最大的兴趣在于他的图式理论：一个图式（schema，复数形式是 schemata）根据新的经验而不断地发生改变，但是它提供一个动力的框架或模型，在其中，新的经验得到解释和建构。巴特利特并不是第一个使用这一术语的——**皮亚杰**也在他的认知发展理论中大量地使用了这一概念。巴特利特的图式概念部分地源自于与生理学家亨利·黑德（Sir Henry Head）先生的讨论，黑德使用"姿势图式"来解释过去关于个体身体位置的信息是怎样预示当前的行动的，并且对身体定向障碍作了说明。巴特利特对于击打网球的观察引出了其运动图式观念的核心元素："事实上，当我击打网球时，我并没有创造某种绝对新的东西，而且我也绝不仅仅是重复某些旧的东西。这种击打实际是由于运动的视觉'图式'和姿势'图式'以及它们之间的相互关系而产生的"（1932：202）。

图式概念向关于记忆的盛行观点提出了根本性的挑战，这种盛行观点在赫曼·冯·艾宾浩斯（Hermann von Ebbinghaus）的经典研究中得到了例证。艾宾浩斯曾提出，为了研究最纯粹形式的记忆，我们有必要设立能够移除混淆变量潜在影响的实验条件。通过使用无意义音节创设出一种毫无意义的记忆内容，并且将此记忆与其他记忆和先前经验隔离开来的情境，他所设计的实验是为了揭示记忆的基本法则。他主张，一旦找出描述记忆结构与操作的更为简单的法则，就可以探究更为复杂的记忆形式。

不过，巴特利特提出，如果一位心理学家关注相对高水平的、诸如回忆这样的过程，并进一步试图通过简单刺激而分离反应——待回想的记忆，那么他就执行了一种迥然不同的程序。这种实验程序并不能确定更为简单的法则，因为当人们学习无意义音节时，他们通常会使用大量的策略来强加意义于该项任务上，比如设法在无意义的刺激与有意义的记忆之间建立联系。换句话说，人类记忆有自发产生的属性，这些属性在高度简化的记忆任务中是不能被控制的，而且甚至在最为简单的任务中也不能完全将这些属性排除出去，因为人们不可避免地会尝试强加意义于他们正在学习的材料上。

巴特利特的观点不仅与艾宾浩斯的观念相反，而且他的观点对行为主义流派也持敌对的态度，在巴特利特发表这种观点的时候，行为主义流派回避任何关于内隐心理实体的研究。因此，一直到认知主义出现，他的图式概念都相对地受到忽视。认知主义是一种聚焦于高级心理过程的研究取向，如对问题解决和人工智能等进行分析。例如，**布罗德本特**（1970）总结说，"……'图式'这一术语看起来已经完全被废止……图式本身没有界定属性，而只是某种操作得到了实验结果论证的一个标签……这种理论概念，没有公开的界定，几乎注定要自拆台脚”(p.4)。而且，有大量的论据和证据表明，巴特利特提出了两种版本的图式理论：一种是官方版本，在其中，他主张记忆是一个建构性的过程；还有一个是非官方的或者说是私人的版本（Ost and Costall，2002）。后者给记忆痕迹这个概念留出了位置，并承认说，如果记忆是一个建构与再建构的过程，那么就必定存在某种作为建构基础的实体。虽然存在着这些含糊之处，但是有一段时间，图式这一观念的含糊性为初生的认知科学（一种关于大脑加工信息之方式的学科间取向）提供了一个有用的理论支撑。

由于第二次世界大战的爆发，巴特利特作为空军部门飞行人员研究委员会的一员，开始分析 RAF（即英国皇家空军）扩充所展现出来的心理问题。他与肯尼斯·克雷克（Kenneth Craik，于 1936 年加入剑桥实验室）的密切合作是不可或缺的。克雷克具有独创性和工程学天赋，可以为研究飞行员的行为和疲劳而制造所需的实验模型。随着 1944 年医学研究委员会成立了应用心理学小组，他们的研究得到了支持。克雷克是小组的组长，但是就在大战结束前夕他却死于一场交通事故。这对巴特利特来说是一个重大的损失。巴特利特后来修改了克雷克研究记忆与思维的方法。他认为思维是一种实际的活动，包括将事件之某种先前未完成的状态完成（通过内推或外推），而且他还设计了实验程序来系统地探究这个观点。相比于早先的《记忆》，他的著作《思维》(*Thinking*，1958）显得不那么有名，尽管在许多方面该书都比他先前出版的著作更多地展现了他的个人态度和思想（例如，他在人类学、社会学和哲学方面的研究）。

巴特利特两次将他的兴趣从活跃的学术领域转向一些需要解决实际问题的领域。第一次是从社会学和人类学转向关于知觉和记忆的实验心理学。第二次是从纯学术的心理学转向在职业情境中对心理学的应用。在英国心理学的发展中，巴特利特是最为出色的心理学家之一。1922 年他只是一位小小的实验室助手，而 30 年后，他指导着 70 多位心理学工作者和研究者，而且 20 世纪中期英国重要的心理学人员大多数都是从那些曾接受过他训练的人中选派的。

弗雷德里克·巴特利特的主要作品

'An experimental study of some problems of perceiving and imaging', *British Journal of Psychology*, 1916, 8, 222-66.

Psychology and Primitive Culture, Cambridge University Press, 1923.

'Experimental method in psychology', *Nature*, 1929, 124, 341-5.

Remembering: A Study in Experimental and Social Psychology, Cambridge University Press, 1932.

The Problem of Noise, Cambridge University Press, 1934.

'Psychological methods and anthropological problems', *Africa*, 1937, 10, 401-20.

Thinking: An Experimental and Social Study, Allen and Unwin, 1958.

进一步阅读

Brewer, W. F. and Nakamura, G. V. (1984) 'The nature and functions of schemas', in R. S. Wyer, Jr. and T.K.Srull (eds), *Handbook of Social Cognition*, Vol. 1, Erlbaum.

Broadbent, D. E. (1970) 'Frederick Charles Bartlett 1886-1969', *Biographical Memoirs of Fellows of the Royal Society*, 16, 1-11.

Ost, J. and Costall, A. (2002) 'Misremembering Bartlett: a study in serial reproduction', *British Journal of Psychology*, 93, 243-55.

库特·勒温（1890~1947）

勒温（Kurt Lewin）是一位实验社会心理学家，他系统阐述了场论，用它来说明个体生活空间内的所有事件，这些事件在一个既定时间内构成所有作用在个体之上的影响。

勒温生于普鲁士的莫吉尔诺，是家里四个孩子中的老二。他家拥有一个小农场，并靠他母亲开的一个综合商店为生。在库特 15 岁的时候，他们搬到了柏林。他最初想要成为一名医生，1909 年，他进入弗赖贝格大学，次年，转到了慕尼黑。到 1910 年底，他又转了一次学，这次到了柏林，在那里，他在现象学家卡尔·斯顿夫（Carl Stumpf，曾是哲学家弗朗兹·布伦塔诺［Franz Brentano］的学生）的指导下开始接受正式的心理学训练。尽管勒温到 1914 年就完成了学业要求——他的论文是以一个关于联想性学习的实验研究为基础的——第一次世界大战的爆发使得授予学位的典礼推迟了两年。1917 年，他娶了教师玛丽亚·兰茨伯格，生了两个孩子阿格尼斯和弗里茨。他们的婚姻持续了十年。在作为一名陆军二等兵和陆军中尉服了几年的兵役之后（其间他被授予铁十字勋章），他回到了柏林。在那里，他与心理学格式塔流派的创立者们马克斯·惠特海默（Max Wertheimer）、库特·考夫卡（Kurt Koffka）以及沃尔夫冈·苛勒（Wolfgang Köhler）一起工作，格式塔取向试图确定支配我们知觉世界的定律。勒温第一次到美国是在 1929 年，当时他去参加在耶鲁大学举办的国际心理学家大会；次年，他作为客座教授在斯坦福大学待了六个月。正是在此期间，他决定定居美国，并且于 1932 年将他的第二任妻子格特鲁德·魏斯，还有他们的四个孩子带到了美国。

勒温研究的起点是对亚里士多德和伽利略的自然观做出了区分。在亚里士多德看来，各种物体根据其本质而纳入不同的范畴。个体差异被解释为外部力量干扰有机体的自然成长倾向而导致的歪曲。在伽利略看来，物体或有机体的行为是由作用在其上的所有力量决定的。个体差异是作用在个体有机体或物体之上的动态力量。勒温认为，大多数的心理学都被困在了亚里士多德的科学观中。他认为，要走向伽利略的观点，需要心理学家放弃对“本能”、“类型”和“平均”（这些暗示了不同范畴的存在）这些概念的信奉，并集中于理解作用在一个体之上的、复杂的、动态的力量。从广义上讲，这一取向与恩斯特·卡西尔（Ernst Cassirer）的观念是一致的，卡西尔是一位科学哲学家，也是符号形式哲学的创始者（勒温在柏林大学期间遇到了卡西尔）。

埃德蒙·胡塞尔（Edmund Husserl）等现象学哲学家的观点对勒温的思想产生了影响，并促成了他对于心理学中“场”这个概念的详尽阐述。现象学家非常强调对于意识经验的分析，而尽量不受到预期或前概念的影响。勒温的现象心理学可能部分地植根于他在第一次世界大战前线当士兵的经验。他最初发表的文章中有一篇题为《战场》，于 1917 年发表在德国的《应用心理学杂志》上，他在其中提出，他将“场”这个观念概念化为一种通过相反力量的作用而形成的现象。勒温的“场”概念指的是：在任何特定的时刻发生作用以决定个体行为的所有心理因素。生活空间之外的现实是由对于外部世界的知觉来表征的，这可能有不同程度的缺陷。因此，场包含两种因素：个体的目标以及他们感知到的达成那些目标的路径。

在勒温的理论中，“生活空间”是最为重要的概念之一。一个人的生活空间是由在某一个特定的时刻作用在其上的所有影响构成的。这些影响（他称之为心理事实）既包括饥饿、疲劳等内部事件，也包括社会情境等外部事件，还包括对先前经验的回忆。为了解释他所说的生活空间的含义，勒温使用了拓扑学的概念。勒温认为拓扑学（一种非量化的、非欧几里得的几何学）尤其适合于他正试图发展的那种伽利略心理学的需要。拓扑学主要研究物体的整体与其各个部分之间的关系，格式塔心理学家认为这些关系是心理学的基础。不过，因为是非量化的，所以拓扑学不能处理方向和距离这两个概念，而这两个概念在表示社会和心理力量中是必不可少的。因此，勒温着手确立了独具特色的“轨道式空间”（hodological space）——这是一种心理空间，在其中，例如，任何两点之间的最短距离并不是指几何上最短的距离，而是指从一点到另一点所需努力最少的距离。拓扑学描述的是物体之间的空间关系，因此，一个人的生活空间可以用一个椭圆来表示，而每一个心理事实都是这个椭圆内的区域。根据其是以有益的（+ 号）或无益的（– 号）方式作用于个体，我们可以赋予每一个区域一个值。对个体的生活空间所产生的积极和消极影响所导致的力量场，就是他所谓的轨道式空间。在任何特定的时刻，这种空间的本质决定着行为的方向与比率。勒温称个人空间之外的事件为外壳。由于作用于个体的力量具有动态的本质，因此，外壳中的事件有可能会变为生活空间的一部分，而生活空间内的事件也有可能变为外壳的一部分。勒温最为著名的等式之一 $B=f(\mathrm{P},\ \mathrm{E})$——也可以写为 $B=f(\mathrm{L})$——总结了他的论点，即行为（B）是个人（P）和环境（E）的函数，或者说是生活空间（L）的函数。像当时的其他格式塔心理学家一样，勒温也认为，为了对来自心理需要的压力作出反应，个体会试图保持一种平衡。动机根源于由心理需要（勒温称之为准需要）所引起的张力，这些张力会使人们周旋于整个生活空间。与这种观点相一致的是，他认为学习是一个组织和重组的知觉过程，这个过程一直都包含某种顿悟元素。他区分了四种学习：知识变化的学习，动机变化的学习，有计划地、有意地获得某技能的学习，以及个体感觉属于某特定群体之归属感的学习。这一观点使他与行为主义心理学产生了分歧，尤其是，他认为所有的学习都是目标导向的。而且他宣称机械学习是有害的，会导致“非学习”。

勒温于 1932 年从德国到了美国，这是对他理论研究工作能否持续的一种挑战。从本质上说，这是一种从高度重视理论科学的学术文化向强调实践与应用的文化的转变。不过，这也为他提供了机会，让他可以通过团体动力学和行为研究概念来发展他的现象学观点。例如，这些体现在了他对于社会冲突起源的关注以及他决定采取一些措施来改善它们所导致的痛苦。他致力于用社会科学改造被击败了的、纳粹训练出来的德国人的性格结构。冲突这个概念在勒温的思想中占有重要的位置，而且他研究了三种类型的冲突：（1）双趋冲突，当一个人同时受到两个目标的吸引时会产生这种冲突；（2）双避冲突，指的是个体对两个没有吸引力的目标都排斥的情境；（3）趋避冲突，这种冲突只涉及一个目标，而个体对其的感情是混合的——例如，“我是否真的想成为一位心理学家？”——而且它通常也是最难解决的冲突。

勒温的思想在人格结构方面得到了很好的发展，不过他不太关注于描述动机的内部结构，尤其是无意识动机，也不太关注人们对生活空间的不同方面的注意强度。他对于探究人格的内容并不特别感兴趣，从这方面考虑，他的《人格的动力学理论》（*Dynamic of Theory of Personality*，1935）是用词不当的，因为他并不是**奥尔波特**、**卡特尔**和**艾森克**流派中的人格心理学家。这可以从他探究的关于人类行为的看似琐碎的例子中得到证明：有两个人计划从美国洛杉矶乘坐飞机（LA）。其中一个人想朝正南方向去智利的圣地亚哥（S），另一个人想朝正东方向去英国伦敦（LO）。$d_{La,S}=d_{La,Lo}$？（从 LA 到伦敦的距离与从 LA 到圣地亚哥的距离相等吗？）这不是人格理论家通常会问的问题，而且它说明了勒温是多么感兴趣于发展一种心理学，在其中，物理空间和距离次于心理空间和距离。尽管圣地亚哥和伦敦距离洛杉矶都是 5 600 英里，但是根据这两位旅行者的生活空间，心理距离可能是不同的。从某种意义上我们可以说勒温最为关注的是，人格理论应该能够说明什么，而不是在常规的意义上编写一种人格理论。因此，可以说，勒温将人格用作某种为他的主要努力提供焦点的东西，以发展一套新的工具（好像是一种心理学工作台），用来测量并描述心理现实。

勒温将他的观念扩展至团体动力学的研究，他提出，团体可以被看做像人脑一样的物理系统。像人脑一样，团体的性质和结构会对其成员产生深远的影响。为了验证其理论的某些方面，他在自然情境中设计了一些具有独创性的实验。例如，在一次研究中（Lewin, Lippitt and White, 1939），将男孩子们置于下面三个团体中的一个：民主的（领导鼓励团体进行讨论和参与）、独裁的（领导作决定，然后告诉其他人怎么做），以及散漫放任的（孩子们可以做他们想做的所有事情）。民主团体很有成效，也很友好，独裁团体具有很强的攻击性，而散漫放任团体从总体上看是没有成效的。他总结说，团体领导会影响一个团体的组织和动力，而这又会对其成员的行为产生影响。作为实验者，他的独创性为他赢得了“实验社会心理学之父”的称谓。这可能是有争议的，但毫无疑问的是他对第一代实验社会心理学家产生了很大的影响——这些心理学家使用实验的方法来设计社会情境，并在个体水平和团体水平上系统地测量其对个体行为所产生的影响。

勒温关于团体动力学的研究为周围团体（有时候也成为 T- 团体）、敏感性训练以及领导讲座的研究铺平了道路。他对于行为研究——通过改变某物来对它进行研究——的兴趣，将他的注意力转向了心理治疗，而且他还试图说服心理治疗师杰罗姆·弗兰克（Jerome Frank）参与到 MIT 团体动力学中心的发展中来。弗兰克曾在柏林大学跟随勒温学习，而且他的观点吸收了勒温的具体性概念；也就是说，只有在当时发挥作用的因素才会产生效应——导致事件发生的所有直接原因都存在于当前。尽管勒温的名字与团体动力学研究中心有着紧密的联系，但是他担任中心主任只有三年的时间。在他英年早逝后，中心搬到了密歇根大学，在那里，它沿着勒温所设想的路线不断繁荣。

场论遭到了很多批评，这一方面是由于勒温明确地将其挑选出来作为一种典型的现象学人格理论，因此，对于那些想要挑战这种理论的人来说，它就成了一个非常好的目标。主要的批评可以归为三类。第一，勒温的拓扑生活空间示意图始终是历史的——从它们不提供关于个体以后将会如何做出行为的精确预测这个意义上说，它们描述的都是已经发生过的事情，并且几乎不具有任何预测力。第二，该理论没有恰当地详细说明生活空间与外部环境之间的关系。尤其是学习理论家肯尼斯·斯彭斯（Kenneth Spence）指出，勒温的等式没能提供原理，用来改善外壳中那些塑造个人生活空间经验的力量，或对之管理和控制。第三，发展与学习理论家已提出，场论没有足够地重视儿童期经验的形成性与动机性影响。勒温觉得这个批评是完全不合理的，而且他指出，他一直认为历史信息对于理解个体生活空间内事件的当前状态来说是绝对必要的。

在评价一个人的影响时，我们很难排除纯粹的巧合。勒温关于社会影响的研究预期了**米尔格拉姆**关于服从权威人物的探究，尽管没有证据明确表明米尔格拉姆在做自己的实验时注意到了勒温的研究。在临床心理学家马丁·奥恩（Martin Orne）的研究中，我们可以看到更为清晰的影响路线，他对心理学研究的需要特征进行了经典的探究——这种特征是积极地鼓励被试做出心理学家希望观察到的行为。奥恩从勒温那里借用了“需要特征”这个术语。勒温的影响还可以在社会学习理论家朱利安·罗特（Julian Rotter）的研究中看到，他提出了控制点概念，即，一个人感觉自己控制外部力量或被外部力量控制的程度（这与勒温提出的外壳中的力量的观念相似）。勒温将场看做是促进伽利略传统的科学心理学发展的理论手段，这种观念的局限性在于其抽象性。它过于形式化，这一点最明显地体现在了他的等式中。在他到美国之后，他从一个典型的实验研究的观察者立场（就像他在德国做的那样）向在社会方面越来越投入的立场（强调观察者的参与）的转变，我们从中可以看到他对这种局限性的觉察。他从对于场论思想的投入到更为强调行为研究的实用性的转变，也可以看做他默认了其数学公式的局限性。

库特·勒温的主要作品

A Dynamic Theory of Personality, McGraw-Hill, 1935.

Principals of Topological Psychology, McGraw-Hill, 1936.

The Conceptual Representation and the Measurement of Psychological Forces, Duke University Press.

'Patterns of aggressive behavior in experimentally created social climates', *Journal of Social Psychology*, 1939, 10, 271-99 (with R. Lippitt and White).

'Defining the "field at a given time"', *Psychological Review*, 1943, 50, 292-310.

Resolving Social Conflicts: Selected Papers on Group Dynamics, Harper & Row, 1948 (ed. with G. W. Lewin).

Field Theory in Social Science: Selected Theoretical Papers, Harper and Brothers, 1951 (ed. with D. Cartwright).

进一步阅读

Heider, F. (1959) 'On Lewin's methods and theory', *Journal of Social Issue*, Supplemental Series, 13, 3-13

Henle, M. (1978) 'Kurt Lewin as metatheorist', *Journal of the History of the Behavioral Sciences*, 14, 233-7.

Watson, R. I. and Evans, R. B. (1994) *The Great Psychologists: A History of Psychological Thought*, 5th edn, Harper Collins.

列夫·维果茨基（1896~1934）

维果茨基［Lev（Leon）Semeonovich Vygotsky（Vygotskii）］在社会－历史因素之间的联系（正如教育体系中所反映的），以及那些更内在的具有人际本质的体系（如父母－儿童交互作用）的基础上，系统阐述了一种认知发展理论。

维果茨基是一个中产阶级犹太家庭八个孩子中的老二，他成长在靠近白俄罗斯与乌克兰边境的高梅尔（他的父亲是银行的管理者）。他的母亲塞西莉亚可以流利地说几种语言；尽管接受的是师范教育，但她从来没有足够长时间教书。尽管对艺术和人文学科非常感兴趣，但是由于不允许犹太人进入公立学校教书，维果茨基选择从医。凭借着学业成绩和好运，他进入了莫斯科医学院，当时犹太人进入大学的名额已经从选拔制改成了抽签制。大约一个月后，他转而学习法律，他所上的一些课程，他的妹妹季娜伊萨也上了。当时，可以在多所大学注册，1914 年，他还在尚奈维斯基大学注了册，攻读人文学科学位——尽管当时的政府并不承认这个学位。在于 1917 年末回到高梅尔之前，他找到了一个广泛阅读的机会——他的论文是关于莎士比亚的《哈姆雷特》的。他在家的大多数时间都用来照顾母亲（她感染上了肺结核），还有他 13 岁的弟弟（他在这一年快要过去之前死于伤寒）。1919 年，他自己也被诊断出患上了肺结核，这一疾病在他 37 岁的时候夺去他的生命。在高梅尔，他还在一些学校任教，在一个师范学院建立了一个心理学实验室，并撰写了一本给教师看的心理学教科书。在此期间，他广泛阅读，通晓了**詹姆士**和**弗洛伊德**的著作。他还追求自己对于艺术的兴趣，创立了文学杂志 *Verask*。在 1924 年 1 月，他在于列宁格勒召开的第二届精神神经病学大会上提交了三篇论文，在文中他反对将**巴甫洛夫**

的“反射学”当作一门关于意识的心理学，而支持将 K. N. 科尔尼洛夫（K. N. Kornilov，莫斯科实验心理学研究所的主任）所提出的不那么机械的“反应学”（关于表现在外周运动活动中的心理努力的研究，如一个人将会对某一物理刺激作出反应的速度）看做关于意识的心理学。维果茨基在这个研究所获得了一个职位，而且在那里，他认识了神经心理学家**鲁利亚**，后者在当时是一位精神分析学家。在他任职研究所期间，维果茨基撰写了关于艺术心理学的博士学位论文。像鲁利亚一样，他也有着广泛的兴趣，其中包括“缺陷学”，这个术语在英语中没有对应词，但是可以宽泛地指代那些具有感觉、生理以及学习缺陷的儿童的教育。这时，维果茨基正在将科尔尼洛夫的反应学观点运用于对大量问题解决活动的分析，这反映在他对于反应时测量的使用上。从广义上看，科尔尼洛夫提倡与华生的行为主义相似的心理学观点，但是他并不拒绝在同等程度上考虑心理状态。维果茨基对于科尔尼洛夫观点的修正以不那么机械的原理为基础，这反映在他试图将社会和文化的影响融入对于行为的分析和解释中。

维果茨基最有影响的研究是将知识表征予以概念化，以及研究大社会影响和小社会影响的内部关系。他的分析受到了社会 – 历史因素之间的重要性的指引，这些重要性反映在要将儿童引入其中的教育体系，引入那些更内在的具有人际本质的体系，如父母 – 儿童交互作用。例如，维果茨基认为，语言不仅仅是一个个体（父母）的心理活动与另一个个体（儿童）的心理活动发生交互作用的工具，它是一种塑造文化变革的人造物，而且是成人及其孩子所处环境中的必要成分。这种关于语言的本质及机能的观点，部分地反映了威廉 · 冯 · 洪堡（Wilhelm von Humboldt）在很早之前就系统阐述过的一种更为激进的观点。洪堡曾系统阐述了 *Weltanschauung*（世界观）假说：如果没有语言，思维就不可能实现，而且语言决定思维。人们如何思维，是作为他们社会中主要表达媒介的特定语言的产物。维果茨基的建构论框架要求社会与文化因素必须有重要的位置，而且在这个方面，它比洪堡所赞同的极端决定论要复杂得多。其声称，学习与发展包括将新信息融入现存的知识结构中，并调整先前的理解，这与**皮亚杰**的观点有些相似。与皮亚杰不同的是，维果茨基认为思维的发展，即认知发展，不仅仅是由简单的结构构成复杂的结构这样一种渐进性的建构。认知发展是一种社会发生过程：它是在儿童与成人（他们具有生成以及引导发展的潜能）的社会活动中进行的。人类行为的本质和独特性在于，可以诉诸社会工具与社会符号，尤其是语言。维果茨基的理论以下面四个基本原则的基础：（1）儿童建构他们关于世界的知识；（2）发展不能脱离其社会与文化背景；（3）学习会导致发展；以及（4）语言在认知发展中发挥着重要的作用。

维果茨基将思维与问题解决分为三类：有些思维是儿童可以独立进行的，而有些就不行，甚至在获得帮助的情况下也不可以。在这两者之间的是儿童在帮助下可以完成的。他称儿童在获得帮助的情况下可以做到的事情与可以独立做到的事情之间的差异为最近发展区（zone of proximal development）。在成人的帮助与指导下，一个儿童将会发展出独立完成任务的能力。最近发展区在维果茨基的框架中是非常重要的，并使得维果茨基相信，学习是一种以社会和文化为媒介的活动。我们可以将最近发展区看做是一个儿童真实发展水平（由独立的问题解决所决定）与潜在发展水平（由在成人的指导下，或者通过与更有能力的同伴合作而进行的问题解决所决定）之间的差异。发展是一个掌握文化工具与资源的辩证过程。凭借其在缺陷学领域的知识和经验，维果茨基反对威廉·斯特恩（William Stern，他提出了心理年龄以及智商，即 IQ 的概念）的观点，而特别支持这样一种观点，即智力无能是一个过程，而不是一个儿童生来就背负着的静止状态。沿着这样一条研究路线，并且与**鲁利亚**的观点相一致，他提出，心理鉴定应该集中于理解心理过程，尤其是儿童用来解决他所面对的所有问题的策略。像**皮亚杰**一样，他也重视对错误的分析，因为这可以揭示一个儿童问题解决的策略，并告知教师有益的干预方法。

维果茨基坚定地投身于发展一种与自然科学特征相一致的马克思主义心理学。尽管并不是由于缺乏尝试，马克思主义的创立者以及他那个时代的苏联心理学家都没能在这方面取得很大的进展。例如，阿列克谢·列昂节夫（Aleksei Leontev）将他的大部分精力都用来阐述一种以马克思主义和维果茨基心理学为基础的理论，而且通过这么做，他发展出了一种与**吉布森**的生态光学没什么不一样的理论观点。维果茨基的努力都用在了系统阐述一种基于定律的心理学，这些定律确立了可以用来描述人类活动的概念。在他看来，**华生**的行为主义在断言科学的心理学只有作为一门自然科学才有可能实现这一观点是正确的，但是，在认识以及确定任务的时候，由于其忽略了社会、历史以及文化力量而没能完成这项马克思主义任务。格式塔的主张（如**惠特海默**及其他人所提出的）可以被视为是一种改善，因为在将结构概念引入对经验的分析方面，它将对行为的描述性论述（行为的）与机能性论述（适应性的）结合了起来。格式塔理论是一种近似于行为主义的唯物主义心理学，但是它所提供的却不止这么多，因为它能够容纳诸如“观念”、“思维”这样的内在心理过程。维果茨基认为，同时代关于马克思主义心理学的阐述，虽然某种程度地在概念上抓住了社会力量的贡献，但是没能获得行为主义者在美国以及格式塔心理学家在德国那样的成就。

维果茨基试图加入一个要求，来确定一个新的心理学研究单元，以及一种关于研究方法的新的思考方式：“对方法的探求，成为理解人类心理活动独特形式这整个计划中最为重要的问题之一。既然这样，那方法就同时成为研究的前提与产物、工具与结果”（1988：65）。维果茨基关于方法的观点与他对实践的观点有着紧密的联系——他的方法不仅仅是对技术的系统运用，也是某种有待实践的东西。维果茨基本可以追求与华生的行为主义以及格式塔学派不同的理论形式，但由于他对方法的关注，在研究思维的文化差异时，他几乎必然会选择一种经验的、进化论的研究路线。这项研究受到了他与**鲁利亚**之合作的强烈影响，包括在乌兹别克的农民社区所进行的一系列研究。那些研究表明，乌兹别克人不能，或者说不愿意在格式塔相似性定律的基础上对知觉刺激进行分类。例如，他们不愿意将一个用短虚线画成的三角形与一个同样的用实线画成的三角形归到一起。相反，他们倾向于将图形与形式相似的物体归为一类。例如，用实线画成的三角形可能会被归为与矛头同类，而用短虚线画成的三角形则可能会被归为与某种树同类。一种对这项研究的解读认为，这是将思维作为一种植根于文化的活动的一项具有启发性的研究。

维果茨基的研究对于欧洲和美国心理学产生影响的速度非常缓慢。这是因为：第一，一直到 1956 年，他的研究被禁止出版。科尔尼洛夫的反应学、别赫切列夫的反射学以及维果茨基的建构论受到了抵制，当局赞同的是**巴甫洛夫**的脑机能模型。第二，他在 37 岁的时候就去世了，这意味着他的国际地位还没有得到很好地确立。例如，他注意到了**皮亚杰**的研究，并在自己的作品中对其加以评注，但**皮亚杰**直到生涯后期才注意到维果茨基的研究。第三，俄国与美国心理学传统之间的差异给其强加了一种意识形态与术语学方面的障碍。**布鲁纳**，还有其他一些人在介绍维果茨基的观点并引起英语世界中的心理学家注意时发挥了重要的作用，但是甚至其时间选择也是一件巧合的事情：**布鲁纳**第一次听说维果茨基的观点是在神经学家怀尔德·潘菲尔德（Wilder Penfield）家里举行的一次聚会上。布鲁纳震惊于自己关于语言和思维的观点与维果茨基的竟有那么多的相似之处，他将维果茨基的许多观点融合进了自己对于自然发展理论的文化描述中。

列夫·维果茨基的主要作品

Rieber, R. W. and Carton, A. S. (eds) (1988) *The Collected Works of L. S. Vygotsky*, Plenum.

进一步阅读

Luria, A. R. (1935) 'Professor Leon Semenovich Vygotskii', *Journal of Genetic Psychology*, 46, 224-6.

Van der Veer, R. and Valsiner, J. (1991) *Understanding Vygotsky: A Quest for Synthesis*, Blackwell.

让·皮亚杰（1896~1980）

皮亚杰（Jean Claude Piaget）利用创新性的研究方法分析儿童常犯的错误，这些错误揭示了儿童的世界概念，从而开创了对儿童的思维发展与问题解决的研究。

让·克劳德·皮亚杰是亚瑟·皮亚杰（纳沙泰尔大学的一位中世纪文学教授）和丽贝卡·杰克逊的第一个孩子。他出生在瑞士的纳沙泰尔，他的早期教育是以弗里德里希·福贝尔（Friedrich Föbel，他发展出了第一份用于年幼儿童的以年龄为顺序的认知材料）所设计的体系为基础的。在纳沙泰尔的拉丁语学校上学时，他产生了对软体动物的发展历史的兴趣，并于 1907 年与保罗·高帝（Paul Godet，纳沙泰尔自然历史博物馆馆长）合作一个研究项目。这为他赢得了很大的声誉，以至于在 1912 年初，日内瓦自然历史博物馆馆长莫里斯·比多特（Maurice Bedot）给他提供一个职位，皮亚杰他担任软体动物学方面的助手，馆长显然没有觉察到当时他只有 15 岁。让向馆长解释了他拒绝这一邀请的原因，并前往纳沙泰尔大学继续学习自然科学，并在那里完成了他的博士学位。他在苏黎世大学一个学期（他在那里上了**荣格**以及杰出的瑞士精神病学家尤金·布洛伊勒［Eugen Bleuler］的课程）萌发了对精神病学以及精神分析的兴趣。

皮亚杰离开瑞士后，在法国伊科尔的格兰奇－贝尔斯辅助学校工作了一年，这是**比纳**开办的一所男校，后来由西奥多·西蒙负责一切事务。在那里工作期间，他开展了自己的第一批关于儿童思维与推理的实验研究，他是围绕儿童解决西蒙的心理能力测试中的问题来组织这些研究的。在研究中，他发现年幼儿童回答其中一些项目的答案与年长儿童的答案有质的不同，这一点引起了他的注意。

人们很容易将这种差异简单地解释为年幼儿童的答案完全是错误的，随着年龄的增大，他们就学会了正确答案。但是，皮亚杰并不这样认为，在他看来，儿童们所犯的那些错误表明的是，年幼儿童的答案不同，是因为他们的思维方式不同。这种理解儿童思维的方法，后来成了他关于儿童思维过程之发展理论的一个核心特征。

1921 年，瑞士心理学家埃德沃德·克拉帕瑞德（Edouard Claparède）任命皮亚杰为日内瓦卢梭研究所的研究主任。两年后，他与瓦伦丁·沙特奈结婚，后来生了三个孩子：杰奎琳、卢西恩、劳伦特。凭借早期在格兰奇－贝尔斯辅助学校的经历，他以对在执行某一任务的孩子进行仔细询问为基础，采用一种准临床研究方法，对自己孩子的智力发展进行了研究。观察是其许多研究的核心。他关于认知发展理论的观点和讨论，对于一种被称为“发生认识论”的新学科的建立来说也是非常重要的，“发生认识论”（genetic epistemology）这个术语是美国发展心理学家鲍德温（J. M. Baldwin）创造的。尽管皮亚杰的声誉和影响都直接源于对儿童心理学的研究，但是他认为自己的主要贡献是与这种指向其发生或发展的知识理论（因而是“发生认识论”）联系在一起的。1955 年，他创立了国际发生认识论中心，并且直到去世，他都担任着中心的主任。

关于思维的发展，有三种基本观点。第一种观点主张，“智力发展”几乎是不存在的，而且一个人从婴儿期到成年期，其思维方式也没有深远的根本性变化。这种观点（正如激进行为主义所清楚表达的）认为，思维发展不过是一个基于联想的学习问题。第二种思维流派可以追溯至**维果茨基**，认为人生来就具有相当的智力，他们的主要发展任务是与环境中的文化制造物保持一致。第三种观点的代表人物是皮亚杰，他认为，儿童要与周围的世界保持一致，必须获得智力机制的全部技能，这些技能使得他们可以组织自己的思维与经验，并且对于世界中将会发生什么作出可靠的预测。作为一位发生认识论者，皮亚杰开始探索知识是如何增长的这个问题。“（他的）主要论点是，如果理性知识是一种事实，那么，在儿童的发展以及科学的历史中，其发展肯定至少部分是理性的。皮亚杰的研究特点确实证明了理性知识发展的顺序和机制”（Smith，1997：450）。他关于知识如何增长的解释提出，知识是层级性内嵌的一种渐进性建构。通过一个将简单的逻辑样式包括进更为高级的、更强大的逻辑样式的过程，这些结构互相取代。因此，儿童关于世界的推理方式最初与成人的推理方式是有质的差异的，但是随着年龄的增长，儿童的推理方式就会变得越来越像成人。

皮亚杰的理论强调，儿童主动建构自己关于世界的理性观点。儿童的心理也许缺乏智力机制，但是它并非像一些哲学家（如亚里士多德和洛克）和激进行为主义者（如**华生**）所认为的那样是一块“白板”。他的理论利用假设的构想来描述两个过程，这两个过程在他看来是儿童建构世界的基础：组织和适应。要弄得懂这个世界，儿童既要组织其经验，同时还要让其思维方式适应于新的经验。皮亚杰假定，适应是由两个子过程组成的：同化和顺应。当儿童将新信息合并进他们现存的知识中时，同化就发生了。当新信息向儿童现存的思维方式提出了挑战，并且用现存的思维方式无法对其作出解释，而儿童理解那些新信息需要调整解决问题的方式时，顺应就发生了。经过一些有质的差别、与年龄相关的阶段，思维就获得了发展。正是理解世界的不同方式使得一个阶段比另一个阶段更为高级。在皮亚杰看来，知道更多的信息并不能使一个儿童的思维方式更高级。在图式或思维结构对个体建构现实的重要性方面，皮亚杰的知识理论遵循的是理性主义的传统。他关于儿童的空间、时间、原因、机会以及道德概念的著作反映了康德理性主义思维范畴观的影响。

本段将更详细地向您展示皮亚杰的观点。在感知运动阶段（0~24个月），婴儿通过将感觉经验（如看、听）等同于身体的、肌肉的运动，来建构对世界的理解——因此使用“感觉运动”这个术语。在前运算阶段（2~7岁），儿童开始用字词、意象以及绘画来表征世界，但是他们还缺乏进行心理运算的能力。具体运算阶段（7~11岁）是与操作能力联系在一起的，只要能够将推理运用于特定的或具体的例子，逻辑推理就取代了直觉思维：例如，具体运算思维者不能想象出完成一个代数方程式所需的步骤，这对于处于这个发展阶段的思维来说太过于抽象了。形式运算阶段（11~15岁）不再以身体的、具体的经验为基础理解和解释世界，而是以高水平的抽象和建立理论的能力，以及根据逻辑来解决问题的能力为基础，发展出了一种有质的区别的思维方式。皮亚杰的认知发展阶段有时候被错误地描述为是一种仪式，在儿童与儿童之间几乎没有个体差异。这是对他观点的误传。知识是层级性内嵌的一种渐进性建构，但是个体获得这一进展的方式是非常多样的。

平衡调节（equilibration）是皮亚杰用来解释儿童如何从一个思维阶段——一种有组织的思维系统——转至下一个阶段的机制。当儿童在理解世界的过程中体验到大量的认知冲突（不平衡）时，这种转换就会出现。最终，儿童解决冲突，达到思维的均衡或平衡。皮亚杰提出，由于同化与顺应会一起发挥作用并产生认知改变，所以认知平衡状态之间存在着相当多的运动。例如，如果当一个儿童认为将瓶子里面的液体倒进另一个不同形状的容器时，液体的量会发生改变，那么她也许会感到困惑。她必须通过思维方式的一种质的变化来解决这个困惑。守恒是皮亚杰的术语，用来指对标准（确定一个例子是否应包括进某一概念之中的标准）的一致使用；它包括认识到，仅仅发生外形的改变，物体或物质的长度、数量、总量、质量、面积、重量以及体积不会发生改变。儿童不能同时保存所有的量或所有的任务。经验研究表明，掌握的顺序通常为：数量、长度、液体的量、总量、重量，然后是体积。“横向差距”描述的就是在同一个思维发展阶段内相似的能力不会同时出现。

皮亚杰的理论引来了许多批评，而且它为认知发展心理学的快速发展提供了动力。一些批评家主要针对的是他关于阶段的观点，皮亚杰认为阶段是整体的、图式的思维结构，因此认知发展中存在着一种同步性，一个特定的思维发展阶段的各个方面会在大约相同的时间出现。不过，一些具体的运算概念不会同步出现。例如，儿童不会在学会交叉分类的同时学会守恒。其他人则已经证明，对皮亚杰的问题解决任务中所涉及的程序稍微做一些变化，有时候就会对儿童的认知产生重大的影响。换句话说，言语上细微的改变不会从实质上改变一个问题的含义，但是却可能促使儿童给出完全不同的答案。显然，这不是皮亚杰理论中的致命弱点，而只是其他人在验证皮亚杰的理论过程中发现的问题之一。更常见的是，它进一步说明，我们需要认识到，对儿童来说，一个问题所要表达的意义并没有我们认为的那么明显，因此，我们不仅要确保儿童理解问题中所使用的词语，还要让儿童理解词语所要表达的意义。还有一种批评指出，在一些情况下，通过训练，一个处于某一认知阶段的儿童——如前运算思维——可以在一个更高的认知阶段上进行推理——如具体运算思维。这向皮亚杰的理论提出了一个问题，因为他认为，这样的训练只能在表面上发挥作用，而且除非儿童正处于从一个阶段到另一个阶段的过渡点上，否则这种训练就是无效的。对他的理论来说，可能最大的问题是他关于认知发展原因的观点。他宣称内在冲突是认知发展的主要驱动力及首要因素，而这一观点的准确性，至今还没有得到验证。这一问题能否解决将取决于是否能够产生一种可恰当测验的建构。

尽管皮亚杰最重要的贡献是他对儿童思维发展的分析，但是他对于心理学其他部分的影响却经常被低估。例如，霍桑效应指的是工业心理学领域中一系列非常重要的研究。这些研究是于 1929 年至 1932 年在西方电气公司霍桑（位于芝加哥）工厂进行的。照明设备改善，生产力就提高；照明设备进一步改善，生产力也进一步提高。依照常识来理解，照明设备变差，可能会使生产力保持原来水平甚至下降，但实际研究中却发现，即使照明变差时，生产力水平也可以变得更高。为了理解这种现象发生的原因，澳大利亚心理学家埃尔顿·梅奥（Elton Mayo）设计并开展了一系列研究，其中包括对成千上万的雇员进行访谈。梅奥了解到了皮亚杰访谈儿童的方法，他将那些方法用到了霍桑工业情境中。关于梅奥对霍桑效应的解释，虽然存在大量的争议，但是这丝毫没有减损皮亚杰对 20 世纪 30 年代至 40 年代工业心理学家所采用的研究方法的影响。

让・皮亚杰的主要作品

Judgment and Reasoning in the Child, Routledge & Kegan Paul, 1928.

Play, Dreams and Imitation in Childhood, Heinemann, 1951.

The Child's Conception of Number, Routledge & Kegan Paul, 1952.

Origins of Intelligence in the Child, Routledge & Kegan Paul, 1953.

Construction of Reality in the Child, Routledge & Kegan Paul, 1954.

Growth of Logical Thinking, Routledge & Kegan Paul, 1958 (with B. Inhelder).

Biology and Knowledge, Edinburgh University Press, 1971.

Equilibration of Cognitive Structures, University of Chicago Press, 1985.

Psychogenesis and the History of Science, Columbia University Press, 1989 (with R. Garcia).

Towards a Logic of Meanings, Erlbaum, 1991 (with R. Garcia).

'Commentary on Vygotsky's criticisms', *New Ideas in Psychology*, 1995, 13, 325-40.

进一步阅读

Evans, R. (1973) *Jean Piaget, the Man and his Ideas*, Dutton.

Smith, L. (1996) *Critical Readings on Piaget*, Routledge.

Smith, L. (1997) 'Jean Piaget', in N.Sheehy, A. J. Chapman, and W. Conroy (eds), *Biographical Dictionary of Psychology*, Routledge.

戈登·奥尔波特（1897~1967）

奥尔波特（Gordon Wiliard Allport）最先提出了一种研究人格的取向，这种取向强调社会进程对人格发展所产生的影响，并强调自由意志与个人责任的重要性。

戈登·奥尔波特的父亲约翰是一位乡村医生，他的母亲内莉·怀斯曾是一位教师。在戈登（他是四个兄弟中的老幺）生于印第安那州蒙特祖玛之后不久，全家人搬到了俄亥俄州的克里夫兰。他青春期的大多数时间都是在帮助父亲经营其繁忙的诊所。在一篇自传中，他回忆道，他家的"特点是朴素而虔诚的新教徒，并且工作努力"（1967：4）。他是一个怕羞、谦虚的人，也是一位虔诚的主教派会员。有人提出，尽管受到了清洁、虔诚、美德这些价值观的浸染，但奥尔波特最终选择关注人格中其他研究者如**弗洛伊德**等所忽视的方面，并对这个方面有一种特殊的敏感性（Elms，1972）。

奥尔波特只见过弗洛伊德一次。在很多场合他都一次又一次地讲述这段经历，那是有一次去维也纳度假："……我告诉了他一段发生在电车上的经历。我看到一个大约四岁的小男孩，而且这个小男孩显然正在表现出一种污物恐惧症……这个小男孩说：'我不想坐在那里！不要让他坐我边上，他脏'。他一直这样。我认为这个故事很可能会引起弗洛伊德的兴趣，即污物恐惧症在很早就能形成。他听着我说的话，用他那双治疗的眼睛盯着我，然后说：'那个小男孩是你吗？'老实说，那个小男孩并不是我，但是我却感到做错了什么"（Elms，1993：39）。

奥尔波特选择去哈佛大学学习，一定程度上受到了他的哥哥弗洛德（Floyd）的影响，弗洛德是哈佛的心理学研究生，他后来相当成功，成为实验社会心理学的奠基者之一。戈登修了一些心理学的课程，但是主修的还是经济学和哲学。1919 年毕业后，他在土耳其伊斯坦布尔的罗伯特学院教英语和社会学，1920 年，他获得了一个奖学金去哈佛大学学习心理学。在赫伯特 · 兰菲尔德（Herbert S. Langfeld）的指导下，他获得了博士学位（论文是关于人格特质，这是在美国进行的第一项这方面的研究），兰菲尔德对奥尔波特关于心理学的综合观点产生了强烈的影响。兰菲尔德曾在柏林大学师从卡尔·斯顿夫（Carl Stumpf），并赞同意识的活动理论——即感觉、情绪、思维都是与活动过程联系在一起的。后来，奥尔伯特强调，人格同样也涉及生理过程与心理过程之间复杂的联系。

在 1922 年获得博士学位之后，奥尔波特被授予一份哈佛旅游奖学金。这使得他可以去英国，在那里，他受到了**巴特利特**思想的影响，巴特利特认为，神话、传说以及民俗可以被视为文化记忆的装置，它们使得关于社会价值观和社会秩序的信息能够代代相传。他还去了德国，在那里他接触到了新兴的由沃尔夫冈 · 苛勒（Wolfgang Köhler）、**惠特海默**及其他人创立的格式塔心理学流派。

1924 年，他回到哈佛，这一次是到了社会伦理学系，并在那里待了两年，之后接受了达特茅斯学院的一个职位。在达特茅斯学院期间，他的妻子艾达 · 卢夫金（Ada Lufkin，也是一位心理学家）生下了他们的儿子。1928 年，全家人又回到了哈佛，在那里，奥尔波特担任了由威廉 · 麦独孤（William McDougall）空出的职位。1946 年，奥尔波特离开所在院系，成立了一个独立的社会关系系。这个新的系吸纳了社会心理学家、发展心理学家和临床心理学家，还有一些社会人类学家和社会学家，这些人觉得与原先系里的同事相比，他们与心理学家有着更为密切的智力关系。**布鲁纳**、**米尔格拉姆**以及**麦克莱兰**也在这个系的杰出心理学家之列。这个系一直独立存在着，直到 1964 年——巧的是，奥尔波特就是在这一年退休的。社会关系系的瓦解在很大程度上是由于奥尔波特的离开，那些社会人类学家和社会学家认为回到他们各自的系（他们当中有许多人都与其一直保持着联系）可能最符合自己的利益。奥尔波特烟瘾很大，退休三年后死于肺癌。

奥尔波特与亨利·奥波特（Henry Odbert）关于人格的英语语言描述所进行的研究，为后来大五人格模型的构建奠定了一些基础。这个模型是20世纪80年代期间通过汇集一些理论家的研究而形成的，包括雷蒙德·**卡特尔**、乔伊·吉尔福德（Joy Guilford）、汉斯·**艾森克**以及L. R. 戈尔德伯格（ L. R. Goldberg）。它提出，人格由基本的维度构成：外倾性、宜人性、神经质、责任心以及“经验开放性”或智力。

这个模型的起源可以追溯到奥尔波特和奥波特，他们着手从韦伯斯特（Webster）的《新国际词典》（New International Dictionary）中选择与人格相关的词汇。他们确定了18 000个词汇，为了按照一定的顺序来排列，他们将这些词汇分成四类：人格特质（如社会的、攻击性的）、暂时状态（如各种心境）、评价判断（如平常的、不值得的）、身体特征（如各种才能）。尽管从每类词汇有很大变异性这个意义上说，分为四类显然太少了，但奥尔波特却坚持认为这样比过于涵盖要好，并倾向于保留尽可能多的细小区别。例如，他认为，要给出关于礼貌的所有描述，将需要200个词。他意识到，通过运用因素分析（一种统计技术，用来检查大量变量之间的关系，并将它们还原为少量的潜在因素或维度），进一步的抽象化和简单化也是有可能的。

然而，他对这种分析真正的优点还持有怀疑，并将其留给了其他人来继续研究，如卡特尔（他后来排除了奥尔波特90%的人格词汇）。这种词语分析的一个主要弱点在于，它将研究的焦点从检测个体之间的相似性与不同点，转移到了评价那些用来描述个体的术语是如何相同以及彼此相异的。

在他的第一本著作《人格：一种心理学的解释》（*Personality: A Psychological Interpretation*，1937）中，奥尔波特区分了50种不同的“人格”的定义，并总结说，它们都关注于确定“一个人真正是什么样子的”

（p.48）。在其他地方，他将人格界定为“个体内部那些心理系统的动力组织，而这些心理系统决定了个体典型的行为和思维”（1961：28）。没有哪两个人是完全相同的，奥尔波特用特质概念来解释这句话，他认为特质是在广泛的情境中以相同的方式来作出行动的一种心理倾向。他提出，特质在个体身上以及情境之中都是普遍存在的：有些特质是个体所特有的，而有些特质是大多数个体所共有的。

在《再论特质》（*Traits Revisited*，1966）中，奥尔波特提出了一些标准，这些标准可以用来确定一种人格特质是否存在：一种特质不仅在名义上存在，它比习惯更为普遍，而且其存在可以根据经验而建立。除此之外，特质之间仅仅是相对独立的，它们不同于道德判断或社会判断，我们可以在包含它们的人格或者是它们在总人口中的分布状况中来考虑它们，而且，与一种特质不一致的行为并不能证明这种特质不存在。

在其早期的著作中，奥尔波特区分了共同/维度/一般规律特质——在一个特定的文化中一些人所共有的特征，以及个人/形态学特质——个人所特有的特征，这些特质不允许在人与人之间进行比较。后来他考虑到个人特征与共同特征都使用“特质”这个词会导致不必要的混淆，于是他称个人特质为“个人气质”，并将共同特质简单地称为“特质”。他区分了三种个人气质：首要气质（非常普遍，以至于个体所做的几乎每一件事情都会受到它的影响）、主要气质（人格的构件）以及次要气质（不那么一致，也没那么普遍，如食物偏好和样式偏好）。

在奥尔波特看来，人格的统一核心是自我（自我统一体），它为个体实现潜能和生活目标而努力。奥尔波特认为，与生理影响（如气质）相比，个体更多地受到社会因素（例如，群体以及他人）的驱动，并且不断地努力变成某种新的不同的样子。他的人格理论的核心，即自我或自我统一体，在他看来是一个惊人之谜，但他还是带着特有的坚韧对其进行了界定。他提出，自我统一体由自我的七个主观方面构成，包括身体自我感、持续的自我同一性、自尊、自我意象、自我的扩展、作为一个理性应对动因的自我，以及努力感。这一定义，与他的动机理论一起，使得奥尔波特可以在《生成：人格心理学的基本思考》（*Becoming: Basic Considerations for a Psychology of Personality*，1955）所表现出的观念的基础上，系统地阐述一种详细的人格理论。

奥尔波特赞同这一观点：一个人关于生活中真正重要性东西是什么以及不是什么的判断，是建立在价值观基础之上的，他还进一步确定并测量了基础的价值观维度。这导致了广为运用的人格测验——《价值观研究》（*The Study of Values*）的发展。

尽管不否认社会对个体发展影响的重要性，他还是认为"心理学的兴趣不在于找到塑造人格的因素，而在于将人格本身视为一个发展中的结构"（1937：8）。因此，他对人格的分析重视个人主义、完善性和独特性，而不是对社会背景的系统阐述，后者考虑的是社会在塑造个体行为中的作用。

奥尔波特最有影响的著作是《人格：一种心理学的解释》（1937），这本书回顾了他所谓的"心理学研究最重要的成果"，其特色是试图给出一种可以囊括这些研究成果的理论。这后来体现在做了较多修订的《人格的模式与成长》（*Pattern and Growth in Personality*，1961）一书中，在其中，他又一次表现出了在追索人格的错综复杂过程中，对精确性与细致性的、非教条但却坚韧的关注。

尽管史书中通常称奥尔波特是"美国人格研究的老前辈"，但是他的人格理论却只引起了心理学家们中等程度的研究兴趣。原因有两个：第一，该理论大量地使用界定得有些松散的概念（例如，固有努力、个人气质）；第二，没有清晰地说明特质与自我统一体发展之间的关系。不过，对于那些主要关注个人而非群体的研究而言，奥尔波特的观念对它们的研究方法产生了深远的影响，并且在后来非常有名的、关于人格的一般规律研究法和特殊规律研究法的辩论中也是极有影响的。

最先将一般规律研究法与特殊规律研究法区分开来的是哲学家

威廉·文德尔班（Wilhelm Windelband），而在心理学领域，它一般出现在关于存在一种还是两种预测方法的辩论中。那些主张存在两种预测方法的人在精确预测（运用统计学和概率论，对人们总体上将会做什么做出预测）与临床预测（关注于预测个体的行为）之间作了区分。精神病学家、神经生理学家库尔特·戈尔德斯坦（Kurt Goldstein）在发扬特殊规律研究法的优点上尤其有影响，特殊规律研究法通常作为一般规律研究法的对立面而提出。戈尔德斯坦和奥尔波特都不赞同这种对两种方法的描述，而且奥尔波特尤其认为它们是互补的关系。例如，一位临床心理学家在对个体进行诊断时使用特殊规律研究法，而在判断特定的心理状态是否存在时，则依赖于一般规律的信息。因此，重要的不是问题是什么，而是人们是怎样解决它的。

也许在奥尔波特所有的出版物中，最吸引人的是他并非对一般人格进行抽象描述，而是试图解释一个单一的、具体的生命。他的一些学生继承了这种取向，并取得了相当大的成功，其中包括心理史学家雷蒙德·范彻（Raymond Fancher），他运用这种方法来探索一个心理学家的个人经历与他所提出的心理学理论之间的关系。

在《詹妮的来信》（*Letters from Jenny*，1965）中，奥尔波特为随后的几代学者提供了一种独特的教学工具。这一著作最为清晰地呈现了他的这一观点，即有多少个个体就有多少种成长方式，而且在每一种情况下，其最终结果都是独特的。如果用一般的标准来对一个已经发展完善的人格和一个还未成熟的人格作出区分的话，那么我们就会看到三个似乎普遍的、不可或缺的区别特征。

他并没有论证这三个特征——自我扩展（例如，兴趣的多样性）、自我具体化（例如，自我洞见的发展，包括幽默感），以及统一的生活哲学（将个体置于事物图式之中的神学或信念体系）——的普遍性和不可或缺性；不过，与“存在”观念相对的生成观念是这三个特征的中心，这使得他与人本主义心理学结成同盟，人本主义后来被称知为“第三势力”的取向。诸如精神分析这样的“深层”

心理学是第一势力，行为主义是第二势力，而人本主义心理学构成了第三势力。奥尔波特那深思熟虑的折衷主义，使得他可以将精神分析以及行为主义的部分观点纳入他的框架之中——正如他自己所说，这是一个“开放的体系”。这一框架在 12 本著作和 228 篇出版物中得以勾画和精练，并且成为关于人的心理学的基础，这种心理学有别于关于行为的心理学。

戈登·奥尔波特的主要作品

'Personality traits: their classification and measurement', *Journal of Abnormal & Social Psychology*, 1921, 16, 6-40 (with F. H. Allport).

'Trait-names: a psycho-lexical study', *Psychological Monographs*, 1936, 47, 211 (with H. S. Odbert).

Personality: A Psychological Interpretation, Holt, 1937.

Becoming: Basic Considerations for a Psychology of Personalty, Yale University Press, 1955.

Pattern and Growth in Personality, Holt, Rinehart and Winston, 1961.

Letters from Jenny, Harcourt, Brace and World, 1965.

'Traits Revisited', *American Psychologist*, 1966, 21, 1-10.

进一步阅读

Allport, G. W. (1967) *Autobiography*, in E. Boring and G. Lindzey (eds), A History of Psychology in Autobiography, Beacon.

Elms, A. C. (1972) 'Allport, Freud and the clean little boy', *Psychoanalytic Review*, 59, 627-32.

Elms, A. C. (1993) 'Allport's *Personality* and Allport's Personality', in K. H. Craik, R.Hogan and R.N.Wolfe (eds), *Fifty Years of Personality Psychology*, Plenum.

Holt, R. R. (1962) 'Individuality and generalization in the psychology of personality', *Journal of Personality*, 30, 377-404.

Nicholson, I. A. M. (2002) *Inventing personality: Gordon Allport and the Science of Selfhood*, American Psychological Association.

亚历山大·鲁利亚（1902~1977）

鲁利亚（Alexander Romanovich Luria）设计并精炼了脑损伤的临床测验，同时提出了恢复脑机能的具有创新性的方法。

鲁利亚出生在喀山，这是一座坐落在莫斯科东面的俄国大学城市。他是犹太人血统，不过布尔什维克革命所带来的政治与思想氛围的突变使得他很快地完成了学校教育。1918年，他进入喀山大学，当时，这所大学正陷于混乱之中。鲁利亚的父亲希望他去上医科学校，但是鲁利亚的志向是成为一位心理学家。最初，他毕业时获得了一个社会研究方面的学位；之后，他上了医科班，并同时在喀山精神病医院开始接受心理学的训练。为了担任喀山工作组织研究所实验室的助手，他中断了医学学习，在这个研究所，他研究了艰苦工作对于心理活动所产生的影响。这使得他来到了莫斯科，在那里，他获得了莫斯科心理学研究所一个资历较低的职位，在康斯坦丁·科尔尼洛夫（Konstantin Kornilov）的指导下工作，科尔尼洛夫的“反应学”强调通过对边缘活动（例如，反应时、抓握、走路、举起）进行系统分析而研究心理的重要性。在那里，他参加了一个关于紧张情绪对于人类运动反应的影响的研究项目。这项工作借鉴了巴甫洛夫关于狗的神经官能症的实验研究中的某些东西，尽管鲁利亚从未接受巴甫洛夫关于反射和条件反射可以很好地解释复杂人类行为的观点。

1924年，鲁利亚认识了**维果茨基**，其在神经疾病对于智力机能之影响方面的兴趣，很可能是导致鲁利亚转向神经心理学并完成医科学习的部分原因。在20世纪30年代，这两个人在没有文化的乌兹别克人中进行了一系列的研究，证明了文化在塑造认知过程中的重要性。这些人既不能也不愿意以格式塔的相似性定律来对知觉刺激进行分类（比较，关于**维果茨基**的章节）。例如，他们不愿意将一个用短虚线画成的三角形与一个同样的用实线画成的三角形归到一起。相反，他们会根据所看到的形式上的物体或与形式相关的物体来进行分类。例如，用实线画成的三角形可能会被归为与一个矛头同类，而用短的虚线画成的三角形则可能会被归为与某种树同类。这种观点与语言学家爱德华·萨皮尔（Edward Sapir）和本杰明·李·沃尔夫（Benjamin Lee Whorf）所提出的观点有些相似，他们坚持认为，感觉过程从属于并应被归入“更为高级的”机能：我们所使用的语言在某种程度上决定着我们看待与思考周围世界的方式。

在通过医科考试之后，鲁利亚为了获得实习医生的职务而亲近 N. N. 布尔登科（N. N. Burdenko），后者是莫斯科神经外科研究所的所长。在他的自传中，鲁利亚将接下来的两年描述为其生命中最为多产的两年。除了常规的医疗工作，他没有职务，也没有科研义务，很可能就是这种环境给了他空间来设计出自己关于脑损伤研究的神经心理学方法。1939 年，他来到了莫斯科实验医学研究所神经诊所，在那里，他成为实验心理学实验室的主任。1941 年苏联加入第二次世界大战时，他成为一名医疗军官，担负着对脑损伤军人进行评定及康复的责任。

鲁利亚、维果茨基以及其他心理学家都承受着重大的政治压力，他们的思想观点要与马克思的观点保持一致，即在作出及塑造其自身进展的过程中，人类是积极主动的参与者。在努力建构马克思主义心理学的过程中，鲁利亚及其他人设计出了一个体系，试图将心理学理论和方法与文化发展的历史，尤其是经济方面联系在一起。不过，这种马克思主义哲学所强加的限制，即心理现象来源于物理现实并反映物理现实，意味着心理分析中最简单的单元都不存在于鲁利亚和维果茨基所能提供的内容中，而在于巴甫洛夫的条件反射中。斯大林赞同巴甫洛夫的心理生理学，将其作为范本，所有心理学的建构都应该以其为基础，在 20 世纪 40 年代，共产党中央委员会开始贯彻这一政策。与其他许多坚持不同观点的人一起，鲁利亚也被迫放弃了他的活动。因此，从 1937 年到 1947 年，鲁利亚暂停了他对于理解脑以及高级思维过程之发展的兴趣，而开始了一份作为神经学家的职业。大约在 1948 年，他离开了曾工作了好几年的神经外科研究所，来到维果茨基的缺损学研究所。在那里，他再次将注意力转向了那些曾占据他早期职业生涯的问题。后来，他在莫斯科的职位得以恢复，事实上，他在那里一直工作到由于心力衰竭而去世。

鲁利亚的心理学取向与**奥尔波特**相似，因为他不满于必须在特殊规律心理学（其强调对个体进行研究的重要性）和一般规律心理学（其赞成对人类行为的一般规律进行系统阐述）之间作出选择。以实验室为基础的心理学（如**冯特**所发展的心理学）能够对人类行为的一般原理进行系统阐述，但是似乎没有什么实践运用的价值，因为它不能在患者的个体水平上给予有用的信息。一般规律仅仅就是那样——一般的——并且很少能够告诉我们应该怎么做，以帮助个体解决个人需要和进行问题决策。正如鲁利亚所理解的，需要一种新的心理学，这种心理学要能够捕获个体心理经验的丰富性，同时还要容纳各种宽泛的理论（它们是自然科学的基础）。精神分析一开始似乎为他试图建立的那种心理学提供了基础，因为精神分析集中于对个体水平上的行为进行理解和预测。鲁利亚希望能够创设一种关于个体心理生活的新的实验科学，这种科学将既是特殊规律的，也是一般规律的。在大学以及毕业之后的一段时间，他曾是精神分析的狂热支持者，并且强烈地受到了**弗洛伊德**、阿德勒以及**荣格**的影响。他在喀山成立了一个精神分析小组，这还引起了弗洛伊德的注意。后来，他抛弃了精神分析，转而支持更为严格的实验取向，该取向的概念基础可以追溯至巴甫洛夫心理学（其认为反射是学习的一个基本因素）的一些原理。不过，鲁利亚并没有放弃他对于精神分析的兴趣，他利用了荣格字词联想技术的特性，要求被试对一个一般刺激（例如，“house—room”）给出部分反应，然后引入一个“不可能的”刺激词（例如，“moon—？”）。他使用个体反应时中的延迟来估计字词之间冲突的程度，并据此估计其相关的心理意义。更为一般的是，他发展出了为人们所熟知的“鲁利亚技术”，在其中，随意和不随意运动反应以及言语反应都会得到测量。他区分出冲突产生的三种原因，认为冲突源自于：（1）阻止兴奋变成行动；（2）缺乏作出反应的准备；（3）被抑制的活动转移至中枢过程。

鲁利亚恢复脑机能的创新方法在他于第二次世界大战中担任医疗军官期间获得了发展，他的方法以以下观点为基础的，即脑是一种复杂的机能系统，而不是一个单一的实体。这种观点在鲁利亚关于高级皮层机能的三条“基本定律”中得到了总结：皮层区的层次结构定律；特性递减定律；单侧化递增定律。他还为与外科和病理学报告相关的脑损伤临床测验的发展做出了重大的贡献。

鲁利亚的方法存在以下三个优势：

1. 它以一种明晰的脑组织理论为基础，尽管该模型中的一些内容与经验证据相矛盾；
2. 它强调操作的质量——如何做某件事情，而不只是操作的绝对标准；
3. 在对缺陷的诊断方法上，它是灵活的，而且准确性更高，对患者问题的描述更缜密。

在查尔斯·戈尔登（Charles Golden）所建立的鲁利亚－内布拉斯加神经心理学成套测验中，我们可以清楚地看到这些优势的临床表现。该套测验包括覆盖广泛问题的量表，不过与其他测验不一样的是，每一个领域内项目是多种多样的，这是为了测验一种技能，而不是一种特殊能力。

与这些优势相对照，鲁利亚的体系有时候会由于其对于个体临床神经心理学家之临床敏锐性的依赖而受到批评。因此，正如他奠基性的个案研究所理解的那样，一位像鲁利亚这样有天赋的临床医生能够让该体系发挥很大的作用，这些个案研究中非常著名的一个是一位具有特殊记忆能力的年轻人，还有一个是一位患有创伤性脑损伤的患者。尽管他被誉为神经心理学的奠基者，但是对于鲁利亚的方法存在着一些严厉的评价，结果导致他的“临床分析”方法的效度和信度经常让人怀疑，而且该方法在欧洲之外的地方没有取得很好的进展。尽管鲁利亚有 50 多年的时间都在广泛地发表一些东西，但是他的许多出版物在俄国还是很难找到。

亚历山大·鲁利亚的主要作品

The Role of Speech in the Regulation of Normal and Abnormal Behaviour, Pergamon, 1961.

Restoration of Function After Brain Injury, Macmillan, 1963

Higher Cortical Function in Man, Basic Books, 1966.

The Mind of a Mnemonist, Basic Books, 1968.

Traumatic Aphasia, Mouton, 1970.

The Man with a Shattered World, Basic Books, 1972.

The Working Brain, Penguin, 1973.

进一步阅读

Cole, M. and Cole, S. (eds) (1979) *The Making of Mind*, Harvard University Press.

Homskaya, E. D., Khomskaia, E. and Tupper, D. E. (eds) (2001) *Alexander Romanovich Luria*, Kluwer.

卡尔·罗杰斯（1902~1987）

作为一位人本主义心理学家，罗杰斯（Carl Ransom Rogers）发展出了一种非指导性的或以人为中心的治疗方法。

卡尔·罗杰斯出生在美国伊利诺斯州的橡树园，是家里六个孩子中的老四。他的父亲是一位土木工程师；他的母亲是一位虔诚的基督教徒，她营造了一种联系紧密的宗教家庭环境。他的正式教育是从上二年级开始的，这是因为他在进入幼儿园之前就能够阅读了。在他 12 岁的时候，全家搬到了芝加哥往西 30 英里的一个农场，他的青春期是在一种自律、条理和独立的环境中度过的。他早期对自然科学的兴趣使得他最初上了威斯康星大学学习农学。两年后，他决定进入教会部门，并且作为学习的一部分，在佛蒙特的一个小教堂担任牧师。1924 年从威斯康星毕业后，他违背父母的意愿，与海伦·埃利奥特（Helen Elliot）结了婚。在跟随世界学生基督徒联合会到中国和菲律宾旅行之后，他来到了联合神学院（纽约市），后来转到了哥伦比亚大学师范学院，在那里，他获得了临床与教育心理学的学位。他的临床实践的发展吸收了多种影响，包括奥托·兰克（Otto Rand）和约翰·杜威（John Dewey），后者是通过基尔帕特里克（W. H. Kilpatrick）对他产生影响的。基尔帕特里克曾经是杜威的学生，罗杰斯从经验中建立理论，相信人类行为的潜能，以及强调将人类作为一个整体看待等观点，都可以追溯至他们的一些思想。例如，基尔帕特里克最为著名的是“投射法”，这是一种以儿童为中心的学习与教学方法，类似于罗杰斯的来访者中心疗法。

罗杰斯曾是儿童指导研究所的实习生，研究所人员选择性吸收精神分析技术的做法给他留下了深刻的印象，而且他后来的很多研究都表现出了这种对于选择主义的强烈信奉。1928 年，他加入了一个名叫罗切斯特的指导中心；在担任了 9 年的中心主任之后，他接受了俄亥俄州立大学的教授职位。1945 年，他成为芝加哥大学的教授，在那里，他领导着咨询中心，并详尽阐述了他的来访者中心疗法。他在这一时期所取得的成功，使他有能力对当时在美国心理治疗领域中占支配地位的精神分析疗法形成最大挑战。12 年后，他回到了母校威斯康星大学，在心理学和精神病学部门担任要职。在威斯康星大学期间，他将自己的方法与技术用于患有精神分裂症的人身上，但是并没有与在芝加哥大学学生群体中取得同样的成功。1963 年，他到了加利福尼的拉霍亚，在那里，他加入了西部行为科学研究所，后来还帮助他们成立了人类研究中心。直到他在一次髋部外科手术后去世，他都一直积极地在那里参与工作。

卡尔·罗杰斯最为著名的是提出了以非指导性的或以人为中心的心理治疗方法，以及他对治疗过程的创新性研究。作为一位理论家，罗杰斯主要关注的是人的发展与成长，因而，他的人格理论在结构方面不如其他人的理论那样明晰。他的理论框架中有两个基本概念：有机体和自我。有机体指的是能够真正地体验到这个世界的生物。所有经验在一起就构成了有机体的现象场。除非通过共情推理，否则我们不可能知道另一个人的现象场。因此，在罗杰斯看来，行为并不是外部现实或周围刺激的机能，而是现象场的机能。在现象学框架中，我们有必要明确人们是怎样将事实与虚构区分开来，并建构一种正确的现实表征的。验证现实的唯一方法就是，检测信息的正确性（人们关于世界的假设就是以这些信息，而不是其他信息来源为基础的）。换句话说，个体使用感觉信息来补充从先前经验中所储存的信息。通过经验，现象场中的一部分会分化出来——这就是自我。罗杰斯将自我（self）界定为“有组织的、一致的完形概念，包括对‘主体我（I）’或‘客体我（me）的特征的知觉、对‘主体我’或‘客体我’与他人及生活不同方面之间关系的知觉，以及赋予这些知觉的价值”（1959：200）。他区分了现实自我（自我的结构）和理想自我（个人意欲成为的样子）。自我与有机体之间的一致性程度决定了一个人的成熟程度与心理幸福感。当个体的知觉与解释合理地反映了其他人所感知到的现实，那么我们就可以说，自我与有机体是一致的。如果存在很大差异，那么个体就会感觉到威胁和焦虑，并倾向于以刻板的或受到限制的方式来思考和行动。有机体被认为具有唯一的动机力量，即自我实现的内驱力。与有机体想要保持并提升其自我的内驱力联系在一起的有两种重要的需要，即获得他人肯定的需要，以及自我肯定的需要。罗杰斯认为个体的发展方向是成长、自我实现以及完满，这一点与**荣格**、**马斯洛**的观点相似。

罗杰斯主要关注不一致是如何产生的，以及怎样才能使自我与有机体变得更为一致。在他的以人为中心的心理治疗中，治疗师进入一种与来访者的人际关系，而不是成为医生（如医生－病人模式中那样）或科学家（如科学家－被试模式中那样）的角色。治疗师不应该躲在专业性的外表之下，而要让来访者知道他们的想法与情感。进入这种关系会无条件地让来访者探索其身上越来越奇妙与新异的情感。这种“无条件积极关注”与“恩惠”这个神学概念有一些共同的特征，而这种相似可能与罗杰斯早期接受的神学训练有关。要使这种治疗过程起作用，就必须让来访者产生安全感。罗杰斯提出，这一治疗过程是所有人际关系的一个模型。他系统阐述了关于这种关系的一般理论：如果（1）两个人都有最低程度的接触意愿；（2）每个人都能够沟通，并且有最低程度的沟通意愿；并且（3）随着时间的推移，继续接触，那么一个人身上经验与交流的一致性程度越大,相互交流与互相理解的倾向就越强。他的来访者中心（后来被称为以人为中心）疗法在三个方面是独具特色的：第一，它建立在对来访者能力与潜能的信任的基础上；第二，治疗关系被看做是非常关键的——所有的一切都随着来访者－治疗师关系而产生；第三，存在着这样一种信念，即在来访者－治疗师关系之人际特征的基础上，治疗沿着一种可预测的模式进行：换言之，当存在特定的条件时，一种特定的过程就会出现。治疗过程的保密性迄今仍是研究的一个障碍，并让人们认为咨询和心理治疗是神秘的。为了验证与发展他的观点，罗杰斯觉得有必要对这种治疗过程进行系统的检查。在这点上，他是对治疗过程进行科学研究的开创者。在征得患者允许的前提下，他对治疗过程进行录音，他证明这既不会干扰也不会危害咨询过程或结果。为了考察关于来访者的人格、自我概念以及治疗过程中的成长等假设，他运用内容分析的方法对他们的陈述进行了分类和计算。保存对治疗过程的录音，使得我们有可能对治疗师–来访者的对话进行系统的分析，并且开启了确定复杂关系的方法，这些复杂关系在一个治疗过程本身或者治疗结果中是看不出来的。这种方法预示了在心理治疗中衡量其过程和效果的评分方法必将得到广泛的应用。

尽管罗杰斯的许多观点在现在看来都是没有争议的，但是在他早期发表及讲授以人为中心的观点时，却遭到了相当多的批评。在那个时代，精神分析中没有可比较的研究例子，他推动了这种对于治疗过程进行系统量化的研究。他所主张的一些东西在有些人看来是不可能的，因为人们认为，治疗师和他们的来访者绝不会让任何其他人来旁听并对其治疗过程进行测量。因此，人们批评他想要重新界定“来访者”角色的做法，批评他使用录音设备可能对疗程的完整性产生威胁，批评他对于无意识过程的忽略，以及他想要使心理治疗过程非神秘化的努力。罗杰斯认为，在治疗过程中有一些诊断是不适当的、有偏见的，并且经常会被误用。他将诊断排除在治疗过程之外的做法在一些人看来会干扰治疗，而且是非常不明智的。他所提倡的“非指导性”治疗经常会被认为概念模糊以及不可能达到而不予考虑。不过，在他的职业生涯快要接近尾声的时候，他对无条件积极关注进行了说明，以防止误解：“我已经认识到，在任何重要的或持续的关系中，最好将持续的感受表达出来。如果它们被表达为感受，是我所拥有的，结果也许会暂时性地让人心烦意乱，但是最终要比任何想要否认或隐藏它们的尝试都更具奖赏性”

（1980：44）。尽管作为他的理论基础的朴素的现象学至今仍遭到批评，但是随着人们对不同治疗过程进行比较产生了兴趣，以及大量的治疗中都体现了以人为中心的疗法，人们对于罗杰斯的观念和研究的不赞同也逐渐减少了。（现象学家们非常强调对意识经验进行分析，而尽力不受到预期或前概念的影响。）而且，其他人（著名的有海因茨·科胡特［Heinz Kohut］）在将罗杰斯的许多观念整合进自己的精神分析理论方面所取得的成功，促进了人本主义心理学和精神分析之间的和睦相处。

我们可以将罗杰斯的众多贡献概述如下：

1. 他围绕成长模型，而不是医疗模型，提出了一种心理治疗模式；这种模式的基础是，个体在其自身内部具有自我理解和自我定向的能力，这些能力在一种具有特定的、可界定特性的关系中就会释放出来；它说明人类有机体从根本上说是建设性的和值得信任的。
2. 他系统阐述了一种关于必要和充分条件的理论，这些条件在治疗关系中产生了一个可界定的过程，而这个过程又促成了人格与行为的改变。
3. 他发展出了一种治疗取向，这种取向的特征可以用“非指导性”、“以来访者为中心”以及“以人为中心”等词语来描述。
4. 通过对治疗进行录音，他揭开了心理治疗的神秘面纱，并对其进行公开检查和研究。
5. 他进行了许多关于治疗过程与结果的研究，以及关于来访者关系和治疗质量之间的重要研究。
6. 他鼓励将治疗中所学到的动力原则运用于其他领域：教学与学习、婚姻关系、家庭生活、行政管理、冲突的解决以及社区发展等。

卡尔·罗杰斯的主要作品

Counseling and Psychotherapy, Houghton Mifflin, 1942.

Client-Centered Therapy, Houghton Mifflin, 1951.

'The necessary and sufficient conditions of therapeutic personality change', *Journal of Consulting Psychology*, 1957, 21, 95-103

'A theory of therapy, personality and interpersonal relationships as developed in the client-centered framework', in S. Koch (ed.), *Psychology: A Study of a Science. Volume 3: Formulations of the Person and the Social Context*, McGraw-Hill, 1959.

On Becoming a Person, Houghton Mifflin, 1961.

A Way of Being, Houghton Mifflin, 1980.

进一步阅读

Cohen, D. (1997) *Cal Rogers. A Critical Biography*, Constable.

Kirschenbaum, H. (1979) On Becoming Carl Rogers, Delacorte Press.

Rogers, C. R. (1967) 'Autobiography', in E. G. Boring and G. Lindzey (eds), *A History of Psychology in Autobiography. Volume 5*, Appleton-Century-Crofts.

Thorne, B. (1992) *Carl Rogers*, Sage.

埃里克·埃里克森（1902~1994）

埃里克森（Erik Homburger Erikson）扩展并修正了弗洛伊德关于人类毕生发展结构的观点，并特别强调人际关系与个体创造性的重要性。

埃里克森的丹麦籍父母在他出生前就分开了，他由母亲和一个德国儿科医生（在埃里克几岁的时候，他母亲嫁给了这个人）在德国巴登的卡尔斯鲁厄养大。他把继父的名字作为他的中名。在还是一个学龄儿童的时候，他的兴趣集中在艺术、语言和历史上。十几岁的时候，他认为自己敏感得有点病态了。离开学校后，他搭便车穿越了欧洲，在慕尼黑学习艺术，还有一段时间定居在佛罗伦萨，然后他到了维也纳，那里的一个朋友邀请他帮忙管理一个小学校，他发展出并运用了创新性的教学方法。当时，安娜·弗洛伊德（Anna Freud）也在维也纳从事专业实践，她分析的儿童中有几个上的正是埃里克森教书的那所学校。埃里克森接受了安娜·弗洛伊德的训练分析，并经常参加维也纳精神分析学会举办的集中研讨会。他与以**弗洛伊德**为中心的群体关系非常密切，偶尔也会与弗洛伊德见面，通常都是在弗洛伊德的家里（埃里克森在那里进行他的分析训练），偶尔也会在社交场合见到。埃里克森在维也纳待了6年，学习玛丽亚·蒙台梭利（Maria Montessori）的教育方法，还在学校教书，并继续画画。1929年，他娶了一个加拿大人琼·塞森，结婚前好几年他们就相识了，她在学习欧洲流派的舞蹈。20世纪30年代早期是一个动乱的时代，纳粹党人开始在柏林焚毁弗洛伊德的著作，并开始威胁奥地利。带着他们两个年幼的儿子凯和乔恩（苏珊是他们的第三个小孩，出生在美国），埃里克森一家加入了专业人员的大逃亡队伍中，其中包括他们的许多分析师朋友。1933年，他们来到了哥本哈根，埃里克森在那里试图恢复他的丹麦国籍，但是没有成功。后来，在自传性的作品中，他回忆道，他的大多数理论研究都受到早期这些混乱感与异化感（这是一个出现在他关于同一性危机的研究中的主题）的影响。在哥本哈根短暂逗留之后，埃里克森一家搬到了美国的波士顿，他作为首批儿童精神分析师中的一员开业。三年后，他获得了耶鲁大学人类关系研究所的一个全职学术职位。

1939 年，埃里克森一家搬到了在伯克利的加利福尼亚大学，他在那里从事了一项关于儿童发展的纵向研究。他们在西海岸待了 10 年，其间他获得了加利福尼亚大学的一个永久性教学职位。这后来被证明只是一个短暂的任命。当他拒绝签署一份保证与共产党有关的团体和个人没有任何来往的誓约时，他被迫与该大学的其他几位职员一起辞职。这对埃里克森来说是一个原则问题，虽然他与共产党的政治既没有任何联系，对其也不存在任何忠诚可言。在他快离开西海岸的时候，他的第一本著作《儿童期与社会》（*Childhood and Society*, 1950）问世。他回到了马萨诸塞州，在奥斯汀·里吉（Austen Rigge）中心获得了一个职位，这是一家专攻精神分析训练与研究的诊所。尽管他并不具有一个基本的学位，但他还是被任命为哈佛大学人类发展教授与精神病学讲师。他在那里接触到了大量的学者，包括格雷戈里·贝特森（Gregory Bateson，从事关于动物之沟通与控制，以及社会生活之机器 [控制论] 的科学的研究）、人格理论家亨利·默里（Henry Murray）以及格式塔社会心理学家库尔特·勒温（Kurt Lewin），在后者的启发下，他完成了把精神分析与心理学、人类学综合到一起的尝试）。他的大多数教学与研究都集中在他关于毕生的心理发展周期的观念上。

埃里克森与自我心理学的精神分析传统有着密切的联系。自我心理学的主要创新之一在于，将外部环境的影响包括进了精神分析的理论之中。自我被认为是通过内部过程与外部事件的一种结合而得以发展与起作用的。因此，埃里克森是在弗洛伊德与安娜·弗洛伊德研究的基础上进行探索的，而且他的大多数研究都是对弗洛伊的理论的一种直接继承。他并没有试图从根本上对精神分析的主张进行重新阐述，而是通过引入关于自我的创造性特质，以及更强调人际影响新的因素，而不是个人内部或内心的力量等，试图系统阐述、澄清并拓展其中的一些主张。

通过运用来自于胚胎学，尤其是后成论原则的概念，埃里克森提出一种关于自我发展的理论。该原则认为，一种新的有生命的有机体是从一个未分化的实体发展而来的，而这种实体被设定好了会顺次发展出该有机体的所有部分。自我被认为是按照一种计划好的阶段顺序发展的。每一阶段都由一种独特的发展任务构成，而每一种独特的任务是每一个个体以一种危机或挑战的形式必须面对的。对埃里克森而言，这种危机并不是一种灾难，而是一个提高脆弱性、发挥潜能的转折点。个体越能成功地解决这些危机，其发展就将会越健康。

埃里克森界定了八个发展阶段。埃里克森的第一个心理阶段是信任对不信任。这是在生命的第一年所体验到的。一种信任感的建立需要一种身体舒适感，以及最少量的对于未来的害怕与忧虑。婴儿期的信任为一种终身的预期打下了基础，即世界将是一个很好的、令人愉快的居住地。第二个发展阶段是自主对羞耻。这出现在婴儿后期（1~3 岁）。在发展出一种对其照看者的信任感之后，婴儿开始探索其行为对于他人所产生的影响。他们开始维护自己的独立感与自主性。埃里克森的理论表明，如果婴儿在表达这种新发现的自由方面受到的限制太多，或者受到过于严厉的惩罚，那么他们就可能发展出一种羞耻感和怀疑感。

第三个发展阶段是主动对内疚，这出现在儿童的学龄前阶段。由于学龄前儿童接触到的是一个不断扩大的社会世界，他们所受到的挑战也比婴儿时期多。要应对这些挑战，就需要主动的、有目的的行为。随着他们不断长大，儿童们被鼓励着要为他们的身体、行为、玩具以及宠物承担责任。责任感的发展会提高主动性。然而，如果这个儿童没有责任感，而且感觉过于焦虑，那么让人不舒服的内疚感就会出现。埃里克森提出，大多数的内疚都可以由一种成就感得到补偿。第四个发展阶段是勤奋对自卑，大约出现在小学阶段的前期。儿童的主动性使他们有了大量的新体验。随着进入儿童中期和后期，他们将其能量直接指向了掌握认知技能上。因此，这个阶段的儿童对于学习是最为热情的。小学阶段的一个危险在于，有可能会发展出一种自卑感——一种相对无能感。

第五个发展阶段是同一性对同一性混乱，在青春期会遇到。在这个阶段，个体所面对的是找出他们是谁，他们的生活将会去向何处。青少年会面对许多新的成人角色。如果这些都以一种健康的方式来进行探索，那么青少年就会找到一条明确的生活之路，也就获得了一种明确的同一性。如果一种同一性是父母或同伴强加在青少年身上的，如果青少年没有恰当地探索许多角色，没有界定一条明确的未来之路，那么将可能导致同一性混乱。第六个发展阶段是亲密感对孤独感。它是成年早期的发展特征。这个时候，个体面对的是与他人形成亲密关系的发展任务。如果年轻人与他人形成了健康的友谊和一种非常亲密的关系，那么就会获得亲密感；否则，就会产生孤独感。

第七个发展阶段是再生力对停滞，这是个体在中年时期所体验到的。这个发展阶段的一个主要关注点是，帮助下一代进步并过有用的生活——也就是埃里克森所说的“再生力”。如果对于帮助下一代时产生无所事事感就是停滞。最后一个发展阶段是完满感对绝望感，这是个体在老年期所体验到的。在生命的最后几年，我们会回首，并评估在一生中我们都做了什么。通过许多不同的渠道，老年人可能会发展出一种对于先前大多数的发展阶段，或者是先前所有的发展阶段的肯定的见解。如果是这样的话，回顾过去就会展现出一幅生活没有白过的画面，这个人就会感觉到一种满意感，也可能会获得一种完满感。如果老年人对于先前的许多阶段都是消极地加以解决的，那么回顾过去就可能会产生怀疑或忧愁，而这可能被体验为是一种不完善感或绝望感。在心里记住这一点是非常重要的，即尽管埃里克森的阶段是按时间顺序呈现的，但是他从来都没有说过一旦某一阶段完成，它就永远成了过去时。相反，与每一阶段相联系的发展挑战在我们整个一生中都一直存在，只是整个一生中相对的重点会变化而已。

对于埃里克森的理论，有研究者已经提出了四种批评。第一，尽管对于人类的状况，弗洛伊德可以被认为是过分悲观，而埃里克森通常被认为是持过于乐观的态度。埃里克森曾反驳说，这种说法是不对的，而且每一个心理阶段都存在着一种危机或一种特定的消极自我特质（例如，羞耻、不信任），这有可能导致持续的焦虑。第二，有人提出，埃里克森以贬低本我和无意识为代价，夸大了自我的作用。这种说法很可能是正确的，但是它并没有对其观点的完善性产生严重的影响。第三，还有人不时提出，埃里克森的理论过于强调个体适应社会规范与期望的必要性。然而，埃里克森的论点是，我们的同一性是在社会所提供的可能性中发展出来的，而这些可能包括稳定性或变化。例如，在《甘地的真理》（Gandhi’s Truth，1969）中，他表现出了对于这样一些人的浓厚的兴趣，这些人通过激烈的社会剧变，创造并保持了一种健康的同一性感。最后，埃里克森因其研究设计的性质遭到了批评，这些研究设计（除了一些关于儿童游戏的研究）主要是建立在个人观察而不是有控制的实验研究基础之上。因此，尽管埃里克森提供了大量的经验证据来支持他的理论，但是他所收集的大多数证据都是以支持他的观点的方式来收集的。尽管存在这些批评，但埃里克森的贡献也是重大的：他不仅强调了行为与发展的本能基础，而且强调了其心理基础；他关于发展的论述囊括了整个生命周期；而且他的理论观点也明确地承认，个体通常对未来的考虑就像对过去一样多。

埃里克·埃里克森的主要作品

Childhood and Society, Norton, 1950.

Insight and Responsibility, Norton, 1964.

Identity, Youth and Crisis, Norton, 1968.

Gandhi's Truth, Norton, 1969.

Dimensions of a New Identity, Norton, 1974.

Life History and the Historical Moment, Norton, 1975.

The Life Cycle Completed: A Review, Norton, 1982.

进一步阅读

Coles, R. (1970) *Erik H.Erikson: The Growth of His Work*, Little, Brown.

Erikson, K. T. (1975) *In Search of Common Ground: Conversations with Erik H. Erikson and Huey P. Newton*, Norton.

Stevens, R. (1983) *Erik Erikson*, Open University Press.

康拉德·洛伦茨（1903~1989）

作为习性学的创立者之一，洛伦茨（Konrad Zacharia Lorenz）因其关于自然居住地动物的研究工作而获得诺贝尔奖。

在通俗文化中，洛伦茨最为著名的很可能就是他对鹅的印记现象的研究：这个主题不时地出现在招贴画和明信片上。洛伦茨出生在维也纳，他对于动物行为的兴趣可以追溯至他在多瑙河附近自己家的庄园所度过的童年，那是一片有很多树林和溪水的富饶土地。他记得，他的父母埃玛和阿道夫能够非常容忍他对于动物的挚爱，而他的保姆雷希·菲林格对于饲养动物有超人的天赋。他早期对于野生动植物和自然的沉迷（这体现在他的动物园中，里面有鸟、鱼、两栖动物、爬行动物、无脊椎动物），这些动物塑造了他的生涯。在大约十岁的时候，他在阅读动物学家威廉·博尔舍（Wilhelm Bölsche）的一本著作中看到一幅始祖鸟的图片，第一次知道了进化的观念，这时他在智力上的狂热被点燃了。高中毕业后，他确信自己的专长在于动物学和古生物学，但是他的父亲（一位整形外科医生）非常希望他学医，他勉强地去学了——开始是在纽约的哥伦比亚大学，后来到了维也纳大学。康拉德爱上他们家园丁的女儿格雷特尔·格布哈德，这个事情并没有引起他父亲的关心。最后他实现了父亲的愿望，于1928年获得了医学博士学位，尽管他没有成为一位从业的医生；他还是娶了格雷特尔。毕业几年后，他在一次摩托车事故中伤了下颌，为了盖住留下的一些伤疤，他留了很有特色的胡子。

法国自然主义者阿尔弗雷德·贾尔德（Alfred Giard）是第一个在现代用法（在自然环境——有别于实验室——中对动物进行研究）意义上使用“习性学”这个术语的人，但是对洛伦茨产生更大影响的是鸟类学家奥斯卡·海因洛斯（Oskar Heinroth）。海因洛斯关于比较方法在追溯动物的复杂求偶行为进化中所起作用的讨论，尤其给洛伦茨留下了深刻的印象。洛伦茨在维也纳的解剖学老师是比较解剖学家、胚胎学家弗迪南德·霍赫施泰特尔（Ferdinand Hochstetter），正是在他的影响下，洛伦茨对于用比较方法分析行为和解剖学结构的适宜性有了正确评价。也是在维也纳，他遇到了心理学家、哲学家卡尔·彪勒（Karl Bühler），后者让洛伦茨注意到了他的思想对比较行为分析的影响与威廉·麦独孤（William McDougall）及其他人所提出的关于本能的先天立场之间的差异。通过与彪勒的讨论，洛伦茨更进一步认识到了在对任何一种动物进行系统观察之前，先定形一种明确的理论的重要性。从维也纳获得医学学位后，洛伦茨回到家中庄园管理那些动物，他先是得到了解剖学会一份奖学金的支持，该学会还进一步提供资金让他接受比较解剖心理学方面的训练，后来又得到了妻子的支持，他妻子在当地的一家医院上班。在此期间，他写出了一系列杰出的论文，在这些论文中，他解释了自己研究动物行为所使用方法的哲学观、理论以及观察报告。此后，他的理论的发展与尼可拉斯·廷伯根（Nikolaas［Niko］Tinbergen）的研究是联系在一起的；我们不可能把两个割裂开来理解他们的贡献。

在一些儿童期体验方面，洛伦茨与廷伯根有共同之处。廷伯根于 1907 年出生于海牙。他的父亲是一名教师，同时也是一位研究中世纪荷兰的学者。尼可和他的哥哥都是诺贝尔奖的获得者：尼可是由于与洛伦茨以及冯·弗里施（von Frisch）于 1973 年所做的研究而获奖，而他的哥哥是由于为经济学所做的贡献而获奖。尼可生长在离大海约一英里的地方，在那里，他在儿童期就狂热地喜爱野生动植物以及大自然，这一点与洛伦茨很相像。像洛伦茨一样，他也是一个劲头十足的业余自然主义者。在大学，他上的是动物学的课程，尽管他曾一度对此失去兴趣，那主要是因为其强调的是对已死动物进行分类和比较分析。不过，在参观新建的鸟类瞭望台时，他的兴趣又被点燃了，而这为其提出一种关于活着的动物的习性生物学思想打下了基础。在他关于掘土蜂的博士学位论文中，他通过将自然观察与非干预实验研究结合，提出了一种行为研究方法。廷伯根在多个洞穴中观察独居的黄蜂如何照顾后代，他想知道，一只出去寻找食物的黄蜂如何能够找到路回到某一特定的洞穴？他使用简单的、具有独创性的实验证明，黄蜂能够很快地习得每一个洞穴周围的明显标志。在 1932 年至 1933 年，他与妻子伊丽莎白·阿米莉亚（Elizabeth Amelie）花了 14 个月的时间到格陵兰作了一次气象探险。一回到荷兰，他就在莱顿建立了一个实验室，在这个实验室里他对棘鱼的行为进行了研究。他还在霍尔斯霍斯特建立了一个永久的野外站，以研究昆虫和鸟类。

1936 年，洛伦茨在伦敦遇到了廷伯根，两人都接受对方的观点，认为它是对自己观点的互补。这次会面之后，廷伯根于 1937 年春到洛伦茨在阿登堡的家中做客，并在那里待了两个月，在那里，廷伯根发现他能够让他的非干预实验符合洛伦茨的直觉和模型，这为习性学的蓝图提供了一种观察的和实验的基础。在先天释放机制观念的基础上，两人一起系统阐述了一种概念模型，并进行了一系列具有说服力的实验来论证其行动。他们将习性学确立为一门新学科的努力得到了动物学家奥托·苛勒（Otto Köhler）的支持，苛勒是《动物心理学》（*Zeitschrift für Tierpsychologie*）的共同创立者和编辑，他发表了关于动物前语言数字感的具有独创性的研究。

1940 年，洛伦茨被任命为哥尼斯堡的比较心理学教授，但是到 1943 年他的研究就被中断了，当时他被征入德国军队从事精神病学服务。后来，赫尔曼·戈林（Hermann Göring）懊恼地解散了这个部门，因为其成员诊断出德国空军的最佳飞行员是不能胜任的。在这六个月的时间内（在此期间，该部门逐渐衰落），洛伦茨忙于撰写一些习性学的东西。1944 年，他参加了在维帖布斯克前苏联阵线后的猛烈战争，遭到了逮捕，被送到克里米亚的一个专门医治战犯的军队医院工作。他在那里的时间都用于撰写一部关于动物行为的百科全书，而且几乎完全凭记忆。该书从未出版，这主要是由于大多数内容已经过时了，例如，其内容没有包括美国人在战时所进行的一些比较心理学研究。从很早的时候开始，洛伦茨就持有后来被定义为纳粹思想的信念，包括认为优生科学可以用来提高人类素质。尽管他最初赞同纳粹分子的一些观点，但是后来他们的残忍，尤其是对犹太人有计划的灭种和屠杀使他感到毛骨悚然。尽管他早先对纳粹主义的支持招致很多严厉的批评，但是后来他将没有预见到那些事件看做个人的一次失败，并表达了深深的悔恨。

在洛伦茨与廷伯根之间让人倍感温暖的个人关系基础之上，习性学作为一项科学事业而存留了下来。1948 年，洛伦茨回到了奥地利，继续他的习性学研究，在英国剧作家 J. B. 普里斯特利（Priestley）的资助下，他在家里建立起了一个研究所，普里斯特利曾指示说，将他在维也纳戏剧表演所获得的收入都寄给洛伦茨。在很短的时间内，洛伦茨就在西维森新成立的马克斯·普朗克（Max Planck）实验生理学研究所获得一个职位。同年，廷伯根辞去了莱顿实验生物学教授的职位，成为牛津大学的一名讲师，尽管他的同伴们对此并不赞同，而且他的薪酬与地位也显著地下降。在那里他致力于让习性学成为说英语的科学中一次意义重大的运动，1951 年，他出版了最为著名的著作《本能的研究》（The Study of Instinct）。他关于本能概念的观点（他认为其是先天的，但是容易受到影响）最初是劳埃德·摩尔根（Lloyd Morgan）提出的，摩尔根是欧洲对动物行为进行比较研究的先驱者。在《本能的研究》中，廷伯根确定了关于行为的四个问题——直接原因、个体发生（一种动物长到成熟的发展顺序）、机能以及进化——这促进了习性学内关于行为之研究的统一。

在早期的习性学家中，洛伦茨最精通哲学与历史，而且他最有兴趣为一种人类行为科学——“进化认识论”——确立进化的、哲学的基础。在他对于所有物种行为模式（这些模式是可以客观地详细说明并用分析方法进行研究的）的先天本质的强调中，这种观点得到了论证。他的观点与方法尤其遭到了美国比较心理学家的强烈批评，他们抵制他的本能概念，还批评了他的行为动机模型以及他关于攻击的观点——这个观点非常依赖于能量和内驱力这两个概念。洛伦茨及其他习性学家倾向于将心理学看做一种专注于主观现象的科学，他们尤其对美国的比较心理学持批评的态度。例如，他们谴责比较心理学家们根据从少数物种身上（主要是老鼠、鸽子，在实验室条件下对其进行研究）收集到的数据进行毫无根据的概括，而且他们还认为“比较”这个词的使用是一种严重的用词不当。

洛伦茨关于本能的观点是，在每一种本能行为中，都存在着一个固定的、先天的核心运动形式。他将这些本能运动看做整个本能行为系统的主要成分。传统的观点认为，本能行为是由某种遗传决定的内驱力引导的，但是洛伦茨认为，每一种本能在动物的中枢神经系统中抑制一种特定的紧张，如果该动物没能发现自己处在一个适当的情境中，那么一种特定的反应能量就会受到“抑制”。这种抑制效应是为了降低刺激阈限，后者能够有效地释放那种特定的本能运动。罗伯特·欣德（Robert Hinde）尤其批评洛伦茨的“液压”模型，并且人们通常认为是他将动机研究驱逐出了习性学。不过，欣德并不特别强调将动机概念驱逐出习性学，而主要是提倡一种更为复杂的动机概念，这种概念能够解释习性学家所描述的越来越复杂的现象。

1973 年，洛伦茨从西维森退休，奥地利政府给他提供资金，让他建立一个研究进化与认知的研究所，这个研究最终坐落在阿登堡。他的一个不朽贡献在于提出了人类行为的生物学本质，并因此为后来在进化论的范畴分析人类行为提供了必要的背景。在他的职业生涯接近尾声的时候，廷伯根也越来越多地论述习性学对于人类行为的影响。例如，有将近两年的时间他都在研究人类生物学课程的发展，其所强调的重点体现在了这门课程第一讲的标题中：动物和人身上的战争与和平。尽管廷伯根更多地集中于刺激机制，而洛伦茨更多地聚焦于动机，但他们两人都设想了习性学与人类研究之间更为宽泛的关联。在快要退休的时候，廷伯根开始研究儿童早期孤独症的知觉世界，尽管他更为广泛的兴趣包括人类与地球环境之间的交互作用。他开始认为习性学不是科学的一个独立分支，而是行为科学发展中的一个阶段，应该被纳入进一步的研究中。

尽管洛伦茨和廷伯根，还有卡尔·冯·弗里施（Karl von Frisch）被看做习性学的共同创立者，不过他们的观点是不同的。洛伦茨是一位思想家，他在当时盛行的生物学和哲学理论背景下探究他的行为观察。廷伯根更重视实验，他会为了理解与预测动物（如一只蜜蜂）如何行为而创设实验情境。这些区别可能也部分地反映了其人格与性格的差异：洛伦茨很有思想，经常会以轶事的方式来写作，但其中会交织着教条的论断，他的学生尊敬地视他为独裁主义者和慈爱的父亲。廷伯根喜欢倾听、分析、演绎。

尽管早期习性学中几乎所有的关键概念（如固定动作模式和先天释放机制等）现在被看做含糊的或者是严重错误的，但是它们却引出了现在所提出的那些重要问题，并促使习性学成为一门新的行为科学。

康拉德·洛伦茨的主要作品

'The companion in the bird's world', *Auk*, 1937, 54, 245-73.

King Solomon's Ring, Crowell, 1952.

On Aggression, Harcourt, Brace and World, 1963.

The Evolution and Modification of Behavior, University of Chicago Press, 1965.

Studies in Animal and Human Behavior (2 vols), Harvard University Press, 1970-71.

Behind the Mirror: A Search for a Natural History of Human Knowledge, Harcourt, Brace, Jovanovich, 1977.

The Foundations of Ethology, Springer-Verlag, 1981.

The Waning of Humaneness, Little, Brown, 1987.

进一步阅读

Baerends, G. P. (1991) 'Early ethology: Growing from Dutch roots', in M. S. Dawkins, T. R. Halliday and R. Dawkins (eds), *The Tinbergen Legacy*, Chapman and Hall.

Krebs, J. R. and Sjolander, S. (1992) 'Konrad Lorenz', *Biographical Memoirs of Fellows of the Royal Society*, 38, 211-28.

Nisbett, A. (1976) *Konard Lorenz*, Dent.

Tinbergen, N. (1951) *The Study of Instinct*. Clarendon Press.

詹姆士·吉布森（1904~1979）

吉布森（James Jerome Gibson）的“生态心理学”试图理解个体感知世界的方式与其自身行为之间的关系。

吉布森出生在俄亥俄州的麦克康奈尔斯维尔，长在美国的中西部。他的父亲托马斯是一位铁路勘测员，他的母亲格特鲁德在结婚前曾是一名教师。詹姆士（吉米）有两个弟弟，托马斯和威廉。他在西北大学开始了他的大学学习，一年后，转到了普林斯顿，在那里，他受到了埃德温·霍尔特（Edwin B.Holt，早期的一位行为主义者，实验心理学家）和赫伯特·兰菲尔德（Herbert S.Langfeld，他强烈提倡意识不能脱离运动性动作［例如，走路、转弯、举起］而存在，所以不能独立于这些动作对其进行研究）的影响。1928 年，他在普林斯顿完成了他的博士论文。他的研究论题检验了**惠特海默**这样的格式塔心理学家们提出的一个观点，即复杂视觉形式的记忆会自然地变为结构更为简单的记忆，这与格式塔的组织原则相一致。他证明情况并非如此，并表明，学习非常重要。在获得博士学位后，他来到史密斯学院，获得了他的第一个学术职位，期间，他读到了库特·考夫卡（Kurt Kaffka）《格式塔心理学原理》（*Principles of Gestalt Psychology*）一书的英译本，这对他的思想与研究产生了极大的影响。他在史密斯的一个学生埃莉诺·杰克上了他关于实验心理学的课程。“吉米”与“杰姬”结婚了，杰姬成了他最亲密的、对他影响最大的同事。关于他们在一起工作的情况，他这样写道：“我们有时候会合作，但并不经常这样。而且当我们合作时，我们不是一个丈夫与妻子的团队，因为我们也会无休止地争论……当有人认为我们夫妻中一个不管说什么，另一个都会认同时，我们就会非常生气，因为事实不是这样的。”他们有两个孩子，詹姆士·杰罗姆和珍妮特。

在吉布森对于倾斜－诱导效应的论证中可以看到格式塔思想的影响，由于这种倾斜－诱导效应，观察者会报告说一条直线似乎是朝与周围背景线条相反的方向倾斜的；因此，当试图将一线条调整为真正垂直时，就会倾向于朝着背景线条的方向倾斜。这种现象与另一位格式塔心理学家**阿希**所报告的倾斜－房间的效应非常相似。第二次世界大战期间，吉布森指导一个心理学研究室从事空军航空兵的心理学项目。他的研究室提供了一种飞行员选拔测验；他们用活动的画面呈现用来测试候选飞行员的材料。战后，他回到了史密斯学院，但接着又到了康奈尔，他余下的整个职业生涯都一直在那里。

他在《视觉世界的知觉》（*Perception of the Visual World*，1950）中论述了他关于空间知觉的"背景理论"。该理论提出，背景纹理的梯度与视网膜上的梯度相对应，而这些是感知深度与空间的基础。换句话说，眼睛的视网膜容易感受到环境中不同种类的纹理，并且能够运用这些纹理信息来估算距离与空间。他后来不满意于这一理论，并开始认为这些强调眼睛和大脑对光作出反应的视知觉理论是在一种不恰当的水平上阐述的。他认为需要一门新的学科，他称之为生态光学。生态光学是在一种适合理解视觉的水平上对光学信息的研究。这种论述的含意是，恰当的视知觉理论必须能够分析出有机体如何看周围的环境以及如何随周围环境的变化而做出反应。动物们也移动，它们不是静止不动的有机体，不是被动地对落在其视觉感受器上的所有光都作出反应。事实上，为了能够更清楚地看到事物，它们会经常变换位置。因此，一种视知觉理论必须体现出有机体运动所起的作用，它应该是一种类似于流动视觉的东西。他关于视知觉的新理论，以及他关于生态光学这门新学科的系统阐述体现在他的下一本著作《作为知觉系统的感觉》（*The Senses considered as Perceptual Systems*，1966）中。

在吉布森的理论中，不变因素这个概念是非常关键的。他认为，知觉是一种活动——是一个动态的过程。视觉不变因素是刺激模式的一种高层次属性，在观察者、环境或者两者皆联系在一起的变化期间，它仍然保持恒定。吉布森理论的追随者区分了两种类型的知觉不变因素：转换性的和结构性的。转换性不变因素能够揭示一个物体身上在发生什么事情。例如，当一辆小汽车以恒定的速度驶离我们时，其外观上的大小变小了。无论在何处获得这种关系，都意味着，我们与物体之间的距离正以一种常规的方式发生改变。若没有获得这种关系，那么就肯定意味着要么这个物体加速或减速，要么就是它真的在改变其大小。结构性不变因素是更为高级的关系模式，尽管视觉信息发生了改变，它还是会保持恒定。例如，一模一样的两辆小汽车停在离我们不同距离的两个地方。我们很容易就能说出其大小是一样的。我们通常会在包含地平线的场景中观察它们，而且可以表明的是，一个物体的高度和它与地平线之间距离的比率，对于所有不同距离的观察者而言都是不变的。

吉布森理论中另一个不可或缺的、新颖的部分是供给（affordance）这个概念。供给这个概念界定了一个正在感知的有机体与其环境之间的关系。“环境的供给就是它给动物提供的东西，它所提供或供给的，不论是好还是坏。供给的动词形式（afford）可以在字典中找到，但是其名词形式（affordance）字典里没有。这个词是我造的。我给予这个词一种现存的所有词语都不能表达的含义，表示某种既指环境又指动物的东西。它暗含的是动物与环境之间的互补……”（1979：127）。供给是环境为一个有机体提供的意义，它们引导着行为。吉布森宣称，供给可以直接地感知到，之前不需要综合或分析。这就意味着，例如，给小孩展示一个新异的物体，这个小孩立刻就能说出他是否能够抓住这个物体，因为在这个物体身上就存在着足够的信息来让这个小孩作出恰当的推断。

吉布森的观点与以物理学为基础分析视知觉的取向完全对立。这种以物理学为基础的取向从本质上讲是资料驱动的，或者说是自下而上的，因为其强调的是光子在撞击视网膜的时候所产生的效应。例如，对表面与深度的知觉被看做是由视知觉的这些原子所提供的信息组成的。正在感知某物体的有机体将某种价值附在了这个物体上——价值是被感知者附在一个物体之上的，它不是直接感知到的。生态学取向坚持的是一种迥然不同的观点。它认为表面是直接感知到的，而不是在视觉系统中通过在视网膜上收集一点点信息而组织起来的。它还坚持这样的观点，即认为这些表面提供给动物的东西也是可以直接感知的；它们不是该动物计算出或推断出的。批评者已指出，吉布森的论述否认了信息加工（或者甚至是思维）在视知觉过程中的位置。支持者反驳说，他的生态理论表明了环境是如何决定心理或大脑的内在过程的，除非根据动物的内在因素来理解，否则就不再能理解信息加工过程。因此，环境为正在感知的动物提供了结构信息，减少了其知觉复杂实体所需的加工量。

源自吉布森知觉生态理论的一些原理已被运用于认知心理学的许多领域。例如，知觉供给这个概念已经将很多思想渗入设计心理学，在这个领域的实际运用中，它已成为刺激－反应相容性这个概念的同义词——这个概念指的是，使得一些任务更难或不太难操作的东西，部分是由单个刺激与反应相匹配的方式决定的。要有效地操作一项任务，或使用一个物体，刺激（或物体）就必须提供给感知者或使用者操作该行为所需的信息。门提供了很多关于好设计与差设计的例子。一块平板的门显然是用来推的；然而，带有把手的门（尽管它们提供了拉的功能）如果在实际中也只是使用推的方式，则说明其设计失败了。

有人针对吉布森的理论提出了一些批评。第一，有人提出，该理论没有详细说明“直接知觉”的含义。我们有可能建构出简单模型来看出两种截然不同的运动，即使到达视网膜的刺激排列在物理上没有发生任何改变。当人们看这些模型时，他们会注意到，对方向的知觉先于对运动的知觉，这表明对物体运动的知觉并不是“直接的”，而是可以被分解成不同的阶段。第二，吉布森认为，在物理事件中存在着不变的属性，这些属性决定着最后的知觉。然而，大卫·马尔（David Marr）以及其他学者已经在尝试创造视觉的计算机模型，以及制造可以看见东西的计算机。这些可以看见东西的计算机包括一个物理事件中不变属性的角色，但是马尔表明，详细说明这些不变属性的任务比吉布森设想的要复杂得多。这并不是说吉布森是错误的，而是说某种他认为相对简单的东西，结果却被证明是非常成问题的，而且这也表明，他的理论中有一部分没有得到详细的阐述。第三，吉布森认为供给是知觉恒定最为细致的形式。但是，要想界定供给以及预测它与行为之间的关系却非常困难。例如，如果世界上特定的物体“提供”吃，那么从光阵列性质上说，使得这种供给清楚显现的是什么呢？与此相关的是真正找到不变因素和供给所存在的困难。对于如何克服这种困难，吉布森的理论几乎没有给出任何指导。

供给理论从根本上脱离了其他关于价值观和意义的理论，这体现在吉布森对于供给概念的扩展中，使其超出提供给动物的知觉信息。他对于该理论更为激进的扩展宣称，人们可以直接感知到表面，而且对这些表面的使用也可以直接地被感知到，即使那些看起来与视知觉没有直接联系。这意味着，例如，一种东西尝起来怎么样，是可以直接感知到的。这是有可能的，因为“不变因素的一种独特组合，或者说不变因素的复合，也仅仅只是另一种不变因素”（1979：141），而一种东西的味道就是一种复合的不变因素。不过，正如吉布森自己所指出的，他更为激进的理论不能恰当地解释错误的知觉是如何产生的。如果个体觉察到了错误知觉，那么这种错误信息是由周围的光线导致的，还是由个体内在的知觉过程导致的？第一种可能性，即认为光线本身就具有一种错误的意义，似乎是完全站不住脚的。第二种可能性暗指某种机制要依赖于感知者，而这肯定是错误的原因所在——这又暗含知觉并不是直接的。在用来解释学习时，吉布森的理论也遇到了困难。对于供给（与知觉者的内在知觉过程并不直接相关）的学习是如何产生的？例如，一位老年人如何开始认识到，对他而言带有供给信息的周围光线，对于其他人而言，如一个蹒跚学步的孩子，也带有同样的供给信息？周围的光线不能带有一个物体提供给其他人的供给信息。因此，学习需要的不仅仅是直接的知觉，这表明有些供给无法直接感知到。

尽管存在着这些局限与批评，但吉布森的理论取得了知觉心理学中一些具有根本性的、重要的进展。第一，他将环境置于知觉研究的中心，并鼓励人们在研究中使用生态学上的或自然的刺激，而不是实验室中的刺激。第二，吉布森的“生态光学”概念激起了研究者们对于其他物种之知觉的兴趣，并因此引出了关于知觉过程之本质的普遍性问题。他最后一本著作《生态学取向》（*The Ecological Approach*，1979）用了一句辩解的话来作为总结，他的理论中的术语与概念应该“……永远不会像以前的术语和概念那样来束缚思维！”

詹姆士·吉布森的主要作品

'The reproduction of visually perceived forms', *Journal of Experimental Psychology*, 1929, 12, 1-39.

'Adaptation, after-effect and contrast in the perception of curved lines', *Journal of Experimental Psychology*, 1933, 16, 1-31.

'Determinants of the perceived vertical and horizontal', *Psychological Review*, 1938, 45, 300-23 (with O. H. Mowrer).

The perception of the Visual World, Houghton, Mifflin, 1950.

'What is a form?', *Psychological Review*, 1951, 58, 403-12.

'Perceptual learning: differentiation or enrichment?', *Psychological Review*, 1955, 62, 32-41 (with E. J. Gibson).

'Ecological optics', *Vision Research*, 1961, 1, 253-62.

The Senses Considered as Perceptual Systems, Houghton Mifflin, 1966.

The Ecological Approach to Visual Perception, Erlbaum, 1979.

进一步阅读

MacLeod, R.B. and Pick, H.L.Jr (1974) *Perception: Essays in Honor of James J. Gibson*, Cornell University Press.

Marr, D. (1982) *Vision*, Freeman.

Norman, D. (1999) *The Design of Everyday Things*, MIT Press.

Ullman, S. (1980) 'Against direct perception', *Behavioral and Brain Sciences*, 3, whole issue.

唐纳德·赫布（1904~1985）

赫布（Donald Olding Hebb）鼓励心理学家们重新考虑大脑是如何发挥作用的，并重新唤醒了心理学家对于行为的神经基础的兴趣。

赫布的父母都是从业的医生，他的儿童期是在新斯科舍的切斯特度过的。不管是作为一个孩子，还是一位大学生，他的能力都是很寻常的。从达尔豪斯毕业后，他本打算成为一名作家，但是出于实际的考虑，他选择了教书。在担任魁北克一个学校的校长期间，他开始阅读**弗洛伊德**、**詹姆士**和**冯特**的作品，但是由于他学业记录不好，从而不能直接去上任何的常规大学课程。他获得了特许，部分时间可以去上麦克吉尔大学的心理学课程。这使他开始了解**巴甫洛夫**的学习心理学，以及其他一些他并不感兴趣的东西。他的硕士学位论文是关于动物如何学习的，属于一种激进环境论理论，也就是说，骨骼反射，如同膝关节反射一样，都不是先天的，而是在子宫中学习的结果。他的论文的评阅者，即神经学家鲍里斯·巴布金（Boris Babkin），鼓励他去获得更多的实验室经验，并把他介绍给了列奥尼德·安德烈耶夫（Leonid Andreyev，此人离开巴甫洛夫的实验室，加入了麦克吉尔大学的教师队伍）。赫布的妻子丧生于一次车祸，经过痛苦的一年后，他于1934年离开了麦克吉尔，没有获得博士学位。罗伯特·耶克斯（Robert Yerkes）在耶鲁给他提供了一个职位，但是经由巴布金的推荐，他去了芝加哥，与神经学家卡尔·拉施里（Karl Lashley）一起工作。正是在那里，他了解到了比较神经学家贾德森·赫里克（C. Judson Herrick）和发展神经生物学家保罗·魏斯（Paul A. Weiss）的观点和研究。一年后，拉施里去了哈佛，赫布也跟着去了那里。拉施里对赫布的影响非常重要，这是因为在他的影响下，赫布从争论哪种学习理论更具有优势，转向了分析动物感知其环境的能力是由遗传因素还是环境因素决定的。在哈佛获得博士学位后——他分析了老鼠视知觉的组织中遗传因素的作用——他回到了蒙特利尔，与神经学家怀尔德·潘菲尔德（Wilder Penfield）一起工作。与潘菲尔德一起，他分析了脑损伤对于人类智力与行为所产生的影响。这些研究表明，手术切除或由于意外事故而破坏大量的脑组织，可能对记忆和智力没有任何影响，这使他想到，智能过程可能广泛地分布在整个大脑中，而不是位于某个特定的区域。他还设计了一系列人类与动物智力测验，包括赫布－威廉迷津，这一方法被广泛地用来测量不同物种的相对智力。他关于智力的研究使他确信，经验所起的作用比通常人们所认为的要大得多，尽管他是一位坚定的互动论者——坚持认为行为是遗传与环境相互作用的产物。

1942 年，赫布再次与拉施里一起工作（当时拉施里是佛罗里达州耶克斯灵长类生物学实验室的主任），并研究黑猩猩的情绪。在那里，他发现了神经学家拉斐尔·洛伦塔·德·诺（Rafael Lorenta de Nó）的研究，该项研究表明了大脑组织中封闭回路（也称为反响回路）的遍布存在。拉斐尔·洛伦塔·德·诺提出，这些回路能够解释刺激在停止作用于某感官后仍然存在于记忆中的原因。例如，反响回路能够解释对某场景看了一眼（在场景停止刺激视网膜之后）之后，场景是如何被保存在记忆之中的——感觉意象好像在不断地回响。这反过来使赫布提出了一个“细胞团”的概念，即一个可以经由经验而聚集到一起的反响回路。大脑是由神经元组成的，而神经元通过突触互相联结在一起。赫布提出，突触作用中的变化可能经由经验而发生——这些被称为赫布突触。与其他的突触相比，一些突触受到经验的影响更大。有人发现，受到经验影响最大的突触位于海马，大脑的这个部分对于学习、情绪和动机而言尤为重要。赫布认为，这些细胞团就是通常所说的观念或概念之类的东西在神经系统中的对等物。他引入了“位相序列”概念，指的是那些将一个细胞团与另一个细胞团（言下之意是，将一个观念与另一个观念）联系在一起的联结。当一个单一的细胞团或一个细胞团组合被激起，那么整个序列就会被激起，而这被体验为一种思维流。沿着这条推理路线向前追索，赫布提出，我们体验为“思维”的东西应归于细胞团之间神经元活动的联结。其含意是巨大的：大脑内部的活动（该活动似乎涉及大脑的每一个部分）可以被描述为神经联结网络。

1948 年，赫布回到麦吉尔大学担任教授，次年，他出版了经典之作《行为的组织：一种神经心理学理论》（*The Organization of Behavior: A Neuropsychological Theory*）。似乎在那个时代，心理学家们对于心理生理学和心理生物学的兴趣在下降，而这本书试图通过详细阐述产生行为和思维的器官——大脑，来解释行为和思维，这重新点燃了心理学家对这两个领域的兴趣。该书的间接结果之一是，它将一些研究大脑与行为关系的最佳研究者吸引到了麦吉尔，并使麦吉尔成为神经心理学（神经学与心理学之间的联结）的一个世界中心。在书中，赫布将理解行为的问题界定为“理解神经系统所有活动的问题，反之亦然”（1949：xiv）。他退休后的日子是在他出生地附近的一个小农场里度过的。他去世的原因与**罗杰斯**相似，都是由于手术后的并发症所致。

赫布的神经心理学理论是围绕三个主要的假设建构的。第一个是，神经元之间的联结在功效上的增强，与突触前活动与突触后活动之间联结的强度是成比例的：“当细胞 A 的轴突近得可以使 B 兴奋，并且重复地或持续地使 B 兴奋，那么成长过程或新陈代谢变化就会发生在这两个细胞或其中一个上，这样，A（作为两个细胞中使 B 兴奋的一个）的影响就会增强”（1949：62）。第二个假设是，倾向于一起兴奋的神经元群组形成了一个细胞团，这个细胞团的活动在引发事件或刺激后还能持续，并且形成了一种对于那一事件的表征。第三个假设提出，思维是许多细胞团的序列激活。将这三个假设放在一起，它们就构成了赫布理论的核心，对此，他做了如下总结：

> 任何经常重复的、特定的刺激作用将会导致“细胞团”的缓慢发展，细胞团是一种弥散的结构，包括皮质和间脑（很可能还包括大脑的基底核）的细胞，能够暂时成为一个封闭系统，对相似的系统有特定的促进作用。一系列这样的事件构成“位相序列”——思维过程。每一个细胞团的活动都可能由一个先前的团、一个感觉事件或者（通常是）这两者唤起。这些活动中一个对于接下来一个的促进作用形成“注意”的原型……该理论显然是联结主义的一种形式……尽管它并不论及传入通路与传出通路之间的直接联结：如果 R 指的是肌肉反应的话，这就并不是一种 S–R 心理学……而且它并不生成任何习惯或知觉所必需的单个神经细胞或通路。
>
> （1949：xix）

赫布早期的研究已经表明，环境因素对于神经发展所产生的影响比先前所认为的要大得多。在丰富的环境中养大的老鼠（他的女儿在家饲养的老鼠），其在娱乐和迷津问题上的表现，比没有“玩具”的笼子中养大的老鼠要好得多。他将这种差异归结为感觉多样性，以及大脑是如何建构的（以细胞团和位相序列）。因此，他提出，学习有两种：联想性学习和认知学习。联想性学习由先前生活中发生过的细胞团的渐进性建构组成，并且可以使用刺激－反应理论来加以解释。一旦细胞团与位相序列得到发展，它们就会被重新组织，而且也正是这种活动成了复杂思维与问题解决等高级思维过程的特征。

有大量的证据证明，赫布创新性地运用了反响回路这一概念，而十几年前他的老师卡尔·拉施里也提过相似的观点。很可能由于优先权的问题，以及感恩于拉施里，赫布邀请拉施里担任《行为的组织》的合作作者。不过，这种合作是有条件的：拉施里必须放弃他对于大脑的整体作用的观点，转而支持一种立场，认为突触联结是学习之基础。赫布似乎对于拉施里拒绝这一邀请感到困惑，他想可能是由于反对理论已经在拉施里脑子中先入为主了。拉施里这样决定可能是由于他认为自己对于赫布的初稿没有做出任何重要的贡献。奥巴赫（Orbach）提出了如下的评价："赫布……在一本非凡的著作中，让拉施里一生的研究结出了果实……其中涵盖的三个观点给当时的神经心理学团体留下了非常深刻的印象：神经元的相互联结，即现在所称的'赫布突触'；中心自主过程；以及细胞团……拉施里对于该书极其欣赏，但是他拒绝担任合作者，这是因为该书体现出一种经验主义和联结主义的倾向"（1998：60）。

赫布承认他的理论中有很多东西都具有推测性以及不明确界定的性质，而且他坚持认为，他的原则性目标在于呈现神经心理学理论新类型（他的理论就是其中的一个例子）的一个强有力的例子。赫布突触的存在并没有让人感到怀疑。其他的观点（如认为反响神经活动是一种记忆痕迹的假设）也得到了具有说服力的支持。他的观点还开创了新的探究领域，包括早期经验在知觉发展中的作用。许多有天赋的学者都是从他的实验室出来的，包括詹姆士·奥尔兹（James Olds，他对于自由活动的动物的大脑记录和模拟做出了重要的创新），以及罗纳德·梅尔扎克（Ronald Melzack，他关于痛觉的闸门控制理论被证明是痛觉研究与治疗领域中的一个重要突破）。20世纪80年代期间，詹姆士·麦克莱兰（James McClelland）和大卫·鲁默哈特（David Rumelhart）将赫布的观点成功地引入了认知科学（研究大脑加工信息之方式的多学科取向），这确保了赫布的观点继续在思维过程与语言的计算机表征中占有重要的位置。

心理学的历史可以追溯到19世纪哲学与生理学的结合。联想主义者（他们根据更为基本的意识单元之间的联结来解释心理过程）的哲学尤其重要。赫布认识到了那些观点中的潜能，提供了一种新的神经联结主义——大脑中神经元之间的联结——并试图根据神经元集合与那些集合的更大模型之间的联系来对思维过程作出解释。尽管他认为突触联结是心理联结的基础，但是他超出了华生以及其他人的联结主义，那些人认为，一个联结不能位于一个单一的突触，而且刺激－反应关系可以用将感觉神经元与运动神经元联系在一起的简单反射弧来解释。他坚决地反对华生及其他人所支持的激进行为主义，而且他强调一个刺激与一个行为之间所发生事情的重要性，这些都有助于为认知主义的出现扫清道路（认知主义主张，理解人类心理最佳的方式是，弄清楚大脑所做的事情与被体验为思维的东西之间的联系）。

唐纳德·赫布的主要作品

'The innate organization of visual activity: I. Perception of figures by rats reared in total darkness', *Journal of Genetic Psychology*, 937, 51, 101-26.

'The innate organization of visual activity: II. Transfer of response in the discrimination of brightness by rats reared in total darkness', *Journal of Comparative Psychology*, 1937, 24, 277-99.

'Intelligence in man after large removals of cerebral tissues: Report of four left frontal lobe cases', *Journal of General Psychology*, 1939, 53, 73-87.

'On the nature of fear', *Psychological Review*, 1946, 53, 259-76.

The Organization of Behavior, Wiley, 1949.

'Concerning imagery', *Psychological Review*, 1968, 75, 466-77.

Essay on Mind, Erlbaum, 1980.

进一步阅读

Glickman, S. (1996) 'Donald Olding Hebb: Returning the nervous system to psychology', in G.Kimble, C.Boneau and M.Wertheimer (eds), *Portraits of Pioneers in Psychology*, Erlbaum.

Jusczyk, P. W. and Klein, R. M. (eds) (1980) *The Nature of Thought: Essays in Honor of D. O. Hebb*, Erlbaum.

Orbach, J. (1998) *The Neuropsychological Theories of Lashley and Hebb*, University Press of America.

巴尔哈斯·斯金纳（1904~1990）

斯金纳（Burrhus Frederick Skinner）是行为主义的坚定支持者，他根据行为与奖赏（或强化）之间的关系，提出了一种被人们熟知为操作性条件作用的学习理论。

斯金纳的父亲沃尔特·斯金纳是美国内战最后一年的一位鼓手，他定居在宾夕法尼亚州萨斯奎哈纳一个满是灰尘的铁道城镇，开始时，他是一名木匠，后来，成为一名律师，在那里，他开始了自己的家庭生活。斯金纳的母亲是格雷斯·巴尔哈斯·斯金纳。斯金纳是家里两个男孩子中的老大，当他弟弟埃比在 16 岁的时候由于罹患大脑动脉瘤而去世时，他就在旁边看着。自传中他将自己的童年描述为温暖的、稳定的。他在儿童期就极具创造力，发明和建造的能力也很强，他那时候还设计了一个从海水中提取氧气的系统。这种创造力在他整个成年生活中也都是很明显的，而且有一次他提出，他对于心理学的最大贡献是累积记录器，那是他在研究生期间发明的一台机器，用来将离散动作（如被试的按键动作）记录为一条连续的累积线。根据这台机器所得出的累积记录，有经验的观察者就可以确定被试的反应随着时间的变化而改变的模式。

斯金纳与他的父母毕业于同一所高中。在高中老师玛丽·格雷夫斯的影响下，他决定去攻读英国文学学位，将来要成为一名作家。他做了几年的新闻记者，主要是为一份关于劳动问题的报纸撰稿，他到处旅行，过着一种豪放不羁的生活。不过，他对心理学产生了兴趣，他引用 H. G. 韦尔斯（H. G. Wells）的两难困境来描述当他决定追求学术兴趣那一刻：如果萧伯纳在码头的一边快被淹死了，另一边快被淹死的是**巴甫洛夫**，而你只有一个救生圈，那么你将会把它扔给谁？“韦尔斯把它扔给了巴甫洛夫，这坚定了我放弃文学而追求行为科学的决定”（1976：91）。他决定回到大学，正是在哈佛，他开始确信，**华生**的行为主义是心理学前进的唯一途径。1930年，他在那里获得了硕士学位，并于次年获得了博士学位。一直到1936年，他都在那里从事博士后研究，然后去了明尼阿波利斯，在明尼苏达大学任教。正是在那里，他遇到了伊冯·布卢，并与她结了婚。他们生了两个女儿，朱莉和黛博拉。（当人们得知，黛博拉是在斯金纳的一项发明——“空气槽”或“育儿箱”中长大的时，她就变得众所周知了。这听起来比那个装置要好玩儿得多，“育儿箱”是由一个槽、一个供婴孩在内爬着玩的便携式围栏，以及玻璃边、空调系统构成。它既安全又舒适，但是这种育儿方式并未流行起来，因为这看起来像是在鱼缸之类的东西内养婴儿。）1945年，他被任命到印第安那大学心理学系任教。三年后，他回到了哈佛，并在那里度过了余生。他是1974年退休的，但是直到他于1990年由于白血病而去世，他都非常活跃。

斯金纳对心理学的贡献以一种反对德国学术的心理学的革命的形式而表现出来，德国心理学是通过**铁钦纳**和雨果·闵斯特伯格（Hugo Münsterberg）的思想传入美国的。实际上，相比于提出理论，他更偏好于制造具有创新性的机器，这也反映了与哲学家**詹姆士**、C. S. 皮尔斯（C. S. Peirce）以及教育学家约翰·杜威联系在一起的美国实用主义传统。斯金纳的影响也反映了珀西·布里奇曼（Percy Bridgman）的逻辑学，他是一位物理学家，他在对操作性定义进行探索时，力图通过清楚界定的实验操作来界定概念，以保证这些概念不会毫无意义。斯金纳的研究还遵循了巴甫洛夫的基本研究原则，即行为数据至上以及分析单个有机体而不是群体。不过，他们两个人之间还是存在着理论以及实证的差异。斯金纳的理论观点强调对行为本身进行分析，而不是将行为当作用于探究潜在心理与生理过程的一扇诊断性窗口。他的方法学的创新表现在设计出一种研究环境–行为交互作用方法，并且引入“操作性”这个术语来表示交互作用。在斯金纳看来，生理过程是最重要的，因为它们可以允许有机体做一些事情，但是它们并不是心理科学的首要研究主题。不过，斯金纳也充分认识到了巴甫洛夫对自己的观点所产生的影响，当霍斯利·甘特（Horsley Gantt）和霍华德·里德尔（Howard Liddell，两个曾经跟随巴甫洛夫工作过的美国人）建立巴甫洛夫学会时，斯金纳欣然接受了他们的邀请，加入学会，并很快成为学会的主席。

斯金纳尤其受到了神经学家查尔斯·谢林顿爵士（Sir Charles S. Sherrington）的影响，谢林顿认为神经系统的不同刺激最后会聚集于一点，他称之为“最后的统一公路”。他假定，反射的焦点，或“最后公路”不可能位于有机体的“内部”，而必定是在有机体与其环境的交界处。斯金纳认为反射不是神经学上的实体，而是刺激与有机体可观察的行为之间的一种相关。但是，在缺乏一种与环境刺激之相关的情况下，我们如何解释如此众多的可观察行为呢？传统的笛卡尔哲学认为刺激是“内在的”，斯金纳认为这种观点是错误的，他继而提出，被称为“随意行为”的行为并非由于它是一种“意志行为”，它是由其环境结果决定的。这些就是斯金纳称之为“操作性”的东西，最初他认为它们是反射的另一种类型，但很快就放弃了这种观点，转而支持另一种解释，认为操作性行为是有机体之强化史的一种机能。例如，当观察到一只动物做出某一特定的行为，斯金纳会从其强化史而不是其神经系统中找寻原因以及其控制源。在斯金纳看来，重要的问题是：有机体过去的行为中有哪些受到了奖赏？什么时候受到的奖赏？强化史理论是一种基于可观察的事件的理论，而不是基于有机体内部不可观察的事件的理论。

斯金纳还想把自己的理论与**桑代克**的效果率（通过强化来加强行为，通过惩罚来减弱行为）以及俄国心理学家谢切诺夫所谓的“大脑的反射”区别开来。他曾经努力让自己从对“内在反射”的分析（被认为是他的刺激－反应联结的基础）中分离出来，但没有他希望的那么成功。他认为桑代克理论中的大脑内“内在联结”只是一种在认知科学中非常有影响的内部表征的前运算阶段的版本。斯金纳继承了这条分析路线，对认知主义提出了犀利的批评。认知主义是心理学的一个分支，对思维过程的理解赋予了超乎寻常的重要性，因为它是从假定人具有内在的过程开始的，然后进一步设计出旨在解释那些隐蔽过程的研究模式。作为“认知革命”和认知科学（一种关注于人们获得以及加工信息的方式的多科学视角）的坚定批判者，斯金纳谴责认知主义者对于内在的不可观察过程的毫无根据的思辨，谴责他们削弱了对行为的实验分析，谴责他们复兴了一种将心理状态当作行为之原因的不足信的理论，谴责他们虚构了无法得到验证的解释（像精神分析的那些解释一样）。

斯金纳是一位非常多产的科学家。在 1958 年到 1962 年期间，每天都有 20 多项实验（大多数是以鸽子为被试的）同时在他的实验室中进行。他的理论研究得出了三个基本的假设：行为是（1）受自然规律支配的，（2）可以预测的，（3）可以控制的。根据这些假设而对行为所作的功能分析将会揭示，任何可以观察到的行为，其原因都在于有机体所处环境中发生在该行为之前的事。他的理论体系是以操作性条件反射这个概念为基础的。在经典性或巴甫洛夫条件反射中，先前为中性的刺激（如铃铛发出的声音）能够引发出一个反应，如唾液分泌（无条件反应），这是因为它与刺激（如食物，无条件刺激）之间的联结自动地引发了相同或非常相似的反应。如果在提供食物前呈现铃声，经过几次试验后，它就会引发一个唾液分泌反应。在这里，铃声被称为是条件刺激，而唾液分泌被称为是条件反应。操作性条件反射将每一个有机体都看做是卷入了其环境中“操作”的过程——它从事着它一直在做的事情。在操作的过程中，它会遇到一种特殊的刺激——强化刺激（“强化物”）。强化物有增强操作的作用——该行为马上就会领先其前。在行为之后出现强化物，重复该行为的可能性就会增加，而在行为之后没有出现强化刺激，那么这种行为重现的可能性就会下降。我们可以根据“强化程式”来系统地改变强化物传递给有机体的方式，这对于行为的保持具有至关重要的作用。例如，在连续强化中，有机体每操作一次某一特定行为都会得到奖赏。按照定比程式，行为与强化物之间的比率是不变的：例如，操作某一特定行为三次就会得到一份强化物。斯金纳还研究了不同的强化程式，发现按照这些程式进行奖赏的行为消退得非常慢。他提出，在人类身上，它们可以解释强迫性赌博的机制。行为矫正就是直接根据巴甫洛夫、华生以及斯金纳关于人类行为受自然规律支配、可预测、可控制等理论而得出的治疗技术。行为矫正最简单的形式是，选择需要重复的强化行为，然后通过识别和移除引起不想要的行为的强化物，从而消退那些不想要的行为。尽管在行为主义的鼎盛时期，这种技术受到了相当大的欢迎，这表现在内森·阿兹瑞英（Nathan Azrin）将操作性原理运用于代币物奖惩法的设计，以及 A. E. 卡兹丁（A. E. Kazdin）关于社会性退缩的成人的研究中。但是对行为矫正有效性的评价结果让人失望，这导致其受欢迎度下降。不过，阿诺德·拉扎鲁斯（Arnold Lazarus，在 1958 年造了“行为治疗者”一词）和丹尼尔·奥利里（Daniel O'Leary，将行为矫正技术用到了教室里）提出，行为矫正本身比严格的行为主义的刺激 – 反应观点所定义的具有更为广泛的特征，这一观点在抵制类似批评声音上取得了一些成功。

塑造（shaping）是斯金纳理论的一部分，依据这一机制，复杂行为被认为是由简单行为构成的。斯金纳对他的理论（包括塑造这个概念）最根本的运用是他关于语言习得的论述。一个婴儿的声音反应选择性地被条件作用为操作性的，从而导致词语的塑造，之后是短语，然后是句子，等等。在强化实践中的文化差异解释了世界各地会出现各种不同语言的原因。在 1959 年对于斯金纳《言语行为》（*Verbal Behavior*，1957）的评论中，**乔姆斯基**对于这种解释的批评，像《言语行为》本身一样，被看做是一部经典。因此，《言语行为》的出版在普及乔姆斯基的理性主义以及（用他自己的话说）非笛卡尔式的语言及语言习得理论方面起了重要的作用——正是斯金纳认为这是一个根本不合理的理论，因为这类理论的基础是存在“内在”心理过程的假设。在一些方面，斯金纳的思想与表达的明晰性使得他的观点尤其容易成为攻击的目标，并因此也加速了他的影响的消逝速度。例如，他的学习理论非常重视理解强化物导致刺激与反应之间形成联结的过程。但是，加西亚效应（Garcia effect，也被称为食物厌恶效应）证明，动物可以用与他的理论预测不一致的方式来进行学习。这个效应是根据约翰·加西亚（John Garcia）来命名的，指的是，如果动物在吃过一种新异食物之后生病，就会产生对该种食物的永久性厌恶——甚至只吃过一次，病也是在吃过这种食物之后几个小时生的，而且它并不是致病因素。类似的是，凯勒（Keller）和马丁（Marian）讲了一个有趣的故事，他们称其为“有机体的不良行为”。在20世纪50年代早期，他们几次尝试着获取斯金纳在鸽子和老鼠身上所得到的实验室发现，并将其运用于实验室之外更为自然条件下的其他物种身上。他们早期的尝试都很肯定、乐观。但是，后来在控制与塑造猪、浣熊以及母牛的行为时却非常意外地失败了。为什么会这样？“本能”，布雷兰德斯（Brelands）这样说。许多动物都受到强烈本能行为的限制，当试图通过条件作用形成与现存本能行为非常接近的新行为时，本能的影响尤其显著。在许多情况下，新的行为根本就不能通过条件作用而获得。斯金纳的行为主义中没有本能的位置，而这是其最大的局限之一。布雷兰德斯夫妇总结说：“没有关于其本能模式、进化史以及适合其生存的生态环境的知识，我们就无法恰当地理解、预测或控制任何物种的行为”（1961：684）。

尽管存在着这些批评，但斯金纳所认为的心理学是关于外显的、可观察的行为，这一研究观点仍然得到了广泛的支持，甚至许多认知传统内的心理学家也持这种观点，他们依靠可观察的行为来指出并推断潜在的心理过程。

B. F. 斯金纳的主要作品

'The concept of the reflex in the description of behavior', *Journal of General Psychology*, 1931, 5, 427-58.

Behavior of Organisms, Appleton-Century-Crofts, 1938.

Walden Two, Macmillan, 1948.

Science and Human Behavior, Macmillan, 1953.

Verbal Behavior, Appleton-Century-Crofts, 1957.

Schedules of Reinforcement, Appleton-Century-Crofts, 1957 (with C.B.Ferster).

Cumulative Record, Appleton-Century-Crofts, 1959.

The Technology of Teaching, Appleton-Century-Crofts, 1968.

The Contingencies of Reinforcement, Appleton-Century-Crofts, 1969.

Beyond Freedom and Dignity, Knopf, 1971.

About Behaviorism, Knopf, 174.

Particulars of My Life, Knopf, 1976.

进一步阅读

Bjork, D. W. (1993) B. F. *Skinner: A Life*, Basic Books.

Breland, K. and Breland, M. (1961) 'The misbehaviour of organisms', *American Psychologist*, 16, 681-4.

Chomsky, N. (1959) 'A review of B.F.Skinner's verbal behavior', *Language*, 35, 1, 26-58.

Lattal, K. A. (ed.) (1992) 'Special issue: reflections on B. F. Skinner and psychology', *American Psychologist*, 47: 1269-533.

Modgil, S. and Modgil, C. (eds) (1987) *B. F. Skinner: Consensus and Controversy*, Falmer.

Smith, L. D. (1986) *Behaviorism and Logical Positivism: A Reassessment of the Alliance*, Stanford University Press.

雷蒙德·卡特尔（1905~1998）

卡特尔（Raymond Bernard Cattell）运用高级统计技术，对人格与能力结构的测量与理解做出了十分重要的贡献。

雷蒙德·卡特尔有一个哥哥，还有一个弟弟。他的父亲（一位机械工程师）和他的爷爷拥有并管理着几家制造厂。雷蒙德出生在伯明翰附近，在他六岁的时候，全家人搬到了英格兰西南部的一个海边小镇上，这次生活方式的改变使他终生热爱大海。他赢得了一份奖学金，上了托基男子语法学校，15 岁的时候，他通过了大学入学考试。到 19 岁的时候，他就获得伦敦大学的一个化学学位。后来，他听说了西里尔·伯特（Sir Cyril Burt）先生与**高尔顿**的研究，这部分地影响了他想要学习心理学的决定。在弗朗西斯·艾维林（Francis Aveling）的指导下，他登记申请一个博士学位，并研究了认知的主观特征以及知觉的前感觉发展。一拿到博士学位，他就获得了作为埃克塞特讲师的三年任期，在这三年间，他与儿时的一位朋友莫尼卡·罗杰斯结婚，大约在卡特尔被任命为莱斯特城市综合技术诊所主任时，他们的婚姻瓦解，这之前他们已有一个儿子。在埃克塞特，卡特尔在伦敦获得了一个教育方面的文学硕士学位。他的学位论文《气质测验与言语重复症》第一次尝试系统地阐述他关于人格结构的观点。次年，他完成了他的第一个气质测验。

桑代克给他提供了一个哥伦比亚大学的研究职位，次年，也就是 1938 年，克拉克大学给他提供了斯坦利·霍尔（G. Stanley Hall）教授席位。尽管巴纳德学院（哥伦比亚大学的一个学校）的记录显示，他在那里教授实验心理学的一门课程，但是哈里·霍林沃思（Harry Hollingworth，巴纳德心理学系的创建者）回忆说，真正设计并教授那门课程的是一位助手。1941 年，卡特尔到了哈佛担任讲师，这使他接触到了**奥尔波特**、亨利·默里（Henry Murray，主题统觉测验的共同提出者）以及其他人格理论家。这还使他接触到了 S. S·史蒂文斯（S.S.Stevens）的数学心理学，史蒂文斯建立了哈佛的心理－听觉实验室，这个实验室进行了许多有关降低噪音和战斗用车辆与飞机中的通信技术等方面的研究，而且这个实验室还训练出了许多杰出的科学家，包括乔治·米勒（George Miller）和 J. C. R·利克里德（J. C. R. Licklider，因特网的一位思想先驱）。三年后，卡特尔接受了伊利诺斯大学提供的一个研究教授职位，他在那里一直待到 1973 年退休。在加入伊利诺斯教师队伍之后不久，他娶了卡伦·舒特勒（Karen Schuettler），她是一位数学家，后来帮助他处理研究中的数学和统计学方面的问题。他们有三个女儿和一个儿子。从伊利诺斯退休后，他花了五年的时间在科罗拉多从事研究，然后在夏威夷大学担任了一个无薪教授和顾问职位。去夏威夷大学的部分原因是，他逐渐恶化的心脏迫使他必须搬到一个海拔低的居住地。卡伦继续留在伊利诺斯，指导在经济上取得了成功的人格与能力测验研究所。定居夏威夷后，卡特尔娶了希瑟·伯克特（Heather Birkett），一位临床心理学家，并经常发表一些文章。

卡特尔对于我们理解能力与人格的结构做出了十分重要的贡献。他将人格界定为：在一个既定的情境中能够预测一个人将会怎么做的东西。这个定义的含意是，除非我们对研究中所计划用到的概念进行界定，否则我们就无法更为详尽地对人格进行界定。他区分了研究人格的三种方法：二变量的（一次对两个变量进行分析）；多变量的（同时对多个变量进行分析）；以及临床的。卡特尔对二变量方法持批评态度，因为他认为这种方法不能恰当地指出构成人格的许多因素之间有多复杂的关系。他认为临床方法是有用的，因为这种方法能够让研究者观察到所发生的重要行为。多变量方法与临床方法结合在一起，能够描述并帮助我们理解行为的复杂模式。在对于人格的探究中，他发展出了四种研究技术。P－技术，即在不同的情境、不同的时间，对一个人在一些测量上所取得的分数进行比较。这种技术的发展一定程度上是针对奥尔波特所做批评的反应，即奥尔波特认为卡特尔过分地依赖于对大规模数据的统计分析，而忽视了对个体的分析。Q– 技术，使得人们可以在大量不同测量的基础上联系在一起。R– 技术，根据他们在许多特定测量上的分数和表现，对大数量的个体进行比较。分化性 –R 技术，指的是在不同的情境中评估个体，并检测其变化与相似性。

在卡特尔的人格理论中，特质（或者"心理倾向"）是非常根本的。像奥尔波特一样，卡特尔集中于对特质的系统描述与结构分析，很少关注于对其根源的理论化。特质有多少种？奥尔波特确定了英语词典中大约有 18 000 个不同的特质词语，这显然太多了，以至于不能描述个体在人格方面的差异。20 世纪 40 年代，为了获得一种更为简约的一般结构，卡特尔开始了一项研究，主要使用了因素分析与相关的统计技术。（因素分析是为了将其还原为数量更少的潜在维度或因素，而对大量变量之间的联系进行检测。）他区分了两种类型的特质。第一种由能力特质、气质特征以及动力特质组成，而第二种包括表面特质和根源特质。能力特质与技术、能力相关，其中包括智力。气质特征与一个个体的情绪生活相关，而动力特质与一个个体的动机生活有关。表面特质指的是看起来在一个表面的水平上共变但却并不必然具有一个共同起因的行为。根源特质指的是共变且形成一个单一的、独立的人格维度的行为。表面特质可以通过临床探究，以及询问个体他们认为哪些特征与其相配而得以确定，但根源特质只能通过使用多变量统计技术而观察到。

卡特尔开始将他的因素分析经验运用于那些关于人格结构的问题，使用了等级评定、问卷以及客观行为测量三种方法。这一研究的成果是 16PF 问卷系列（16PF、HSPQ、CPQ、ESXO）以及 OA（客观分析）人格组。为了支持他关于人格的结构描述，卡特尔引用了一些证据来源：对于各种类型资料的因素分析、跨文化重复研究、跨年龄群体发现的相似性、在预测行为方面的有用性、遗传对于许多特质之作用的证据。为了详细地阐明遗传与环境因素对于人格的作用，他发展了多重方差分析，这在当时是在传统技术基础上的一个重大进步。他强烈地批判测验中的种族偏见，并敏锐地觉察到了文化力量对心理评价工具的影响。

在卡特尔看来，能力是按等级组织在一起的。在这个等级最顶端的是“g”，或者说是一般能力。在“g”之下是一系列变得越来越狭窄的能力，以**斯皮尔曼**的特殊能力为终结。根据一些支持性的经验证据，卡特尔提出，存在 20 种基本能力和 6 种次级能力。此外，他还对流体智力和晶体智力进行了区分。流体智力指的是个体解决新异问题的能力，而晶体化智力反映的是获得与使用在文化方面有价值的知识。通过与 J. L・霍恩（J. L. Horn）的合作（1966），他提出，晶体智力毕生都会提高，而流体智力在儿童期与青春期会提高，但到后来就会下降。与当时大多数的心理测量学家一样，卡特尔也是在这些观点的基础上提出他的取向的：特质是连贯建构的，特定的行为位于一个等级的较低水平；在这个等级结构的每一个水平内，随着时间的推移，特质是稳定的；在大量的不同情境与文化中，我们可以一致地观察到特质；对这个等级结构中任何水平上的特质的理解，都使得我们有可能对其他水平上的特质作出预测。

一些批评卡特尔理论的人提出，他庞大的理论结构中有一部分是由不充分的经验证据支持的——他所确定的根源特质中有一部分在其他研究者的研究中没有发现。有人已经提出，运用更为复杂的计算机硬件和更为先进的统计包对他的一些原始资料进行再分析，表明他的 16 个人格因素（16PF）可以还原为仅仅 5 个。此外，在 20 世纪 60 年代，出现了一种对人格特质理论的不满，并对他的四个主要假设的效度提出了怀疑，这个年代还见证了一种基于认知社会学习理论的新视角。例如，已经很明确的是，根据对一般化特质的测量，我们通常很难预测特定行为的表现。沃尔特·米切尔（Walter Mischel）使用“人格系数”这个术语来讽刺性地批评用问卷测量某种特质与特定情境下特定行为的发生之间的松散联系。米切尔的批评（为了争论的效果，他的批评在一定程度上夸大了）挑起了各种有力的回应，这些回应一直持续到现在。尽管卡特尔的研究与理论被热情地接受了，但是从这些看起来非常复杂的因素分析和高级数学模型中衍生出来的许多东西，有时候成了一些从业者接受或对其讨论的一个障碍。

1997 年，卡特尔被推选接受美国心理学基金会授予的心理科学终身成就金质奖章。这引起了批评者大量广泛、公开的反对，他们指责卡特尔的观点支持了种族主义原则。许多批评似乎都是对他以下这些观念之综合的反应：他关于进化的教条的达尔文主义观点，他特异的宗教信念——"超越论"，这是一种以科学为基础的宗教，它包括许多来自于生物社会学的概念，以及坚持进化是好事这一原则——以及一种特定的、会被误解为傲慢的英格兰人的超然态度。基金会推迟了奖章的授予，并成立了一个委员会来研究这些观念。1997 年 12 月，卡特尔给 APA 写了一封公开信，纠正了他认为会被误解的大量概念，并结束了对他的个人攻击："我相信，机会对于所有的个体都是均等的，我痛恨种族主义和种族歧视。任何其他的信念都是与我一生的研究相对立的。"那个时候，他的身体已经非常虚弱了，几个月后，他离开了人世。

雷蒙德·卡特尔的主要作品

'The main personality factors in questionnaire material', *Journal of Social Psychology*, 1950, 31, 3-38.

'P-technique: a new method for analysing personal motivation', *Transactions of the New York Academy of Sciences*, 1951, 14, 29-34.

'Refinement and test of the theory of fluid and crystallized intelligence', *Journal of the Educational Psychology*, 1966, 57, 253-70 (with J. L. Horn).

Abilities: Their Structure, Growth and Action, Houghton Mifflin, 1971.

Personality and Mood by Questionnaire, Jossey Bass, 1973.

Personality and Learning Theory, Springer, 1979.

The Inheritance of Personality and Ability, Academic Press, 1982.

Beyondism: Religion from Science, Praeger, 1987.

Intelligence: Its Structure, Growth and Action, North-Holland, 1987.

进一步阅读

Cattell, R. B. (1974) 'Travels in psychological hyperspace', in T. S. Krawiec (ed.), *The Psychologists*, Vol. 2, Oxford University Press.

Goldberg, L. R. (1990) 'An alternative "description of personality": The Big-Five factor structure', *Journal of Personality and Social Psychology*, 59, 1216-29.

Schultz, D. P. and Schultz, S. E. (1994) *Theories of Personality*, 5th edn, Brooks Cole.

约翰·鲍尔比（1907~1990）

作为一位儿童精神病学家，鲍尔比（Edward John Mostyn Bowlby）的名字与依恋理论是同义的。

鲍尔比的父母是安东尼·阿尔弗雷德·鲍尔比和玛丽/梅·布丽奇特·莫斯汀。他的父亲是一位著名的外科医生，在1897年的一次舞会上第一次认识梅。次年，他们结婚了：他43岁，她31岁。当梅搬进伦敦曼彻斯特广场24号（与牛津大街和巴克大街相隔）时，安东尼的姐姐范妮被迫另觅住处。范妮一直在为安东尼持家，这样被取代，她不是很乐意。而另一方面，梅发现身处这样一个房子中，感觉自己就要被范妮让人难以忍受的宗教信仰所影响了。更糟糕的是，这对新婚燕尔的人很快就由于1899年布尔战争的爆发而分开。在经过几年的艰苦岁月之后，安东尼和梅搬到了隔壁——曼彻斯特广场25号——而且一切都得到了极大的改善。他们有六个孩子，这些孩子被父母称为“女孩子们”（Winifred和Marion）、“男孩子们”（Tony和John），以及“婴儿们”（James和Evelyn）。看起来很可能“这两个婴孩”并不是计划中的，他们本以为约翰会是他们第四个也是最后一个孩子。像那个时代所有传统的上层和中产阶层的职业家庭一样，大多数抚养孩子的日常工作都是保姆和育婴女佣的责任。这会诱导我们认为，这样一种家庭环境中长大的人花大量时间来思考和撰写依恋和分离的问题是合情合理的。不过，鲍尔比夫妇就像爱德华家族中大多数富裕家庭的其他成员一样，但这个家族中也几乎没有再生产出约翰·鲍尔比复制品。

约翰一开始是在一位女家庭教师的指导下接受教育的。之后他进了一所条件优越的走读学校。第一次世界大战的爆发意味着约翰的父亲不得不接受命令，去法国前线服役大约四年，其间不时地回到伦敦家中小住。1918 年初，约翰和他的哥哥被送到了伍斯特（后来被重新命名为阿伯利学院）的林迪斯凡寄宿学校。1921 年，14 岁的约翰离开林迪斯凡，进了达特茅斯的皇家海军学院。无疑正是在这个时期，他获得了独特的支持，可以一心一意地投入一个使命，即理解儿童分离所产生的影响。1924 年，他作为一位海军学校学生在皇家橡树号战列舰上接受训练，但发现这项任务在大多数情况下都是无趣且要求不高的。然而，让他自己脱离海军并不容易——必须将他训练所花费的 400 镑偿还给海军部。约翰的父亲同意偿还这笔费用，并鼓励他的儿子去追求一份医学方面的职业，因为其能提供大量的机会。他是这样做的，首先他在伦敦大学学院上了要进入剑桥大学所需的课程。在剑桥，他上了一些自然科学方面的课程，这些课程可以让他从事医学方面的职业，但是两年后，他转向了精神科学。这包括哲学与心理学方面的课程，其中包括**巴特利特**关于生物心理学的讲座，当时巴特利特是剑桥大学心理学的权威。在剑桥的最后一年，鲍尔比阅读了弗洛伊德的《精神分析引论》（*Introductory Lectures on Psychoanalysis*）和威廉·H·里弗斯的经典著作《本能与无意识》（*Instinct and the Unconscious*）。

20 世纪 30 年代，他几乎要正式地与普鲁登斯·佩勒姆女士订婚了，不过这从未变为现实，因为他与她的妹妹发生了私通事件。这一事件之后产生了另一宗暴风骤雨似的关系，这次是与罗斯·埃尔顿，她是他的哥哥托尼的一个密友。正是罗斯，把他介绍给了厄休拉·朗斯塔夫。在爱尔兰度过了一个浪漫的假期之后，他们于 1938 年结婚了，那天正好也是厄休拉父母离婚的日子。又一次，考虑到鲍尔比对心理学所做贡献的本质，这些依恋的建立与破裂都可能是意义重大的。

他所接受的治疗训练包括琼·里维尔（Joan Riviere）对其进行的一段时间的分析。这些分析有时候是成问题的，他试图换另一位分析者，但是却受阻。里维尔的观点是，鲍尔比正经历一种持续的抑郁性事件，并要求他继续接受她的治疗。其他人也持同样的观点，于是他勉强地继续治疗。也许并不让人感到吃惊的是，1936 年当他向精神分析训练委员会申请资格证书时，却遭到了彻底的拒绝，说他的要求过于仓促且不成熟。经过进一步的分析后，他于 1937 年获得了资格，尽管到了那个时候里维尔也仍然怀疑他是否取得了足够的进步。

有时候我们可以这样推测，即如果鲍尔比对于依恋过程的兴趣不是他儿童期环境的产物，那么这肯定来源于他对二战期间无家可归与对父母 – 儿童分离的观察以及相关经历。然而，这样一种观点与以下事实是相矛盾的，即鲍尔比 1938 年就出版了他关于依恋和分离的著作。他的第一项实证研究以伦敦儿童引导诊所的 44 个个案记录为基础，证明了来访者症状与其母爱剥夺之间有重要联系。第二次世界大战中断了鲍尔比作为一位儿童精神病医生的从业经历，但是对政府官员选择程序所做的研究为他提供了机会，使他能够获得一个方法学与统计学方面的学位，这在那个时候对于一位精神病医生和精神分析学家来说是很不寻常的。战争一结束，他就被任命为塔维斯托克诊所儿童科主任，他将这个科重新命名为儿童与父母科。于是，他建立了一个聚焦于母亲 – 儿童分离的研究单位，1948 年，他招募了詹姆斯・罗伯逊（James Robertson）来协助他对住院儿童和被送进专门机构的儿童进行研究。罗伯逊是一个拒服兵役的人，他曾在安娜・弗洛伊德（Anna Freud）为无家可归的儿童所提供的住宿托儿所里烧锅炉。安娜・弗洛伊德要求所有的员工，包括罗伯逊都要记录儿童的行为，然后在每周的团体讨论中对这些行为进行讨论。罗伯逊是那种能够承担系统观察任务的人，而这正是鲍尔比所需要的。

最初对于依恋理论的系统阐述是鲍尔比和玛丽・安思沃斯（Mary Ainsworth）共同研究的。鲍尔比系统阐述了该理论的基本原理，通过这么做，他彻底改革了关于母亲 – 儿童联结以及通过分离、丧亲和剥夺来中断该联结所产生结果的心理学思想。安思沃斯的贡献是与一种新方法的发展联系在一起的，这种新方法验证了鲍尔比的一些观点，因此也扩展和修正了依恋理论。就在第二次世界大战爆发前，玛丽·安思沃斯在多伦多大学完成了她的研究生学习，就像鲍尔比一样，她的专业职业也是部分地由一段时间的战争服役塑造的——她是在加拿大女子军队。她陪同丈夫伦纳德（Leonard）来到了伦敦，这个时候，詹姆斯·罗伯逊已经在鲍尔比的诊所里待了两年的时间。她得到了一个职位，对罗伯逊的资料进行分析。

鲍尔比认为，当时的精神分析理论，以及母亲－儿童依赖是以次级强化为基础的社会学习观点都不能恰当地解释为什么儿童的茁壮成长需要一种亲密的、持续的育儿关系。习性学这个新领域似乎提供了一个针对罗伯逊所收集的观察资料的框架。罗伯特·欣德（Robert Hinde）给他提供了掌握习性学原理的机会，而鲍尔比为欣德提供了新的观点来从事他关于恒河猴母亲－婴儿在分离和重聚行为上的个体差异的研究。哈里·哈洛（Harry Harlow）关于恒河猴情感系统发展的研究是另一个强有力的影响，他宣称，婴儿期依恋并不是像**弗洛伊德**和**赫尔**先前提出的那样应归功于一种习得驱力。鲍尔比对于控制论尤其感兴趣，这是一种关于动物和机器之交流与控制的科学。他用控制论方面的受控行为体系这个概念——这种观点认为，为了操作简单的行为，复杂行为是作为一种计划层次来加以组织的——取代了弗洛伊德的 *tried*（大致意思是“驱力”）概念。通过这样的体系来调节的依恋行为不必在严格意义上是先天的，但是应该能够在不同程度上适应环境情境中的变化。

鲍尔比最初关于依恋理论的正式论述出现在三篇经典的论文中：《儿童与其母亲之关系的性质》（1958）、《婴儿期与儿童早期的悲伤和悲痛》（1960）和《分离焦虑》（1960）。后者挑战了安娜·弗洛伊德的观点，即认为丧亲的婴儿不能感到悲痛是因为他们的自我还没有得到充分的发展。他认为，不管什么时候，只要激发了依恋行为，悲伤和悲痛过程都会出现（在儿童和成人身上），但是那个依恋任务仍然不能获得，这一观点引起了精神病学家科林·帕克斯（Colin Parkes）的注意，科林·帕克斯以研究成人丧亲而闻名。帕克斯加入了鲍尔比在塔维斯托克研究所的科室，在对一些寡妇进行访谈之后，他与鲍尔比共同发表了一篇论文，在这篇论文中，詹姆士·罗伯逊所描绘的年幼儿童的分离反应，在成人生活中被详细分成了四个悲伤阶段：麻木，想念与反抗，混乱与绝望，最后是重组。

尽管安思沃斯是一位习性学方法的提倡者，不过她也认为，关于父母－儿童关系的一些理论观点遗漏了一个关键要点，即一个婴儿爱他的母亲是因为她满足了他的需要。安思沃斯由于发展了一种有些争议的研究程序，即奇异情境而受到称赞，这一程序最初是为了检测一岁婴儿的依恋和探究行为而设计的。该程序是由八个情节组成的，在其中，母亲和她的婴儿首先被带进一个游戏室。一段时间后，一个陌生人加入他们。这个陌生人与婴儿一起玩，而且，在这个情节中，母亲离开一小会儿。接着是第二次分离，母亲和陌生人都离开——婴儿单独一人。过一小会儿，他们都回到游戏室。关于这个看起来不会招致反对的程序的争论，与一些儿童所表现出来的忧伤水平有关。安思沃斯早期与鲍尔比合作，她为研究所做的贡献主要是建立了一个用于区分学龄儿童三种基本关系模式的体系，这些儿童在经过长时间的分离后与父母重新聚在一起：一些儿童对其母亲表现出了强烈的积极情感，一些表现出了矛盾的情感，还有一些表现出了漠不关心或敌意的情感。

鲍尔比的依恋理论基于对习性学、社会生物学、心理生物学、控制论以及认知结构取向的等概念的整合。他认为，他所提出的那种复杂的行为体系，能够带有预见性地发生在那些有能力建构环境及其在环境中行为的内部表征的动物身上。依恋理论的根本解释性原则是，人类在生物学上倾向于与他们的主要照看者形成并保持依恋关系。在鲍尔比看来，依恋指的是接近某个愿意亲近的个体的任何行为。依恋行为不同于其他诸如喂养、性行为等，但是却与这些行为具有同等重要性。依恋行为会导致情感联系的发展，开始是儿童与父母之间的情感联系，后来是成人与成人之间的情感联系。母爱是一种基于爱、反应性和连续性的双向过程。他认为，父爱通常扮演着支持母爱的角色，而家庭关系使得儿童–母亲关系得以发展。母亲与儿童之间的依恋在一个发展敏感期内更容易形成，这个时期大约从出生第三个月开始一直持续到第三年："与一个儿童在家庭内的经历相比，没有哪个变量会对人格发展产生更为深远的影响。从他出生第一个月与双亲建立关系开始，他逐渐建立了自己所依恋的人物在不同的情境中将如何对他作出反应的模型，并且在他接下来的人生中，他所有的预期以及（因此）他所有的计划都以这些模型为基础"（1973：369）。

依恋关系的形成、保持与中断是各种强烈情绪的根源。依恋行为通过让儿童亲近他/她的照看者而使个体生存下来。与依恋行为互补并以一种互补的功能发挥作用的行为是照看（母爱）。依恋行为终身都可能有活力。依恋行为的失调模式在任何年龄都可能存在；作为常见的失调是令人忧虑的依恋。个体依恋行为的主要决定因素是在儿童期与青春期对依恋人物的体验。一个成人的依恋行为会影响与其他成人的情感交往。因此，社会周期的发展可以在代际间保持其依恋风格。

鲍尔比对于母爱之重要性的信念已经导致了近50年的辩论。例如，女权主义者有时候就提出，他的观点是反女权主义的一种微妙的形式。一种相关的论点认为，通过将如此大的重要性置于早期母亲–儿童关系之上，母亲们就太容易成为大量政治的、社会的和经济失败的替罪羊了。还有人提出，依恋理论的一些主张过于简单，因为他们没有恰当地考虑到每一个儿童全部生活的复杂性。尽管存在着这些批评，但是依恋理论的许多预测至今都得到了充分的验证。最近更多关于不同种类的依恋行为的研究，如关于父爱、兄弟姐妹依恋以及（外）祖父母照顾等的研究，已经导致了对依恋理论的详尽阐述和精炼，而不是对其的否定。

约翰·鲍尔比的主要作品

Forty-four Juvenile Thieves, Balliere, Tindall and Cox, 1946.

Child Care and the Growth of Love, Penguin, 1953.

'The nature of the child's tie to his mother', *International Journal of Psychoanalysis*, 1958, 39, 350-73.

'Grief and mourning in infancy and early childhood', *The Psychoanalytic Study of the Child,* 1960, 15, 3-39.

'Separation anxiety', *International Journal of Psychoanalysis*, 1960, 41, 89-113.

Attachment and Loss, Volume 1: Attachment, Basic Books, 1969.

The Making and Breaking of Affectional Bonds, Methuen, 1970.

Attachment and Loss, Volume 2: Separation, Basic Books, 1973.

Attachment and Loss, Volume 3: Loss, Sadness and Depression, Basic Books, 1980.

进一步阅读

Belsky, J. and Newworski, T. (1988) *Clinical Applications of Attachment*, Erlbaum.

Bretherton, I. (1992) 'The origins of attachment theory: John Bowlby and Mary Ainsworth', *Developmental Psychology*, 28, 759-75.

Hinde, R. A. (1911) 'Relationships, attachment and culture: a tribute to John Bowlby', *Infant Mental Health Journal*, 12, 154-63.

Rycroft, C. (1985) *Psychoanalysis and Beyond*, Chatto and Windus.

所罗门·阿希（1907~1996）

阿希（Solomon Asch）承袭格式塔心理学的传统，进行了关于说服、社会压力以及从众的实验研究。

阿希出生在波兰的华沙，但是在他13岁的时候，全家人移居到了北美。他在纽约市长大，在汤森·哈里斯中学完成了他的高中教育，这是一所有为青年上的学校。作为哥伦比亚大学的研究生，阿希受到了鲁思·本尼迪克特（Ruth Benedict，文化人类学家）、奥托·克林伯格（Otto Klineberg，哥伦比亚大学社会心理学系第一位系主任），以及罗伯特·武德沃斯（Robert S.Woodworth，他关于动机的研究对于被称为机能主义思想流派的发展来说是非常重要的）的影响。毕业之后，阿希曾在布鲁克林学院和斯沃斯莫尔学院的社会研究学院任教了一段时间，但他主要的教学职位是在斯沃斯摩尔学院（1947~66），在那里，他是一个非常有影响的格式塔心理学家团体中的一员，其中包括沃尔夫冈·苛勒。这段时期包括他在两年的时间（1958~60）里作为普林斯顿高级研究院中的一员，与他的研究助手斯坦利·**米尔格拉姆**一起工作。阿希是鲁特格斯大学认知研究所的创立成员之一，该研究所创立于1966年。宾夕法尼亚大学的所罗门·阿希研究中心成立于1998年，目标是推进种族群体冲突与暴力领域的训练与研究。

我们可以将阿希许多显著的贡献与他最为重要的导师马克斯·**惠特海默**的观点联系在一起，惠特海默去世后，阿希继任了他在新学院的位子。正是惠特海默向阿希介绍了格式塔心理学的基本原理；而正是阿希和**勒温**，对于社会现象提供了一种格式塔的解释，与当时盛行的行为主义解释不同。像勒温一样，他也致力于发展一种可以解决主要社会问题的社会心理学。在他的经典著作《社会心理学》(*Social Psychology*，1952)中，他陈述了自己的“意图……不同于盛行的非认知说法，想要提出一种现象学心理学，其中社会事实与进程占有重要的位置”(p. ix)。他的取向中最为重要的观点是社会知觉就像视知觉一样，是有关联的。为了理解这一观点，我们有必要对阿希以及他的同事赫曼·威特金(Herman A. Witkin)所做的一系列经典研究进行描述。这些实验探查了人们对垂直的视知觉，目的在于调解一系列研究之间的矛盾：有的研究认为我们的空间定向主要依赖于体态方面的因素(如平衡感和方向感)，这与惠特海默在格式塔的传统内所进行的表明视野因素(我们正在看的一切)更为重要的研究存在矛盾。

在阿希等人的研究中，要求被试进入一个实验室，在这个实验室中，被试通过一个卡纸管确定位置，瞄准其在一面倾斜镜子中的映像。在这个房间里有一根棍棒，要求被试将其放好，以使其与真正的垂直线保持一致。被试不知道的是，阿希和威特金(Witkin)操纵了倾斜的镜子，这样知觉到的视觉景象与真正的垂直线之间的差距高达30度。结果发现，与他们从体态信息可以获得的信息相比(这种信息可能已经告知了知觉到的垂直与真实的垂直之间存在的一种差距)，被试对棍棒的校准与他们从视觉景象中可以获得的信息更为接近。他们证明了一种很小的视觉刺激能够引起相当大的定向错误，这与吉布森对于一种倾斜诱导效应的论证相似，由于这种倾斜诱导效应，观察者会报告说一条垂直的线段在与周围的背景线段相对的方向上是倾斜的，因此，当试图将一条线段调整为真正垂直的线段时，就会在背景线条的方向上出现错误。更为新近的研究已经表明，由局部视觉线索所导致的对于垂直和水平的知觉中所产生的变化，有可能可以解释许多经典的视觉错觉(Prinzmetal and Beck，2001)。

阿希和威特金指出，观察者对于倾斜房间效应的敏感性存在很大的个体差异，而且阿希对于这种现象的描述表明，他最先赋予了他所谓的“场关联”这一词以正面的价值。不过，威特金在几年后放弃了这种观点，并以一个个体依赖或独立于周围知觉场的程度为基础，系统阐述了一种关于场依赖的理论。

阿希关于社会知觉的研究使用了一个在概念方面类似的范式。例如，在一项研究中，他给被试提供了一系列人格特征（例如，温柔、坚决、友善），然后让他们就这些词描述的那个人的其他特征进行进一步的判断。这些研究得出了“首因效应”，由于这种首因效应，一个个体最先读到或听到的特征具有一种固定的或带有偏见的效应，并且在整个评价中比后来列出的特征有更为重要的影响。而且，通过给不同的群体列出同样的特征，除了一个关键的项目（例如，强硬、坚决、友善与温柔、坚决、友善相对），我们有可能估计出目标特征对于所形成印象的效应。一种关键特征的变化对于被试的总体印象会产生相当显著的影响，在此基础上，阿希提出，一些特征比其他特征更为重要。通过这样做，他描述了关于个体特征组织的推论结构，并表明，印象形成不仅仅是人们关于一个个体所能获得的一条条单独信息的综合。因此，任何两种被理解为属于某个人的特征并不能被解释为单独的单元，也不能将其看做不同单元的总和，而是“这两者进入一种即时的动力性的互动。主体并非知觉到这种或那种特征，而是两种特征产生了一种特殊的关系”（1946：284）。

尽管阿希的结果在实际中能否用更为复杂的（例如，倍增的）要素模型来加以解释还存在相当多的争论，但是对于他所开创的研究路线的重要性却几乎没有不认同的意见，而且关于印象形成的研究至今也仍然在他最先创立的总体框架内进行着。阿希表明，在一系列研究中可以用同一种方法来澄清“威望暗示”，在这些研究中，他改变了引语的归属，例如：“我坚持认为，不时地发生一些小小的叛乱是好事，在政治世界中就像在物理世界中一样，暴风雨是必需的。”当告诉美国人这句话是摘自托马斯·杰斐逊（Thomas Jefferson）的演讲时，与告诉他们这句话是列宁说的相比，他们更会同意这一引语。对这一发现，普遍的行为主义解释是以联想原则为前提的——人们根据学习原则来做联想，而不是在不可观察的、对内容进行理性评价的高水平基础上建立联系的——但是，阿希却主张，引语的含义受到被试关于该作者（说出这些引语的人）的看法的影响。因此，当他要求人们解释一些引语时，发现其结果因作者而不同，而这一发现无法用简单的联想来解释。阿希总结说，人们是在一个理性的框架内解释刺激信息的含义的。

阿希最为人熟知的是其关于说服、社会压力以及从众的经典研究。在这些研究中，他聚集了一些人，7个或8个一组，他们都是自愿来参加一个号称关于视敏度的研究的。实际上，这些被试中只有一个是真正的被试，其他的都是阿希的实验助手。给被试展示一系列的三条直线。然后给他们看第四条直线，并问他们这第四条直线是否与其他三条中的某一条一样长。每组被试中的每一个成员都要说出他们的答案，并且每一次都让那位真正的被试最后一个回答。几次试验之后（在这几次试验中，每一个人都给出了正确的答案，建立了一种正常的氛围），实验助手开始给出明显错误的答案。在这些情境下，阿希发现，不超过25%的被试至少在一些试验中拒绝顺从于群体中其他成员所报告的知觉。不过，还是有差别的：一些个体总是顺从于群体的决定，而其他个体则仅仅在一些试验中顺从。阿希关于顺从于群体压力的研究对群体动力学这一领域产生了重要的影响，并预期了米尔格拉姆和津巴多关于服从的研究。在这个方面，米尔格拉姆有意识地继续了由阿希倡导的关于从众的研究。

阿希原本预期他关于从众的研究会发现与穆扎弗·谢里夫（Muzafer Sherif）所报告的相似的证据，穆扎弗·谢里夫的研究表明，在观察一个视错觉时，只有当情境不明确，人们才会顺从于一个群体的判断。之所以有这种预期，是因为他想在自己的研究基础上，理解人们如何互相了解对方的心理。与吉布森以及格式塔流派的其他人一样，阿希也认为，人们是不可能简单地通过体验他人而推断他人某些心理状态的存在的。而且这种能力必须以在遗传方面易受影响的心理倾向为基础。这种先天论的立场，与他对于建立一种现象学心理学（在其中，社会事实与进程是非常重要的）的关注结合在一起，在他关于文化影响的研究中表现了出来。这是他与妻子弗洛伦斯（Florence）所共有的兴趣，表现在他们于一个霍皮印第安居留地所度过的一段时光："……我们开始时认为，个体拥有不同于智人的可靠属性，而且他们在社会中的行为以可靠的、独特的方式改变他们"（1952：119）。与心理学中许多杰出人物不同，阿希发表的作品很少，他的主要贡献包含在唯一的一部著作以及 35 篇杂志文章中，这向我们表明，一个人要想产生大的影响，并不一定要撰写很多东西。

所罗门·阿希的主要作品

'Forming impressions of personality', *Journal of Abnormal Social Psychology*, 1946, 41, 258-90.

'Studies in space orientation: I. Perception of the upright with displaced visual fields', *Journal of Experimental Psychology*, 1948, 38, 325-37 (with H. A. Witkin).

'Studies in space orientation: II. Perception of the upright with displaced visual fields and with body tilted', *Journal of Experimental Psychology*, 1948, 38, 455-77 (with H. A. Witkin).

'Studies in space orientation. III. Perception of the upright in the absence of a visual field', *Journal of Experimental Psychology*, 1948, 38, 603-14 (with H. A. Witkin).

'Studies in space orientation. IV. Further experiments on perception of the upright with displaced visual fields', *Journal of Experimental Psychology*, 1948, 38, 762-82 (with H. A. Witkin).

Social Psychology, Prentice Hall, 1952.

'Opinions and social pressure', *Scientific American*, 1955, 193, 31-5.

进一步阅读

Leyens, J. P. and Cornellie, O. (1999) 'Asch's social psychology: not as social as you think', *Personality and Social Psychology Review*, 3, 345-57.

Prinzmetal, W. and Beck, D. M. (2001) 'The tilt-constancy theory of visual illusions', *Journal of Experimental Psychology: Human Perception and Performance*, 27, 206-17.

Rock, I. (ed.) (1990) *The Legacy of Solomon Asch: Essays in Cognition and Social Psychology*, Erlbaum.

亚伯拉罕·马斯洛（1908~1970）

马斯洛（Abraham H. Maslow）在让人们接受人本主义心理学的过程中扮演了主要角色，他还提出了一种以需要层次概念为基础的动机理论。

亚伯拉罕·哈罗德·马斯洛是家里七个孩子中的老大。他的父母是没有接受过教育的俄国犹太移民，他们非常注意让孩子能够抓住每一个机会。由于是老大，亚伯拉罕承受着在学业上取得成功的很大压力，这种经验在他看来是有压力的，也是孤独的。他的父母鼓励他到纽约城市学院（CCNY）学习法律。三个学期之后，他转到了康奈尔大学，之后又回到了 CCNY。违背父母的意愿，他娶了伯莎·古德曼（他的大表妹，后来他们生了两个女儿），并搬到了威斯康星，在那里，马斯洛完成了心理学方面的训练。他的学位论文是哈里·哈洛（Harry Harlow，他为人们理解猴子以及人类身上情感系统的发展做出了重要的贡献）指导的，写的是猴子的统治与性欲。马斯洛回到纽约，在哥伦比亚大学与学习理论家**桑代克**共事，在那里，他开始对研究人类性欲产生了兴趣。几年以后，他在这一领域的专长使得阿尔弗雷德·金西（Alfred Kinsey）邀请他参与一个关于性行为的经典研究，但是这种合作从未变为现实，这在很大程度上是因为马斯洛发表了一篇针对取样框架与程序的批评性评论文章，而这种取样框架和程序是金西研究的基础。在哥伦比亚工作了两年之后，他来到布鲁克林担任一个教学职位，这使他接触到了其他的欧洲移民，其中包括埃瑞克·弗洛姆（Erich Fromm）、阿尔弗雷德·阿德勒（Alfred Adler）以及卡伦·霍妮（Karen Horney）。在这之后，他又到了布兰迪斯大学，并在那里一直待到提前退休（这是由于他多年身体不好所导致的）。此后，他被任命为加利福尼亚劳克林研究院的专职人员。1970 年，马斯洛由于心脏病而逝世。

作为人本主义心理学的奠基者，马斯洛最初是在行为主义的传统中接受训练的，并对心理生物学产生了强烈的兴趣。这一点在后来激发了他对人类动机的研究，他认为，这应该是对人的最终目标或欲望的研究。他没有试图列举出每一个目标和欲望，而是集中于研究它们之间的关系，并确定一般结构。他敏锐地觉察到了动物试图以先后顺序满足其需要的方式，这为他勾勒出一般的结构提供了指导。例如，呼吸优先于喝水，而喝水优先于吃饭。他确定了需要的五个水平：生理需要、与安全和安全感有关的需要、合群与爱的需要、尊重的需要以及自我实现的需要。更为基础的需要（例如，生理需要）优先于较为高级的需要（例如，自我实现的需要）。（马斯洛觉察到了好奇心作为一个重要的动机影响因素的存在，但是他不确定该将其置于他的层次中的哪个位置，所以选择将其忽略。）他使用人格综合征——有组织的、相互依赖的、有结构的综合征——作为主要分析单元，并集中于研究两种特定的综合征：自尊和安全感。他认为，这些综合征的倒转形式与低自尊和自卑情结有关。在这个方面，马斯洛与阿德勒的观点基本一致，认为更为基础的需要没有得到满足是许多心理问题的根源。例如，某人的儿童期特征是很少得到关注，那么长大后他可能表现出强迫性神经症，购买并储存大量的食物。在压力条件下，我们可能会退而关注满足低水平的需要，比如一段友谊结束时，我们可能会感到对于归属需要的强烈渴望。

他的理论的一个关键部分涉及较低（“缺失性”）与较高（“生成性”或“成长性”）需要之间的区分，这种区分类似于**奥尔波特**在生源性需要和心因性需要之间所做的区分。不管是根据进化论，还是从一个有机体的发展（例如，在成年期，而不是儿童期）来说，人们都认为，较为高级的需要出现得较晚。他还认为这些较为高级的需要对于生存来说并不是非常重要的——对于这些较为高级的需要的满足可以延迟——但是，一旦满足，它们就会与深远的自我实现感联系在一起。他使用坎农的体内平衡概念（保持生理平衡）来解释较为低级的缺失性需要（D-需要）是如何得到满足的。不过，他还认为：（1）只有在有利环境条件均具备（这种情形较罕见）的条件下，较为高级的生成性需要（B-需要）才能获得满足；（2）对B-需要的满足不涉及体内平衡。一旦获得满足或卷入，B-需要就会变得更强大，并激发一种持续的愿望来继续实现一个人的潜能，成为其所能成为的样子。他还提出，随着需要的满足，个人价值观的原动力会随需要的满足情形而发生变化。尤其是，我们倾向于高估那些能够满足我们强大且未得到满足需要的事物的重要性，而低估那些能够满足我们不太强大且未得到满足需要的事物的重要性，以及那些需要的力量。相反，我们倾向于低估已经满足需要的事物的重要性，并且会低估那些需要的潜能。

马斯洛是这样描述自我实现的人的："如果一个人无所期盼，没有预期，也没有忧虑，而且从某种意义上说没有未来……那么就可能没有惊奇，没有失望。所有事情都一样有可能……没有预期就意味着没有烦恼，没有焦虑，没有忧虑，没有预感"（1962：67）。他的希望是，通过提取自我实现的人的核心特征，产生某种关于特性、病理学（他从未认为自我实现的人是"完美的"）以及人类潜能最高水平的特征表。

对于他作为学生所学习的心理学，马斯洛的批评是，它太悲观了：人要忍受外部的敌意环境、内部的无意识本能。对他更为乐观的心理学理论框架的批评主要集中在他研究自我实现的方法上。他先确定出那些他认为是高自我实现的人，然后综合运用各种访谈方法，以及传记和自传描述，来提取出自我实现的核心特征。这种方法是以循环论证为基础的，即从访谈和许多资料中获得信息，用这些信息来精练自我实现的概念，进一步访谈，或者查阅进一步的资料证据，再次精练这个概念，如此反复。这种方法的难点在于，通过确定一个先验的人（是自我实现者或者不是自我实现者），马斯洛理论的发展就是以他个人对于自我实现的人（例如，阿伯特·爱因斯坦［Albert Einstein］、伊莲娜·罗斯福［Eleanor Roosevelt］、沃尔特·惠特曼［Walt Whitman］、路德维格·范·贝多芬［Ludwig van Beethoven］）的印象为基础的了。马斯洛意识到了这种方法所导致的问题，但他声称，采用这种研究方法主要是因为，要让人们意识到研究自我实现问题的重要性以及证明测量不是不可克服的困难。马斯洛强加给自我实现的限制也遭到了批评：他估计只有 2% 的人会获得自我实现，他 1970 年列出的名单上只包括九个活着的人和九个历史人物。这与**罗杰斯**的观点形成了对比，罗杰斯认为，自我实现是每一个有机体竭力去做的事情：成长并实现其生物学上的命运。因此，罗杰斯认为婴儿是人类自我实现的最佳例子，而马斯洛则认为自我实现在年轻人当中是很少见的。而且，马斯洛还主张，在自我实现之前，有机体会先满足较为低级的生物需要，然而很多在艺术与科学领域做出杰出贡献的人，都过着贫穷的生活，并因此忍受着身体与心理疾病的折磨。

马斯洛的影响部分在于其对当时盛行的机械的、行为主义的时代精神的反应，并且在于其对人类的状况进行了乐观、整体，甚至是神秘的论述。他的方法使心理学从研究行为转向分析整个有机体——人。尽管在各种需要的优先顺序方面，马斯洛的理论几乎没有经验证据的支持，但是它建构了一个非常有用的关于人格的描述性模型，以及一个很好的探究个体差异的框架。马斯洛心理学的一个持久特征在于，它关注幸福和潜能的实现。他对于理解心理幸福的构成要素的兴趣，与传统的对于“异常”以及心理疾病的兴趣形成了对比。他的人本主义心理学促成了新的治疗方法的发展，这些方法关注个人成长与自我实现，以及帮助人们克服障碍。其中最为著名的是罗杰斯的以来访者为中心的疗法。马斯洛的理论强调了个人的成长与“生成”,因此通常被描述为是关于人格“实现”的理论。同样，他与一些理论家一起，被称为“第三势力”心理学家。（诸如精神分析这样的“深层”心理学是第一势力，行为主义是第二势力，而人本主义心理学是第三势力。）在他的生命接近尾声的时候，马斯洛开创了他所谓的心理学中的“第四势力”：第四势力指的是超个人心理学，它从东方哲学中获得启发，研究冥想以及意识的不同水平。

亚伯拉罕·马斯洛主要作品

Principles of Abnormal Psychology, Harper and Row, 1941 (with B. Mittelman).

'A theory of human motivation', *Psychological Review*, 1943, 50, 370-96.

'Volunteer-error in the Kinsey study', *Journal of Abnormal and Social Psychology*, 1951, 47, 259-62 (with J. Sakoda).

Motivation and Personality, Harper and Row, 1954.

New Knowledge in Human Values, Harper and Row, 1959.

Toward a Psychology of Being, Van Nostrand, 1962.

Religion, Values and Peak Experiences (lectures), Ohio State University Press, 1964.

Eupsychian Management: A Journal, Irwin, 1965.

The Farther Reaches of Human Nature, Viking, 1971.

进一步阅读

Goble, F. (1970) *The Third Force: The Psychology of Abraham Maslow*, Grossman.

Hoffman, E. (1988) *The Right to be Human: A Biography of Abraham Maslow*, St Martins.

安妮·阿纳斯塔西（1908~2001）

安妮·阿纳斯塔西（Anne Anastasi）通过其非常流行的关于心理测验建构与运用的教科书，影响了几代心理学家。

安妮·阿纳斯塔西的父亲安东尼是西西里岛人，在她一岁的时候就去世了。父亲去世后不久，母亲这边的亲戚就把她从父亲家接了回来，之后她就再也没有见过父亲那边的人。她是由母亲特丽萨·高迪尔尼·阿纳斯塔西抚养长大的，母亲是意大利报纸 *IL Progresso* 的业务经理，同时，她在家接受外祖母的教育。9 岁的时候她进入公立学校上学，毕业时名列班级前茅。阿纳斯塔西非常喜欢数学，甚至到了痴迷的程度，她十来岁的时候就自学球面三角学(研究球体表面的图形)。15 岁时她进入纽约的巴纳德学院，想要获得一个数学方面的学位。但是，她受到了心理学的吸引，部分原因是阅读了**斯皮尔曼**关于相关系数的著作——关于两个变量之间关系的统计测量。1928 年毕业之后，她进入哥伦比亚大学，读亨利·加勒特（Henry E. Garrett）的博士。加勒特撰写了大量关于种族智力差别，以及将这些差异考虑在内，建立一种教育体系之必要性的作品，并强烈地反对美国南部各州的种族融合。不久就会发现，阿纳斯塔西的观点与之迥然不同。

在攻读博士学位期间，阿纳斯塔西遇到了她后来的丈夫小约翰·波特·福利，他当时也正在攻读博士学位。由于工作难找，1930 年博士毕业后，阿纳斯塔西在巴纳德学院获得了一个职位，而福利去了 200 多英里外的华盛顿的乔治·华盛顿大学工作。1933 年，他们结婚，一年之后她被诊断出患有癌症，治疗之后，她失去了生育能力。1944 年，福利在纽约的心理公司谋得一个职位。这就意味着福利和阿纳斯塔西所有时间都可以居住在他们结婚后不久就购买的房子里了。

通过她的丈夫，阿纳斯塔西开始接受人类学家弗朗兹·波亚士（Franz Boas）和心理学家雅各布·坎特（Jacob Kantor）的著作和观点。波亚士向她介绍了他的文化相对论和历史特殊神宠论概念：人类群体之间的差异是历史、社会和地理环境的产物，每一种文化都拥有一段独特的历史，我们不能假设存在一种适用于所有文化变革的一般规律。坎特是一位行为主义者，他提出了"交互作用行为主义"取向，因为他认为有机体及其周围的客观刺激是同等重要的。有机体及其环境之间交互作用的重要性是阿纳斯塔西研究的一个关键特征。她对人类能力的发展进程尤其感兴趣：她想要理解遗传因素与环境因素是怎样影响人类能力的发展的，但是她坚决反对将两者的贡献率量化。

在后来几代学生和专业心理学家那里，"阿纳斯塔西"这个名字与心理测量学（心理测验的设计与使用，以及将统计学和数学技术运用于心理测验）和差异心理学（对个体在行为方面之差异的量化研究）是同义词，这是因为她关于这两个领域的多个版本的教科书都非常流行。在柏拉图的作品中，我们可以看到一些最早的关于个体差异之重要性的洞见。当柏拉图开始提出理想国的设想时，他认为最重要的原则之一是，正确地分配给个体他们最适合的任务。两千多年以后，**比纳**与他的学生维克托·亨利（Victor Henri）开始发表关于差异心理学的目标、范围以及方法的研究——即对个体之间差异的分析，这是最早的系统分析。又过了 50 年，阿纳斯塔西出版了《心理测验》(*Psychological Testing*，1954)，该书对心理评估进行了百科全书式的介绍，给读者展示了测验设计、选择以及解释的基本原理。一直到她 80 多岁，她还在继续研究，以修正《心理测验》的内容。

阿纳斯塔西之所以产生这么大的影响，还在于她的作品明晰地解释了一些复杂主题，以及她关于遗传和环境影响之作用这个政治敏感性很强的辩论中所持的直率观点。她的教科书源自于她职业生涯早期开始教授的课程，就像在她的教学中一样，在这些教科书中，她的重要目标之一是，以容易的、可理解的方式来解释难懂的统计学概念和心理学概念。她的著作和研究反映了一种与实验心理学家哈里·霍林沃斯（Harry Hollingworth）（阿纳斯塔西在巴纳德霍林沃斯的系里工作了九年）相似的多面手倾向。例如，在《应用心理学领域》（*Fields of Applied Psychology*，1964）中，她向读者介绍了大量的应用知识，从工程心理学到临床心理学，并相当注意学科之间的相互关系，以及证实一些研究发现的重要性。她对于整合多个领域研究的兴趣，也在对单一主题的讨论中得到了证明，如心理特质的形成，就是从动物实验、对婴儿行为的观察、教育心理学以及人格研究等多种不同资料来源中得出的。

在一篇自传性的文章中，她指出，“机遇和控制点”是贯穿她生涯的一个主题，并且她还运用轶事来对这些观点做了论证。例如，她第一份全职的学院工作就是来自于一次与霍林沃斯的巧遇——他们在百老汇第119街道时相遇。他问她1930年的秋天有什么打算，一听到她说还没有打算，他就给她提供了一个职位。霍林沃斯后来给她写了一封短信，确证了这次约定。还有一件让人高兴的事情发生在1947年，当时她被推选为东部心理学会的主席。她描述自己的反应是“大吃一惊……让我吃惊，是因为我还只是一个助理教授”（1988：62）。对于同仁给她的极大尊重——她是美国心理学会第三位女性主席——与她对自身贡献的评价之间所存在的差距，她将其归因于自己一心一意地专注于完成那些需要进行的任务。1987年，美国总统里根授予她一枚国家科学奖章，承认了她为差异心理学的发展所做的贡献（同一年，**斯金纳**也获得了一枚奖章）。尽管获得了这样那样的荣誉，阿纳斯塔西并没有受到地位和声望的驱动，也没有受到想要获得他人的接受、尊重和赞同的驱动。她主要是想要承诺于自己所选择的任务并全身心投身于那一任务。她的大多数研究都来自于人们对心理测验的常见误解以及误用。随着团体测试的发展以及快速的、可行的测验的普及，这样的误用和误解在20世纪20年代和30年代成了一个问题。到20世纪60年代末，她提出，心理学家们“已经越来越多地将他们的努力投入到对测验编制技术的改进上，而忽略了他们测量的行为……心理测量学与心理学其他相关领域的隔离，是导致公众普遍对测验充满敌意的原因之一”（Lindzey，1980：297）。20世纪70年代期间，众人普遍认为可以设计出一种纯粹的、不受文化限制的智力和能力或成就测验，一定程度上是因为这样的测验似乎提供了一种可能性，可以解决这些领域中关于种族差异的一些争论。不过，阿纳斯塔西认为，试图设计此类测验从本质上说是错误的，因为他们无法避免地会受到一些性别社会化影响、民族或种族的影响。这不是一条特别受欢迎的信息，因为它清楚地表明，对于人类心理学任何方面——智力、人格、能力等——的“纯粹”测量都是不可能的。

在83岁时所写的一篇反省性文章中，她探查了先进的统计技术在主流实验心理学与心理测量学传统的和解中所起的作用。她总结说，心理测量学——心理测验的编制与使用——为支持以实验室为基础的、对行为进行研究的实验心理学提供了很多可借鉴的东西。在实验心理学中有一种倾向，即将被试行为的变异性看成某种让人讨厌的东西。阿纳斯塔西对此有不同的观点：“当研究人类行为时（不管以任何形式，从任何角度），你都会遇到变异性——广泛的、普遍存在的变异性。如果你忽略这种变异性，那么在基础研究中它就会以错误结论的形式、在应用研究与实践中会以错误决定的形式来缠着你”（1991：71）。

关于遗传与环境因素在行为发展中之作用的问题，成了阿纳斯塔西许多作品的基础。她是一位认知分化假设的倡导者——认知分化假设提出，人类智力的发展包括能力的分化和特殊化的过程，这个过程是由年龄、教育以及其他不太正式的学习体验所决定的。这在她以下的这些研究中得到了论证：她关于智力与家庭大小之关系的分析；她关于儿童和青少年创造力的研究；以及一个长期的关于住院治疗的精神病患者所画的图画的研究，该研究表明，与具体的病理学相比，病理学中许多所谓的征兆与个体成长经历中的教育、职业以及其他方面有着更为密切的关系。她还提出，心理特质的本质与起源涉及了遗传与环境问题，因此在对心理测验分数的解释中也应包括遗传与环境问题。在关于特质形成过程（心理特征是如何形成的）的模型普及之前很长时间，阿纳斯塔西就开始专注于理解能力的潜在原因。她的著作很有说服力地告诉我们：只要我们正确地理解社会文化、发展以及认知过程，在此基础上编制出恰当的、有效度的、在心理学方面基础牢靠的测验，就能在理论领域和应用领域表现其价值。

安妮·阿纳斯塔西的主要作品

Differential Psychology, Macmillan, 1937.

Psychological Testing, Macmillan, 1954.

Fields of Applied Psychology, McGraw-Hill, 1964.

'Psychology, psychologists and psychological testing', *American Psychologist*, 1967, 22, 297-306.

'The gap between experimental and psychometric orientations', *Journal of the Washington Academy of Sciences*, 1991, 81, 61-73.

进一步阅读

Anne Anastasi. 'Autobiography', in A.N.O'Connell and N. F. Russo (eds), *Models of Achievement: Reflections of Eminent Women in Psychology*, Vol. 2, Erlbaum, 1988.

Lindzey, G. (ed.), *A History of Psychology in Autobiography*, Vol. 7, Freeman, 1980.

罗杰·斯佩里（1913~1994）

斯佩里（Roger Wolcott Sperry）是诺贝尔奖的获得者，他设计了具有独创性的实验来分析大脑的组织及切断左右半球之间的联系后所产生的影响。

罗杰·斯佩里出生在康涅狄格的赫特福德，他的父亲弗朗西斯·布什奈尔在银行工作，母亲弗洛伦斯·克雷默·斯佩里从事的是商业性学校的培训。在他 11 岁的时候，父亲去世了，留下弗洛伦斯一个人照顾罗杰和他的弟弟罗素·卢米斯（后来从事了化学方面的职业）。她靠自己在当地一所中学担任校长助理的收入来维持这个小家庭的生活。斯佩里在康涅狄格的埃尔姆伍德和西哈特福德的威廉·霍尔中学完成了他的早期教育，也正是在威廉·霍尔中学期间，他创造了全州的标枪纪录，运动天分凸显了出来。斯佩里毕业于奥伯林学院，获得了英国文学学位，之后，在奥柏林学院雷蒙德·斯泰森（Raymond H. Stetson）的指导之下完成两年的心理学 MA 项目，在此期间，他作了一个转折性的决定，转向学习神经科学。他上了斯泰森的心理学课程，正是在一节这样的课程中，他获得启发想要写一篇论文，这篇文章就是《关于条件反射的神经基础》（*On the Neural Basis of the Conditioned Reflex*），该文章发表于大约 20 年后。这篇简短的文章对于那些想理解中枢神经系统通路以及条件学习的人来说具有重大的理论意义。尽管斯泰森专长于运动语音学以及对节奏的分析，但是他广博的学识激起了斯佩里对于哲学、人文学科以及经验研究的兴趣。

斯佩里在发展神经生物学家保罗·A. 魏斯（Paul A. Weiss）的指导之下于芝加哥大学攻读博士学位期间，学会了在立体显微镜辅助下来进行外科手术的技术，在他后来的很多研究中，他都用到了立体显微镜，并对其进行了改进。魏斯曾证明，两栖类的运动模式是在胚胎中自己创造的，并且明显地独立于特殊神经联结。斯佩里认为，魏斯关于两栖类的研究结果可以用神经回路发展中一种更为特定的控制类型来解释，而不是用当时所提出的那些理论来解释。在他的博士论文研究中，他在老鼠身上检测了相关的问题，通过移植其四肢伸肌和屈肌，以及切断其神经供给，验证了纤维联结及冲动特殊性理论。他发现，哺乳动物的这种运动系统（与当时盛行的学说不同）是硬连接的，并且高度地抵制再训练。换句话说，与魏斯的两栖类动物不同，哺乳动物神经或肌肉的错误联结会无限期地导致适应不良的反向四肢运动。

雷蒙·卡哈尔（Ramon y Cajal）关于轴突的描述曾表明，锥体细胞是以一种规则的、定向的方式发展的，这项研究使得他与卡米洛·格尔戈（Camillo Golgo）一起获得了1906年的诺贝尔奖。但是，斯佩里关于两栖视觉通路中轴突的强大再生能力的研究，提供了最强有力的证据，证明大脑中神经通路的形成是非常精确的。从1941年到1946年，斯佩里在卡尔·拉施里（Karl Lashley）的实验室里工作，开始作为国家研究委员会的成员在哈佛生物实验室工作，后来作为哈佛大学的一员在位于佛罗里达橙园的耶克斯灵长类生物实验室工作。

在一系列关于两栖动物眼睛旋转的实验中，动物的视觉神经被切除，而且眼睛旋转180度。再生后视觉会正常吗？或者该动物看到的世界永远是颠倒的、右－左反转的吗？是的，这些动物看到的世界是颠倒的，而且是从右到左反转的。不管进行多少再学习都不能改变那些反应（尽管改变后两栖神经系统再生的能力是相当惊人的），这表明，它们不是通过学习过程来组织的。斯佩里于20世纪40年代早期提出化学－亲合性理论，试图通过将神经细胞元素间的相互联结与分化的发展原则及细胞化学联系起来，以解释他的发现。他所假定的优先细胞－细胞亲合性的存在与调节作用，在由其理论引发的实验中得到了证实。尽管一些更为新近的研究已经向化

学 – 亲合性理论提出了挑战，但是它仍然是神经生物学中最为重要的发现之一。

正是与拉施里一起工作期间，斯佩里提出了将矫正神经和肌肉的外科手术用于人类运动丧失。当时，临床上常见的治疗方法是，通过外科手术将神经移植到对抗性的肌肉群，然后让患者参加一个集中的、为了重新训练被植入的神经而设计的复原项目。在服役期间，他劝说外科医生不要随意移植运动神经，因为其理论依据是错误的，这种错误的理论依据是，在通过外科手术将运动神经与异质的肌肉联结在一起后，人类大脑能够很轻易地学会这些运动神经的任何新用途。这对当时常用的治疗方案进行了重大修正。

在转到芝加哥解剖学系后不久，斯佩里就开始研究胼胝体（大脑中连接两个半球的部分）的机能。1949 年他经历了霉运，也遇上了好事：为了获得神经移植的组织，他从一只曾解剖过的猴子那里感染上了肺结核；不过让人高兴的是，他与诺玛 · 盖伊 · 德普里结婚，并很快有了一个儿子格伦和一个女儿珍妮特 · 霍普。斯佩里关于胼胝体的研究阐明了其在大脑两半球之间记忆转换以及眼手协调中的一些主要机能。约瑟夫 · 博吉恩（Joseph Bogen）提出，裂脑研究可以扩展至那些患有严重癫痫的人——早先的研究提出，连合部切开术对于智力和运动协调的总体水平似乎没有不利的影响。第一次胼胝体切除是于 1962 年在一位参加第二次世界大战的老兵身上施行的，当时他的健康正在逐渐恶化。手术之后，这个人在疾病的发作次数和严重性方面都急剧减少。后来在人类身上所做的研究使得研究者可以对大脑两个独立半球的认知能力进行比较，而这在此前是不可能做到的。在分析、顺序以及语言加工方面，大脑的左半球优于右半球，而右半球在整体比较和空间加工方面表现更好一些。因此，他的发现支持了德国生理学家古斯塔夫·费希纳（Gustav Fechner）的观点，他在近一个世纪以前曾预测，对大脑的分裂将会揭示在同一个脑壳中存在着两种意识领域。

休林斯 · 杰克逊（Hughlings Jackson）最早清楚地阐明了右半

球并不是大脑中一个屈从于左半球控制的、无意识和较小的部分。但是，这个观点在很大程度上受到了忽视（除了在罗素·布雷恩[Russell Brain]、奥利弗·赞格威尔[Oliver Zangwill]以及其他一些人的研究中有所提及），一直到斯佩里才证明右半球有其自身的意识，而且它可以以一种不同于左半球的方式而变得有意识、有理解力（例如，在非言语任务和视觉空间任务中）。斯佩里对人类裂脑研究所做的工作，激发了他的许多合作者进行了其他研究，如杰里·利维（Jerry Levy），他提出，大脑存在两半球的原因在于，语言的认知过程和空间知觉机能的认知过程是不相容的，需要将其分离开来。斯佩里关于大脑两半球机能的创新性研究，使他赢得了1981年的诺贝尔生理学和医学奖。

斯佩里发表的第一篇文章是这样开头的："那些希望了解行为的生理问题的心理学家，容易陷入神经学中，他们试图将大脑活动与体验模式联系起来……但是，在很多情况下，这样做的结果往往只是强调了心理学家所研究的整个体验与神经学家所分析的神经活动之间的差异"（1939）。尽管这一主题贯穿了斯佩里的整个研究历程，不过大约30年后，在他研究意识如何出现在统一的大脑中时，也出现了这样的问题。他提出，主观体验在大脑机能中扮演着重要的角色，然而，他又提出，需要用一种新的关于意识的概念来取代行为主义以及其他还原论的观点。在系统阐述这种新观点时，他强调了"突变"这个概念。当两个或更多实体（例如，原子或分子）之间的相互作用根据之前并不存在的新规律和属性创造出一个新的实体时，突变就出现了。在斯佩里看来，意识是神经活动的产物，它也依赖于神经活动，不过它与神经活动是相分离的。它是由人脑网络的活动生成的，在此过程中，大脑网络是一个相互作用的实体。这种新突变的属性——意识——不断地反作用于中枢神经系统，导致一个动态突变过程：反馈、新突变的状态，进一步反馈，如此反复。因此，在斯佩里看来，将意识还原为其独立的神经元素会消除意识的突变现象。

有人也许会认为斯佩里最初提出的那些问题在很早以前就得到了解决。例如，神经元在发展中是如何精确地相互联结在一起的？神经活动对于模式联结（patterned connection）的发展来说重要吗？这些以及其他一些问题至今没有得到完全解答，但是这也从另一方面说明了他的研究的重要性，即他的许多早期研究经常与当代的研究一起被引用。另外，斯佩里很快就认识到，由于心理能力的施展、维持和协调在大脑某一个半球占优势，这会有更广泛的实践意义。他对西方盛行的教育体系以及总体上的科学持坚定的批评态度，因为它们忽视了智力的非言语形式。他争辩说，整个社会都在歧视右半球。

罗杰·斯佩里

'Action current study in movement coordination', *Journal of General Psychology*, 1939, 20, 295-313.

'Effect of 180-degree rotation of the retinal field on visuomotor coordination', *Journal of Experimental Zoology*, 1943, 92, 263-79.

'Neurology and the mind-brain problem', *American Scientist*, 1952, 40, 291-312.

'Preservation of high order function in isolated somatic cortes in callosum-sectioned cats', *Journal of Neurophysiology*, 1959, 22, 78-87.

'Some functional effects of sectioning the cerebral commisures in man', *Proceedings of the National Academy of Science*, 1962, 48, 1765-9 (with J. E. Bogen and M. S. Gazzaniga).

'Language after section of the cerebral commisures', *Brain*, 1967, 90, 131-48.

'A modified concept of consciousness', *Psychological Review*, 1969, 76, 532-6.

'Changing priorities', *Annual Reviews in Neuroscience*, 1981, 1-15.

'Mechanisms of neural maturation', in S. E. Steven (ed.) *Handbook of Experimental Psychology*, 2nd edn, Wiley, 1988.

进一步阅读

Schmitt, F. O. and Warden, E. G. (eds) (1974) *The Neuroscience. Third Study Program*, MIT Press.

Voneide, T. J. (1997) 'Roger Wolcott Sperry', *Biographical Memoirs of Fellows of the Royal Society*, 43, 463-71.

杰罗姆·布鲁纳（1915~）

布鲁纳（Jerome Seymour Bruner）提出并运用了一种认知理论，聚焦于文化、环境以及经验因素在塑造人们的知觉和思考方式中之作用，这种思考自身的方式是取决于其生活背景的。

布鲁纳的父亲是纽约的一位手表制造商，在布鲁纳还是一个初学走路的孩子的时候，就经历了一系列的白内障手术以修复他的视力。在父亲赫尔曼去世之后（当时布鲁纳 12 岁），布鲁纳母亲罗斯经常搬家，尽管他的教育由于几次转校而不时地被打断，但是布鲁纳通过了考试，进入杜克大学以获得一个学位。在杜克大学，他修了威廉·麦独孤（William McDougall）的社会心理学课程。毕业后，他与社会心理学家伦西斯·李克特（Rensis Likert，**勒温**的一个同事）、社会学家哈德利·坎特里尔（Hadley Cantril，由于他对于舆论的研究以及他关于人们对奥森·韦尔斯［Orson Welles］声名狼藉的 1938“世界之战”广播之反应的研究而著名）一起，从事对美国军队智力的宣传和民众的态度研究。有一段时间，他待在德怀特·艾森豪威尔将军在法国的总部。在攻读博士学位期间，他与凯瑟琳·弗罗斯特结婚，在这段婚姻于 1956 年瓦解之前，他们育有一儿一女。在**奥尔波特**的指导下获得哈佛大学的博士学位之后，他成为哈佛教师中的一员。1960 年，他娶了布兰奇·马歇尔·麦克兰（他们于 1984 年离婚），并与乔治·米勒（George Miller）一起建立了认知研究中心，并担任该中心的主任。1972 年，他离开哈佛去牛津大学任教，并于 1979 年作为客座教授回到哈佛。两年后，他加入纽约市社会研究新学院的教师队伍，并在那里一直待到 1987 年（就在这一年，他娶了卡罗尔·弗莱舍·费尔德曼），然后去了纽约大学。

在 20 世纪 40 年代，布鲁纳和利奥·波斯特曼（Leo Postman）研究了“心向”（需要、动机和期望）影响知觉的方式。这种“新面目”取向（有时候是这样称呼的）将一种关于知觉和问题解决的机能论，与盛行的、认为知觉是一个单独的、可以脱离外部世界而进行分析的过程的观点进行了比较。例如，在他们的一项研究中，向儿童展示了玩具和同等高度的木块，结果证明，期望玩具会比木块大的儿童认为，玩具更高一些。在关于心向的进一步研究中，他们使用一台视速仪来显示成人快速看过扑克牌之后的知觉。他们特意做了一些设计，例如想办法隐藏其中的红桃 A。倘若被试并没有注意到红桃 A 的出现，他们就会报告说看到了他们所期望看到的——在这种情况下，是一张黑桃 A。

布鲁纳在认知心理学方面的研究引发了他对认知发展以及相关的教育问题的兴趣，在 20 世纪 60 年代期间，他提出一种理论，关注于文化因素、环境因素以及经验因素对每一个体特定的发展模式的影响。他对于思维发展的贡献在于锚定了这种观念，即人类的主要活动可以视为从现实世界中提取意义。这里，表征的模式很关键——它们是儿童学习的工具。三种表征模式（动作模式、形象模式、符号模式）的顺次发展，是布鲁纳的认知发展理论的核心。尽管后来的模式取决于先前的模式，但它们并不能构成发展的阶段。随着我们的成长，我们并不会丢失或因年龄增长而丧失先前的表征方式来获得或解释意义；我们一直保留着它们，并能在不同的情境中使用所有这三种模式。与先天论（认为知识是先天的，是由事件和经历引发的）和信息加工理论（认为去除发展限制，并且记忆和语言得到发展，知识就获得了）相比，布鲁纳的观点是一种主动的观点。知识是主动的、机能的，并且它需要有一种社会的或文化的背景。

在《超越所给的信息》（*Beyond the Information Given*，1973）一书中，布鲁纳首次系统地分析了这个观念，即概念形成的基础是生成关于此概念特征的假设。概念之所以重要，是因为它们简化了环境变量，并使得如何作出行动以及预测该行动的后果变得更为容易。概念形成包括要认识到事物有许多种类，而且形成概念的过程在人类直到青春早期的发展中是占支配地位的；因此，概念获得变得更为重要。一些认知策略被用来确保很快获得概念。为了详细地探究概念形成，布鲁纳用 81 张印有几何图形的卡片设计了一项任务，在这项任务中，当被试试图鉴别某些看不到内容的卡片所具备的模式时，给被试以反馈。这使得研究者可以对人工概念进行研究，因为这些卡片有四个维度，每一个维度有三个值。通过这项任务，他确定了四种获得连接概念的选择策略：同时性扫描、继时性扫描、保守性聚焦以及博弈性聚焦。人们通常会认为，对这些发现的解释相对直接：人工假设的获得是以一种假设－检验方法（在这种方法中，人们在一系列可选择的策略中做出选择）为基础的，并且，通过选择一种特定的策略，他们就表现出其他条件下不可能发生的认知操作。

不过，到了 20 世纪 80 年代中期，出现了越来越多的证据表明，不同策略的使用并不会影响所发生的认知操作的本质，而仅仅只会影响必须保留的信息的量。其他研究指出，人们并不是通过在可选择的策略中任意作出一个选择，而是通过创造一个关于该问题的心理表象并验证与所观察到的事件不同的假设，来获得人工概念的。此外，聚焦于自然范畴的可供选择的方法表明，许多概念都不具有界定特征。（一个界定特征是一个概念的一个方面，是承认具体的例子属于一个概念的必要的或充分的特征。）例如，“汽车”这个概念就不能将轮胎、一个方向盘和一个内燃机作为界定特征，因为卡车和公共汽车也具有这些特征。而且，在许多现实世界情境中，界定特征的缺失，使得确定哪些例子要包括进概念、哪些例子要排除变得非常困难。例如，在一些情况下，从医学专业上区分“活着的”人和那些“死去的”人就可能是相当困难的。

布鲁纳一直处于文化心理学运动的最前线，文化心理学运动这个论题可以在德国浪漫主义哲学家约翰·戈特弗里德·冯·赫德尔

（Johann Gottfried von Herder）的著作中找到其哲学根源。在发展一种关于语言与思维之关系的哲学方面，在系统阐述一种现代诠释学时——不过是作为解释理论而为人所熟知，赫德尔尤其具有影响力。布鲁纳发展了赫德尔的论题：身处一个文化群体之中，意味着以某种特定的方式来进行思考和行动，因此，文化在塑造语言和认知方面尤其重要。在布鲁纳看来，文化为每一种表征模式提供了放大体系：动作模式、形象模式、符号模式。因此，他谈论了行为的放大（如锤子、杠杆、轮子）、感觉的放大、观看的方式（如图片、图表），以及思维的放大（如语言、逻辑学和数学）。文化与认知的发展是紧密联系在一起的，一种发展理论必须包括一种教导理论，这种教导理论能够将文化放大器的次序与三种表征模式的发展顺序联系起来。在探究自我的社会根源和文化根源时，布鲁纳发展了一种关于民族心理学的解释视角，认为每一种文化都会产生出关于人们是怎样的、他们如何作出行动、他们为什么作出行动，以及他们如何处理问题的叙事。这些叙事通常描述了一种关于事物的规范状态，以及对于该状态的一种背离，并且这些叙事在使得这些背离变得可以理解时是有用的。

尽管我们所生活的世界是符号的建构，并且可能的世界有很多，但是布鲁纳把建构活动本身看做是反映了心理的普遍属性。这种立场使他脱离了传统认知心理学家的队伍，他认为，传统的认知心理学家们没有恰当地提出自我这个概念；他坚持认为，自我概念与关于人类意义的详细阐述是不可分离的。文化背景，这个具有共同意义的符号世界，是由处于这一背景之中的自我的词汇和语言特性构成的。一些评论者（如 Greenfield，1990）已经指出，意向性是贯穿布鲁纳大多数研究的另一个主题。意向性指的是这种关于“将要……”的属性，例如信念，以及关于某人或某物的希望的知识。例如，在他对于贫穷的发展心理学的分析中，布鲁纳提出，在贫穷环境中长大的儿童缺乏信息来建立手段－目的之间的关系，而这是目的性的、目标导向的、意向性的行为的特征。他关于语言获得的观点包括这一观念，即作为语言所特有的意向性，先于言语本身的发展。这就意味着，例如，婴儿在他们能够说话之前，就知道了很多关于交流的东西，如怎样获得他人的注意。因此，在布鲁纳看来，一个儿童对于语言的掌握，是建立在一种理解的发展之上的，即自己与他人之间的相互作用是意向性的。儿童与其照看者之间大量的交流就具有意向性的特性，这种意向性是我们在一位初学者与他的导师之间任何有意义的相互作用中都能预期看到的。

对于文化的心理学取向，布鲁纳通常持批评的态度，认为其偏向于以"纯粹的"形式研究记忆、思维、知觉以理解人类生物学与进化的因果原则。他认为，心理学的下一个阶段应该将更多的注意力投向人类生物学与文化之间微妙的相互作用。

杰罗姆·布鲁纳的主要作品

A Study of Thinking, Wiley, 1956 (with J. Goodnow and G. Austin).

The Process of Education, Harvard University Press, 1960.

On Knowing: Essays for the Left Hand, Belknap, 1962.

Toward a Theory of Instruction, Belknap, 1966.

Processes of Cognitive Growth, Clark University Press, 1968.

Poverty and Childhood, Merrill-Palmer Institute, 1970.

Beyond the Infomnation Given: Studies in the Psychology of Knowing, Norton, 1973 (co-edited with J. M. Anglin).

Child's Talk, Norton, 1983.

Actual Minds, Possible Worlds, Harvard University Press, 1986.

Acts of Meaning, Harvard University Press, 1990.

进一步阅读

Fiske, S. T. (1992) 'Thinking is for doing: portraits of social cognition from daguerreotype to laserphoto', *Journal of Personality and Social Psychology*, 63, 877-89.

Gopnik, A. (1990) 'Knowing, doing, and talking: the Oxford years" *Human*

Development, 33, 334-8.

Greenfield, P. (1990) 'Jerome Bruner: the Harvard years', *Human Development*, 33, 327-33.

Olson, D. R. (1990) 'Possible minds: reflections on Bruner's recent writing on mind and self', *Human Development*, 33, 339-43.

汉斯·艾森克（1916~1997）

艾森克（Hans Jurgen Eysenck）对于行为之生物基础的强调，导致了对智力与人格之生物测量的发展，而他对精神分析犀利的批评导致了其影响在主流心理学内被边缘化了。

汉斯·艾森克的父母（埃杜德和露丝）是演员，不过在他两岁的时候就离婚了。他出生在柏林，由他信奉天主教的祖母沃纳夫人抚养长大，沃纳夫人曾是一位刚起步的歌剧演员和演员，但由于一次医疗事故而导致残疾。她在二战期间死于一个集中营中。在上完俾斯麦大学预科和弗雷德里希·韦廉·里尔大学预科后，艾森克决定去伦敦大学攻读一个理论物理学方面的学位。由于缺乏恰当的准入资格，他选择了另一种不同的学科——心理学。那个时候，教师队伍人数很少，包括西里尔·伯特（Sir Cyril Burt）和精神分析学家 J. C·弗拉格尔（J. C. Flugel）。毕业之后，他继续在伯特的指导下攻读实验美学方面的博士学位。尽管艾森克在 1947 年就成为英国公民，但是在战争期间还是备受猜疑，而且像其他具有德国血统的人一样，他也不被允许服兵役。战后，菲利普·弗农（Philip Vernon，使用为人们熟知的因素分析的统计技术来分析人格与智力的结构）推荐他就任于穆勒·希尔（Mill Hill）医院的一个职位。在那个时候，他关于异常与临床心理学的知识是非常有限的，而且大多数都来源于德国精神病学家亚历山大·赫兹伯格（Alexander Herzberg）。因此，穆勒·希尔正式地将他引进了心理学的大门。奥布里·刘易斯先生（Sir Aubrey Lewis，莫兹利医院的主任）让他负责临床心理学，于是他发展出了英国第一个临床训练项目。后来，他被邀请在精神病学研究所（位于莫兹利）组织一个心理学部门，并被任命为这个部门的第一位教授，他在这个职位上一直干到退休。迈克尔是他与玛格丽特·戴维斯的第一段婚姻留下的儿子——他们是在艾森克获得第一个学位那天结婚的。离婚之后，艾森克娶了心理学家西比尔·比安卡·吉莱塔（Sybil Bianca Guiletta，小提琴家马克斯·罗斯塔尔 [Max Rostal] 的女儿），他们生了四个孩子。

艾森克的观点与研究受到了西里尔·伯特、**高尔顿**、**斯皮尔曼**、路易斯·瑟斯顿（Louis Thurstone）和**赫尔**的强烈影响。他发表的第一项研究对一系列心理能力的测验成绩进行了因素分析：重复了瑟斯顿的七种主要心理能力，并支持了斯皮尔曼的一般智力概念，即“g”。（因素分析检测的是大量测验之间的相关，并将它们还原为少量的维度或因素——类似于可见光的所有颜色可以被还原为三原色。）艾森克也广泛地使用了因素分析，他用其得出了少量的维度或因素，所有的人格特质都是在这些少量的维度或因素的基础上组织起来的。他的第一次尝试确定了两种主要的因素：外向－内向和神经质－稳定。外向－内向与社交性/武断、冷淡/被动性相关。神经质－稳定与心情易变/不安全感和情绪稳定性联系在一起。几年后，他补充了第三个因素——精神质（与攻击性的、冷淡的、反社会的行为相关），但是没有得到心理学界广泛的认可。与**荣格**的类型学不同，艾森克的取向试图将人格特质固定在经验意义上。他的两个主要因素在**卡特尔**关于人格结构的研究中得到了重复，而且也是通常所称的“大五”人格模型中的主要角色：外向、神经质、宜人性、责任心与才智（也称为经验开放性）。艾森克假设外向与神经质这两个主要特质有一个潜在的生物基础。他早期的思想受到了**巴甫洛夫**的皮质抑制－兴奋观念的启发。巴甫洛夫提出，大脑皮质中有两个过程对于学习来说尤其重要：兴奋，导致一个有机体获得条件反应；抑制，压制条件反应。艾森克还受到了克拉克·**赫尔**驱力强度——诸如饥饿或性这样的驱力的强度——这个概念的影响。他发展并修正了他的观点，而且后来认为外向是由大脑内部一个被称为皮质－网状激活系统中较低的唤醒水平来调节的。他认为，这种较低的唤醒激发个体寻求刺激以及从事其他的外向行为。他还认为，精神病是由大脑边缘系统中的稳定性决定的，并表现出过度反应性和恐惧。

埃森克认为人格是以生物学为基础的观点，使得他被看成一位先天论者，而且他发表了一些关于双生子和家人的人格联系的研究。他的一些学生和同事从事了选择性杂交实验，以获得不同的老鼠种族（反应性的 – 非反应性的）。他的研究对于行为遗传学而言，更大的意义在于他让人们注意到了个体差异之重要性，以及为什么每一个体与其他任何人都多少有些不同。与**奥尔波特**不同，他认为这并没有暗示现象学的方法有重要的作用，尽管他在整个研究生涯中越来越不反对现象学的方法。

艾森克最初关于人格的研究是以正常的成年人为基础，也本打算涉及成年人的。然而，他很快就提出，人格是与行为变化以及异常的心理现象紧密地联系在一起的，而且他的这一理论更新了**华生** – 莫勒关于恐惧条件作用和回避行为的理论。他的理论预测，具备某些人格类型的人将更容易患上特定种类的精神病，而且他找到了支持性的证据，即神经质的内向者将倾向于变得抑郁，而神经质的外向者将倾向于出现歇斯底里的病理症状。根据他的理论，与内向者相比，外向者唤醒不足，并倾向于寻求刺激，而神经质者与具有稳定人格的个体相比，容易更快地感到恐惧。在将这些观点扩展开并对犯罪行为进行解释时，他的理论预测，具有犯罪记录的个体，以及其他那些表现出强烈的反社会倾向的个体不太容易被条件作用，并且在神经质、外向以及精神质这三个维度上倾向于得分较高。艾森克认为犯罪行为可能具有某种遗传基础的观点，与其持生物学视角的观点是相关的，这类理论包括切萨雷·龙勃罗梭（Cesare Lombroso）、恩斯特·克雷奇默（Ernst Kretschmer）和 W. H · 谢尔顿（W. H. Sheldon）所提出的关于犯罪行为的各种理论。反社会行为有可能是在一个群体背景中习得的吗？选择性的社会化或形成一种反社会的生活风格，可以为持续和逐步升级的犯罪行为提供角色榜样和合理性。因此，对具有犯罪历史的个体进行人格测量，可能会得出其犯罪行为是社会化过程而不是遗传及生物学因素的结果。

支持艾森克观点的证据是混杂的，部分原因在于，将生物学因素与社会因素区分开并控制得很好的纵向研究少之又少。而且，证明那些具有犯罪历史的人在 E（extraversion，外向）的测量上得分较高的证据多少有些不一致。部分原因也许在于 E 测量的是两种东西，冲动性和社交性，而这在不同犯罪人群中（例如，坐牢的人，与那些犯了罪但还继续留在社会中接受缓刑监督的人是不一样的）的普遍率是不一样的。艾森克坚定不移地用遗传性的和生物学解释人格的行为以及精神病理学的出现，并没有导致他得出一种悲观的人格理论，这是因为他将适应不良的行为看做是习得的，这也就意味着有一些东西是无法习得。遗传与生物因素仅仅说明一个个体更容易习得某种类型的适应不良行为，而不是其他类型。因此，他关于治疗的观点强烈地受到了学习理论的影响，同时也受到了亚历山大·赫兹伯格（Alexander Herzberg）观点的影响。尽管赫兹伯格认为他自己是一位弗洛伊德式的精神分析学家，但是他的许多概念显示出其观点受到的是学习理论的影响，这可以在他的论点中得到证明，即为患者设定的任务应该根据其难度分成不同的等级。

艾森克是一位坚定的精神分析批判者，且由于将精神分析的作用在主流心理学内边缘化方面充当了先锋而必然受大量的赞誉（或者是谴责，取决于个人的视角）。他的主要观点是：精神分析理论并不是可证伪的，因此不能被看做是科学的；异常行为应归于已习得的适应不良反应，而不是无意识驱力；而且经验证据表明，神经障碍和精神障碍是不一样的，而且不像精神分析所宣称的那样表明了一种退行性连续体。他表明，精神分析治疗所报告的取得的成功，通常是基于不完善的研究设计和有缺陷的测量之上的，并且任何成功都可归于治疗者不自觉地以及不引人注意地运用了学习原则。

艾森克坚定地拥护开放性的科学探究，这反映在他对正统科学主义的批判，正统科学主义反对心灵学和星相学的探究，认为其在本质上是毫无价值的。艾森克认为，那些采纳这样一种观点的人，与那些宣称异常发现事实上暗含了心灵力量之存在的人犯了同样的错误。例如，他关于星相学的研究就是以米歇尔·高奎林（Michel Gauquelin）的研究为基础的，其研究仔细收集了客观存在的资料，表明存在着一种还有待于解释的效应——没有支持 J. B·莱因（J. B. Rhine）以及心灵学运动的其他发起人所赞成的非物质的、非机械的解释。艾森克信服高奎林的论点，即关于关系、观点与人格，星相学做出了可验证的断言。

艾森克是一位多产的作家，署名他是作者或编辑的著作就有 79 本，还有 1000 篇文章或章节。他的主要贡献在于系统阐述了一种人格理论：（1）使用了可以进行操作性界定的核心概念，并运用相关和实验技术进行了探究；（2）与关于中枢神经系统机能和学习的理论密切相关；（3）明确地与精神病理学和行为改变的理论联系在一起。围绕他的理论的大多数争论——他从来没有低估争论会带来一种好的结果——集中于他教条性地坚持人格特质是可遗传的。对其观点的攻击一定程度上反映了他们不同意当时的时代精神，即强调环境对行为的影响。有一些人将他看成一位种族主义者，还有少数人不合理地将他看成一位纳粹的支持者。尽管艾森克的观点与方法对心理学产生了深远影响，但是有人已经提出，他已发表文章的数量与其影响范围和程度之间是不匹配的。这在一定程度上可能是因为艾森克本人倾向于过分强调与他的观点相一致的研究的重要性。例如，在因素分析理论家中，他几乎是唯一一个认为只需使用两个或三个维度就可以对人格进行解释的人，而已积累的大量证据表明，需要很多维度才可以对人格进行解释。

汉斯·艾森克的主要作品

Dimensions of Personality, Routledge and Kegan Paul, 1947.

'The effects of psychotherapy: an evaluation', *Journal of Consulting Psychology*, 1952, 16, 319-24.

Crime and Personality, Routledge & Kegan Paul, 1964.

The Biological Basis of Personality, C. C. Thomas, 1967.

Sex and Personality, Open Books, 1976.

The Structure and Measurement of Intelligence, Springer-Verlag, 1979.

'The conditioning model of neurosis', *Brain and Behavioral Sciences*, 1979, 2, 155-99.

The Causes and Effects of Smoking, Temple Smith, 1980 (with L. J. Eaves).

The Great Intelligence Debate, Lifecycle Publications, 1980 (with L. J. Kamin).

Genes, Culture, and Personality: An Empirical Approach, Academic Press, 1989 (with L. J. Eaves and N. G. Martin).

进一步阅读

Gibson, H. B. (1981) *Hans Eysenck: The Man and His Work*, Peter Owen.

Gray, J. A. (1981) 'A critique of Eysenck's theory of personality', in H. J. Eysenck (ed.), *A Model for Personality*, Springer-Verlag, pp.246-77.

Modgil, S. and Modgil, C. (eds) (1986) *Hans Eysenck: Consensus and Controvery*, Taylor & Francis.

赫伯特·西蒙（1916~2001）

西蒙（Herbert Alexander Simon）是诺贝尔经济学奖的获得者，他在实验研究以及对问题解决和决策的计算机模拟中将经济学与心理学融合到了一起。

赫伯特·西蒙的父亲亚瑟·西蒙是一位电气工程师、发明家以及专利法律师，他的母亲埃德娜·西蒙是一位极有才华的钢琴师和家庭主妇。西蒙的儿童期是在密尔沃基与哥哥克拉伦斯还有爷爷奶奶一起度过的，他的叔叔有一段较短的时间也与他们待在一起。他的家人都喜欢户外活动，假期都是在威斯康星北部未开发的树林度过的。在他十来岁的时候，西蒙有几个夏天都是在威斯康星的一片沼泽地（他们家拥有一部分股权）上干农活度过的。高中毕业以后，他上了芝加哥大学，在那里他更愿意自学，并去上自己所选的课程。1937 年，他娶了多萝西娅·伊莎贝尔·派伊，他们一共生了三个孩子：先是凯西，两年后生了彼得，两年后又生了巴巴拉。尽管他的学术生涯是多产的，但赫布·西蒙一直过着俭朴的生活：一辆小汽车、一台高保真收音机，没有电视机。在国际会议上，我们可以凭借那顶独特的贝雷帽而很容易地将他认出来——他只有一顶，而且每次都去同一家商店购买替换的帽子。他与多萝西娅在同一间房子里住了 46 年，从来都没有想过要搬到任何更为豪华的房子里去住。他们的车也只是一种奢侈品——西蒙愿意每天走一英里去上班，然后下班再走一英里回家。

西蒙所接受的教育与职业生涯是从政治学和经济学开始的。他的大学学习包括在密尔沃基进行的一次关于娱乐管理的研究。毕业后，他继续对地方政府的工作进行了研究，主要是关于预算决策程序的性质的，开始时担任国际城市管理协会克拉伦斯·里德利（Clarence E. Ridley）的助手，后来他成为加利福尼亚大学伯克利分校公共管理局中管理测量研究小组的组长。尽管西蒙攻读的是政治学博士学位，但是当时的氛围支持自由训练，于是他完成了经济学、逻辑学以及数学生物物理学方面的课程。他的博士学位论文写的是组织决策，后来以《管理行为》（*Administrative Behavior*，1947）为名出版。这一方向的研究为他赢得了 1978 年的诺贝尔经济学奖。从 1942 年到 1949 年，他都是伊利诺伊理工大学教师队伍中的一员，并担任政治与社会科学系的主任。第二次世界大战中运筹学以及控制论的发展，与西蒙对决策过程的兴趣是一致的，他潜心于发展管理的决策模型。1949 年，他加入卡内基工学院（现在的卡内基－梅隆大学）工业管理研究生院，在那里，他在继续从事管理学研究的同时，对组织决策进行了实证性探究。他成为 RAND 公司系统研究实验室的顾问（大约在 1952 年），这使他与艾伦·纽维尔（Allen Newell）开始了意义重大的合作。

西蒙尤其受到了这一事实的吸引：正如经济理论中所假定的那样，有机体的适应行为并不追求“最大化”。为什么有机体会选择“令人满意”的行动方案而不是“将满足最大化”？如何最简练地解释“令人满意”的行为？纽维尔和西蒙在他们关于人类问题解决的研究中追寻着这些问题的答案，而且通过这么做，他们系统阐述并发展了几个在认知科学以及更为广泛的范围中产生深远影响的概念。对组织中决策过程的研究最初使西蒙关注问题解决过程；后来，由于早期对电子计算机的了解，他开始认识到，可以用它们来模拟人类思维。西蒙和纽维尔提出，问题解决包括选择可以用于某一特定问题的操纵器（手段），以达成目标（目的）。手段－目的分析是在一个问题空间进行的，这个问题空间包括知识的潜在状态，以及将一种知识状态转换为另一种知识状态的操纵器。手段－目的分析对处理过程的控制有着非常严格的要求：必须共同考虑目标状态以及相关的中间状态。但是这在更大的程度上是一种技术方面的考虑，因为真正的突破性发现表明，人们普遍接受的决策的经济模型与概率模型受到了误导，因为在解释有机体的行为时，它们比实际情况要复杂得多。

回到西蒙最初提出的那个问题：有机体及其环境中的什么东西使得其选择如此简单？第一，西蒙假定了一个单一的目标：找到食物。第二，有机体只需要维持生存所需的某一特定的食物摄入量而不需要最大量——西蒙称其为固定抱负水平。第三，有机体所能感知到的，与其环境的性质一起，抑制着其计划水平。第四，有机体的需要与环境在手段与目的之间形成了一种自然的分离："只要抱负固定，计划水平就会受到限制，在手段与目的之间就有了明显的差别，于是多重目标的存在并不能导致选择困难"（1956：131）。当然，如果这些条件中有任何一条放松，复杂情况就会出现，但是，纽维尔和西蒙以这种简练的计算工具开始，因为，从哲学的视角看，这是最为节俭的方法，而从实用主义的角度看，它们受到了当时工程学的限制。很多后来者希望通过详细的说明来界定认知，西蒙和纽维尔的"通用问题解决程序"（General Problem Solver）为他们提供了一个参考模型。他们的问题解决理论表现了它所解释的这个过程：他们的计算机程序可以理性地思考，但是不能求助于演绎逻辑。西蒙曾将理性决策界定为通过一系列步骤来选择有限数量行动的过程，即（1）列出行动，（2）确定它们所有的结果，以及（3）作出综合评价。这种界定方法的主要弱点是概念简单，但同时也是一个优势，这使得它在关于理性决策的计算中尤其有效。

艾德里安·德·格鲁特（Adriaan de Groot）曾出版了一部关于下棋中问题解决的突破性的教科书，在其中，他介绍并详细阐述了这个观点，即"组块"信息的能力对于专长的发展来说非常关键。在 20 世纪 60 年代期间，西蒙与巴伦费尔德（Barenfeld）、吉尔马丁（Gilmartin）以及蔡斯（Chase）合作对这一主题进行了探索，他们研究了下棋中熟练操作的知识成分，以及在任务情境下专家的知识通过识别线索而产生。与 J. R. 海斯（J. R. Hayes）一起进行的另一项研究探索了人们是如何理解言语指示的；而且后来的研究集中于模拟和解释科学发现的过程，并分析物理、数学以及其他学校课程的学习过程。因此，为了一步一步地拓宽在信息加工范式内可以解释的认知过程，西蒙主要研究了在学校里的人以及他们的工作所面临的最为广泛的认知任务。尽管所囊括的认知过程的数量越来越大，但西蒙和纽维尔的方法仍然强调，人们解决没有领域限制的问题时，其策略是相互联系的、不变的、可观察的。他们假定，这种相似性反映了人类信息加工系统并不是像通常所认为的那样复杂与微妙：人们拥有一些用来处理大量问题的基本启发法。（在许多方面，西蒙简朴的生活风格也象征了这种理论观点。）例如，《下棋中的知觉》（Chase and Simon，1973）表明，50 000 个视觉构形就足以描述一般情况下棋局中可能出现的所有位置。因此，识别特定构形的能力就成为下棋招数的基础。专业的棋手学会了将常见的构形识别为单一的知觉单元。当考虑某一个特定的位置时，专业棋手将会回想六或七个构形，其中每一个构形包括三到五个棋子。六或七个项目处于工作记忆的信息加工范围内，而棋手的智力技能可以用关于程序性知识的记忆来进行解释。

纽维尔与西蒙分析问题解决时的方法相当重视对任务环境的勾画。他们认为，完整理解问题任务的环境，与理解问题的所有解决方式是相当的。他们还提出，任务环境会对一个问题所表现出来的外表上的复杂性产生很大的影响，而且，既然人类信息加工系统不是非常复杂，如果问题解决行为看起来很复杂，那很可能是因为任务环境很复杂。关于他们的理论，人们提出了大量的问题。例如，在人工领域我们可以对任务环境进行完整的勾画，但是在更为自然的环境中就不可以。还有一个问题是关于口头报告的，西蒙和纽维尔非常重视被试的口头报告，他们要求被试在解决为他们所设置的问题时进行口头报告。尼斯贝特（Nisbett）和威尔逊（Wilson，1977）曾提出，人们对于自己的高级心理过程几乎不能或完全不能进行内省，因此他们对于自己如何思维的言语描述不可能是正确的。西蒙反对这种说法，他认为，当人们在报告一些他们确实意识到的东西时，他们对其心理过程是有意识的——也就是说，他们所报告的那些东西当前储存在工作记忆之中。还有一些批评指向了纽维尔和西蒙所使用的问题的性质。他们认为，纽维尔和西蒙的人造方案与真实世界中问题解决的能力几乎没有任何关系，而且在清楚界定的问题领域内可以引出的那种口头报告，在更为复杂的情境中很少（如果有的话）出现。在抽象问题中所使用的策略，也许在习以为常的日常生活中不会经常出现。因此，尽管"通用问题解决程序"非常强大，但是它至今仍主要用于诸如河内塔这样人为的、谜题一样的问题中，而很少成功地用于"真实世界"的问题中，这些"真实世界"的问题包括更多及更为一般化的背景知识。

尽管存在着这些批评，他们理论中有三个方面至今还在延续：寻找一个问题空间、目标导向的问题解决，以及不受背景限制的问题解决方法。

赫伯特·西蒙的主要作品

Administrative Behavior, Macmillan, 1947.

'Rational choice and the structure of the environment', *Psychological Review*, 1956, 63, 129-38.

'Elements of a theory of human problem-solving', *Psychological Review*, 1958, 65, 151-66 (with A. Newell and J. C. Shaw).

'Computer simulation of human thinking', *Science*, 1961, 134, 2011-17 (with A.Newell).

'Human acquisition of concepts for sequential patterns', *Psychological Review*, 1963, 70, 534-46 (with K. Kotovosky).

'Motivational and emotional controls of cognition', *Psychological Review*, 1967, 74, 29-39.

'Information-processing analysis of perceptual processes in problem-solving', *Psychological Review*, 1969, 76, 473-83 (with M. Barenfeld).

Human problem-solving, Prentice-Hall, 1972 (with A. Newell).

'Perception in chess', *Cognitive Psychology*, 1973, 4, 55-81 (with W. G. Chase).

Models of Thought, Yale University Press, 1979.

Protocol Analysis, MIT Press, 1984 (with A. Ericsson).

进一步阅读

Anderson, J. R. (1985) *Cognitive Psychology and its Implications*, Freeman.

Nisbett, R. E. and Wilson, T. D. (1977) 'Telling more than we know: Verbal reports on mental processes', *Psychological Review*, 84, 231-59.

Posner, M. I. (eds) (1989) *Foundations of Cognitive Science*, Bradford.

大卫·麦克莱兰（1917~1998）

麦克莱兰（David Clarence McClelland）最著名的是他关于成就动机，或者说是“成就需要”的研究，以及他对于那些具有非常强烈的成就需要的人所进行的研究。

麦克莱兰是家里五个孩子中的老三，他的父亲是克拉伦斯·麦克莱兰（他是基督教卫理公会的牧师，同时也是一所大学的校长），母亲是玛丽·亚当斯·麦克莱兰。麦克莱兰是一名忠诚的贵格会会员，并积极地参与许多组织、会议以及活动。他出生在纽约的弗农山庄，他的儿童期是在伊利诺斯的杰克逊维尔度过的。1938 年他在卫斯理大学获得了第一个学位，期间得到了学习理论家约翰·麦克乔克（John McGeoch）的指导。他 1939 年从密苏里大学获得科学硕士学位，期间在实验心理学家与记忆理论家亚瑟·梅尔顿（Arthur Melton）的指导下进行学习。他于 1941 年从耶鲁大学所获得的博士学位是在社会心理学家卡尔·霍夫兰德（Carl Hovland）和罗伯特·西尔斯（Robert Sears）的指导下完成的。在第二次世界大战期间，他是美国公谊服务委员会的助理人事秘书，同时也是布林·莫尔学院的兼职心理学讲师。后来，他在哈佛大学社会关系系度过了他的一个休假年（1949~1950），另一个休假年是在福特基金会的行为科学分会担任副会长（1952~1953）时度过的。1956 年，他被聘为哈佛的心理学教授，并在那儿一直待到 1987 年，然后去了波士顿大学，一直到去世，他都是那里杰出的心理学研究教授。

麦克莱兰最为著名的是他关于成就动机——“成就需要”的研究，人格理论家亨利·默里（Henry A. Murray）最先将成就动机描述为动机的一种社会形式，即为了达到优秀标准而产生的竞争性的内驱力。成就需要通常被缩写为 N Ach 或 nAch。麦克莱兰对于这一领域的兴趣源自一系列的偶然经历，其中包括在布林·莫尔学院讲授人格理论的课程。当时，唐纳德·麦金农（Donald W. MacKinnon）也在布林·莫尔学院。唐纳德当时提出了一种创造性成就理论（也是受到了默里的影响），与麦克莱兰的观点有很多的相同之处。默里是与**弗洛伊德**、**荣格**以及**马斯洛**齐名的理论家，他认为，任何人格理论都必须从解释人们为什么会做出各种行为开始——促成行为产生的能量之源是什么？弗洛伊德认为行为是为了满足欲望而被确定或激发的。在默里看来，最重要的动机问题是表明一个人行动目的的事情。要揭示一个人的行为目的，就要找出他们的需要。默里认为“需要”是一种理论建构，指的是组织感知、思维以及行为等大脑过程的神经心理力量。麦克莱兰关于动机的需要理论强烈地受到了默里的影响，他区分了三种类型的需要：成就需要、合群需要、权力需要。其中两种，成就需要和合群需要吸引了非常多的实证性研究，而麦克莱兰尤其感兴趣于对成就需要进行分析，原因有二。第一，他认为成就需要是一种人类所特有的动机，因此，仅凭这一点就值得对其进行认真思考。第二，成就需要似乎是许多西方社会（尤其是北美社会）的主要价值观，社会认可它，并反复灌输给儿童，在许多成就情境中，人们似乎普遍认为它是获得成功的关键性决定因素。事实上，麦克莱兰的研究在组织和教育情境中所产生的许多影响都在于，从成就需要是美国的一种核心价值观这个意义上说，他对于成就需要的社会意义的解读是正确的。

麦克莱兰主要研究那些有非常强烈的成就需要的人。他设计了一些方法来分离和描述高成就需要的人的行为特征，包括通过一种有独创性的、简单的游戏来进行实验室论证：人们必须自己选择定的距离，然后将圆环投到一个短桩上。麦克莱兰观察到，大多数人都倾向于随机地选择距离，有时候近一些，有时候会远一些，而且他们经常会在最近和最远点之间不断变换距离。但是，少数人——那些高成就需要的人——倾向于选择一个最大化其控制感的点，既不近得可笑，也不远得难以成功。他将此比作为生物过载（biological overload）原理。生物过载是以这一证据为基础的，即肌肉群不能通过操作非常简单的任务而得到增强和发展，并且可能会由于操作过于困难的任务而受损。通过采用一种既具挑战性但又能完成的、经系统安排的练习方式，肌肉将会得到最为有效的发展。但是，麦克莱兰同时也指出，高成就需要者的行为并不完全一致：他们是否会选择既有挑战性又能完成的目标，取决于他们是否觉得拥有合理的、可以影响结果的机会。这种观点对于心理组织行为、企业家以及冒险行为来说尤其贴切，因为它为冒险行为偏好中存在的个体差异提供了一种合理的心理学解释。

麦克莱兰还观察到，高成就需要的人倾向于关注个人成就——成就本身就是奖赏——而且不将成就看成诸如提工资和升职等奖赏的工具。不过，他们看重经济以及其他方面的奖赏，因为这些奖赏提供了有形的反馈，可以提示他们将要追求的挑战水平。这一观点与赫兹伯格（Herzberg）的动机－保健理论相关，该理论提出，高成就需要的人对激起行为的事物（工作本身）非常感兴趣，而低成就需要的人则更为关注于环境（例如，其他人对他们以及他们的表现的觉察）。在麦克莱兰看来，高成就需要的人之所以如此，是因为他们会经常想着要将事情做得更好。许多关于组织行为的研究表明，人们从哪里开始思考取得成功，事情就从哪里开始发生改变。当然，这回避了问题的实质：是什么导致高成就需要的人花如此多的时间来思考如何改善事情？麦克莱兰确信，成就动机是可以习得的，因此它也是可以培养的。对高成就需要的人的家庭背景所进行的研究支持了这种观点，这些研究表明，高成就需要的人在六岁到八岁的时候，其父母会鼓励他们表现出相对高水平的独立性。而那些低成就需要的儿童的父母要么比前者更早——太早——鼓励其进行独立思考和行动，要么一直到儿童后期都压制其表现出独立性。

针对麦克莱兰的理论的批评都集中于这一事实，即像默里的理论一样，它也没有详细说明对于成就需要的学习是如何发生的，而且能够提高成年人成就需要的过程也许与儿童早期那些形成性的过程不同。源自于其理论，在组织或工业情境中的干预遇到了一个矛盾：高成就需要的人通过完成事情而获得成功，但是他们关注任务的强烈倾向意味着他们也许会忽略那些与个人有关的问题，而这些问题是开发其他人的动机潜能所需要的。换句话说，那些集中于完成事情的人并不总能成为最好的管理者。其实际意义之一在于，用统一的东西来激励人是不能成功的，我们必须将激励方法与个体的动机需要相匹配。

麦克莱兰早期研究中关注的是那些非常害怕失败的人，他在这方面的研究受到的关注较少。越来越多的文献表明，回避动机也会产生一个复杂的认知网络以应对现实。后来对该理论所作的研究认为，人们受到激发，要么是为了获得成功，要么是为了避免失败。当避免失败的倾向大于取得成功的倾向时，如果结果是确定的，那么动机最强。例如，对一项相对简单的任务，就偏于取得成功；而对于一项非常难的任务，就偏于失败，这其中就表现出了强烈的避免失败的倾向。在这两种情境中，个体被认为“失败”的几率都非常小，因为不管对他们是否有利，结果都是固定的。当结果变得更为不确定时，这些人的动机水平就会下降，因为将失败归因于个人因素的可能性增加了。不过，对于那些受到激发的人来说，当取得成功的倾向超过避免失败的倾向时，那么在高度竞争性的情境（在这些情境中，结果基本是由能力水平决定的）中，我们就可以观察到动机的最高水平。

麦克莱兰提出的更具争议的观点之一是，在成就需要上得分很高的国家，倾向于在社会经济、财富创造、生活质量等方面更为成功。他投身于在全国开展提高成就需要的训练课程，这是两大因素的产物：他在大学期间所形成的贵格会意识，以及众多研究都支持他的理论观点。不过，这些干预，以及那些表明高成就需要并不代表高 IQ 的证据一起，也使得麦克莱兰越发地关注为什么传统的智力测验实际上几乎没有揭示出生活中取得成功需要哪些东西。他对此的观点与心理测验大师安妮·**阿纳斯塔西**的观点相似。

在麦克莱兰第一次开始研究成就需要时，他是用默里－摩尔根主题统觉测验（TAT）来进行评估的，这是一种获得了好评的投射性技术，包括 20 幅描绘模棱两可情绪的社会情境和事件的图画（后来版本中是 31 幅）。应答者观察一幅图片，然后构思一个故事，描述发生了什么事情，包括所描绘之人的思想和情感。麦克莱兰的持久贡献之一在于采用了该测验，并设计了一种更为严格、系统的方法，根据应答者投射于场景的人格特征、情感关注点以及动机来对答案进行评分。麦克莱兰的研究还发现，在测量成就需要时，TAT 的测量结果与自我报告问卷的测量结果之间的关联性很差。人们通常将此解释为 TAT 这样的投射性测量不仅麻烦，而且效度也让人怀疑，但是麦克莱兰却觉得差异不止这一点，事实上是因为这两种测量针对的是完全不同的心理过程。从这一点来看，他事先预料到后来人们关于个人口头报告信效度之间的争论，这一点也体现在西蒙等人的研究中。

大卫・麦克莱兰的主要作品

Personality, Sloane, 1951.

Studies in Motivation, Appleton-Century-Crofts, 1955.

The Achieving Society, Van Nostrand, 1961.

The Roots of Consciousness, Van Nostrand, 1963.

Power: The Inner-Experience, Halstead-Wiley, 1975.

进一步阅读

Birney, R. C., Burdick, H. and Teevan, R. C. (1969) *Fear of Failure*, Van Nostrand.

Wigfield, A. and Eccles, J. S. (2002) *Development of Achievement Motivation*, Harcourt.

伊莲娜·麦科比（1917~）

麦科比（Eleanor Emmons Maccoby）为我们理解父母-儿童关系在社会发展及性别差异形成中的作用做出了基础性的贡献。

伊莲娜·麦科比是一家四个女儿中的老二。她出生在华盛顿的塔科马，并在那里度过了她的儿童期。她的父亲曾是农场工人，家境贫困，以学业成绩很好而感到自豪，不过他后来通过努力获得了普渡大学的工程师学位。她的母亲兄弟姐妹有 7 个。她的父亲办了一个小制造厂，制造橱柜、门窗。在一篇自传性文章中，伊莲娜描述说她的父母很可能由于没有生个儿子而感到有些失望，而且他们把她当儿子来养：她有一个男孩子的昵称，头发也像男孩子那样剪成了短发——她是一个真正的像男孩一样的顽皮姑娘。在她大约 9 岁的时候，她的父母加入了神智学会，他们与该学会的其他父母一起建立起了一个神智学夏令营，从伊莲娜大约 10 岁起，他们家人都是在这个夏令营度过夏天的。一种强烈的青少年文化存在于这个夏令营中，而且如何提高青少年的智力也是一个受到欢迎的话题，并成为成人讨论小组的一部分。这些小组会讨论大量的政治和哲学问题，而伊莲娜后来也对与当时的社会和经济动乱相关的问题产生了强烈的兴趣。

麦科比在俄勒冈州波特兰的里德学院上了她的第一门心理学课程。这门课是威廉·格里菲思（William Griffith）教授的，他是埃德温·古斯里（Edwin Guthrie）以前的一个学生，也是一位狂热的行为主义者。由于被激发起对于行为主义的兴趣，她上了华盛顿大学，在那里，为了支付学费，她给一位心理学教师担任秘书，并将她几乎所有的空余时间都花在了系里。在那里，她遇见了一位学习社会心理学的研究生内森·麦科比（Nathan Maccoby）。在她读大四的时候，他们结了婚（后来生了三个孩子），1940年，他们搬到了华盛顿，内森就职于美国公务员制度委员会。她加入了伦西斯·李克特（Rensis Likert）的农业部项目调查科，并与**布鲁纳**及其他人有了交往。李克特将他的组织迁到密歇根大学后，麦科比一家也搬了过去。就在她完成关于鸽子之条件作用的博士论文那一年——她的博士学位论文之所以可能完成，部分是由于**斯金纳**允许她使用他在哈佛实验室中的自动化数据记录设备——她加入了哈佛发展社会心理学家罗伯特·西尔斯（Robert Sears）的队伍。当时，西尔斯正提出，研究的焦点应该远离对社会情境中的个体的分析，而转向关注人际行为以及作为一个分析单元的二元群体（两个人之间的相互作用）的重要性。在哈佛，她是一个育儿实践研究团队中的一员，这使得她与西尔斯以及莱文（Levin）一起出版了《育儿模式》(*Patterns of Child Rearing*，1957)。她与布鲁纳以及雷蒙德·鲍尔（Raymond A. Bauer）共同教授一门关于公众舆论的课程。尽管她是一位多产的研究者，但是性别歧视使得麦科比在哈佛不能发展至讲师水平以上，1958年，她来到了斯坦福大学，在那里，她被任命为副教授。

她与发展心理学家约翰·弗拉维尔（John Flavell）的相互影响使得她的兴趣从行为视角转向了认知发展框架。她尤其受到儿童能够主动地选择、加工以及组织其环境中的刺激这样的观点和证据的影响，并提出，发展心理学的主要任务是理解发展的顺序，包括规律性和变化。她也觉察到了**布罗德本特**关于知觉中注意的作用的新研究，同时也认识到布罗德本特几乎没有使用发展分析的方式。与一些同事一起，麦科比着手对选择性知觉的发展进行了一系列研究，这使得他们可以追溯注意一条信息而忽视另一条信息的能力，以及同时将注意分配于多条信息并进行加工的能力随年龄如何变化。

海伦·汤普森·伍利（Helen Thompson Woolley）进行了第一个关于性别差异的心理学研究，但是麦科比将所有的早期研究放到了一起，通过这么做，她成了儿童期性别分化研究领域的主要心理学家。作为研究社会化问题的社会科学研究委员会中的一员，她与卡罗尔·杰克林（Carol Jacklin）一起编辑了一本关于性别差异的著作《性别差异心理学》（*The Psychology of Sex Differences*，1974）。在书中，他们回顾了大约1600项关于性别差异的研究。大家对于该书的反应是多种多样的。有一些人认为他们所列出的性别差异太具选择性，而且也太过简洁；而另一些人则提出，对于性别差异的强调低估了关于性别相似性的大量研究的价值。一些批评者认为该书在解释性别差异时过多地依赖于生物因素，而其他一些人则提出该书过于优先考虑环境因素。不过，大家总体上都一致认为，他们所调查的研究证据都表明两性之间存在着四种明确的差异：女性的言语能力更优，男性的视觉空间能力更强一些，男性表现出更强的数学能力，而且男性比女性更具攻击性。《性别差异心理学》所引发的一些争论让读者们错误地认为，如果环境因素不能解释所观察到的性别差异，那么生物因素就应当被看做是默认的解释。事实上，麦科比和杰克林非常关注第三种解释，即以自我社会化概念为基础的认知发展解释。他们认为，儿童在自身发展的过程中具备一种主动因子，他们使用自我社会化来指这样的主动过程，即儿童凭其对自己面前的、与性别有关的各种角色和活动进行判断。例如，麦科比表明，最为性别刻板化的父母不会带出最为性别刻板化的孩子：在家务劳动的分工、父母对于性别刻板化的态度及其性别刻板活动与他们的孩子表现出性别刻板偏好和行为之间并不存在任何的联系。儿童的发展轨道之所以不同，是因为他们能够习得刻板的行为，但是他们也许会、或者也许不会用其来指导自身的行为。

麦科比和杰克林在二十多年前发现的性别差异的重要性现在似乎呈下降趋势。例如，对172项关于父母对男孩和女孩不同社会化的研究进行分析表明，认知与社会特征并不像麦科比和杰克林最初总结的那样重要，尽管并不能排除这一可能性，即在“符合性别角色”的行为的社会化中，一些表面上的小差异也许会在后来的生活中产生较大影响（Lytton and Romney, 1991）。例如，在世界不同地方进行的一些研究表明，男孩的言语技能已经获得提高，而北美的研究则表明数学方面的性别差异呈下降的趋势。现在，理论方面所取得的进展更强调亲子关系在性别差异出现过程中的影响，尤其重视父母与孩子之间的情感关系是如何对男孩和女孩产生不同影响的。下面这种观点与麦科比的论点一致，也是根据她的观点而得出的，即理解性别差异的最佳办法是分析关系，而不是分析独立于社会网络的个体。尽管我们在上面提出一些防止误解的说明，《性别差异心理学》依然是心理学发展中的一块里程碑。

伊莲娜·麦科比的主要作品

'Why children watch television', *Public Opinion Quarterly*, 1954, 18, 239-44.

Patterns of Child Rearing, Row-Peterson, 1957 (with R. R. Sears and H. Levin).

'Parents' differential reactions to sons and daughters', *Journal of Personality and Social Psychology*, 1966, 4, 237-43.

Experiments in Primary Education, Harcourt, Brace, Jovanovich, 1970 (with M. Zellner).

The Psychology of Sex Differences, Stanford University Press, 1974 (with C. N. Jacklin).

Social Development: Psychological Growth and the Parent-Child Relationship, Harcourt, Brace, Jovanovich, 1980.

进一步阅读

Golombok,S. and Fivush, R. (1994) *Gender Development*, Cambridge University Press.

Lindzey, G. (ed.) (1989) *A History of Psychology in Autobiography: Volume 8*, Stanford University Press.

Lytton, H. and Romney, D.M. (1991) 'Parent's differential socialization of boys and girls: A meta-analysis', *Psychological Bulletin*, 109, 267-96.

Stevens, G. and Gardner, S. (1982) *The Women of Psychology: Volume 2: Expansion and Refinement*, Schenkman.

理查德·格雷戈里（1923~）

格雷戈里（Richard L. Gregory）的工作反映了他终生对于错觉的研究兴趣，因为这些错觉能够揭示大脑是如何理解其所接收到的关于外界的信息的。

理查德·格雷戈里的父亲克里斯托弗·格雷戈里是伦敦大学天文台的第一任台长。理查德生在伦敦，在位于汉普斯得阿尔弗雷德国王学校接受的教育（1931~1940），第二次世界大战期间，在英国皇家空军服役（1941~1947）。在服兵役之后，他在剑桥的唐宁学院研读道德科学（哲学与实验心理学），在那里，通过与**巴特利特**以及神经心理学家奥利弗·赞格威尔（Oliver Zangwill）的接触，他对知觉过程产生了兴趣。毕业后，他花了两年的时间来研究潜水艇逃生的方法，之后被任命为剑桥大学的教师，并获得圣克里斯蒂学院的研究员职位。他创建了特殊感觉实验室，并就大量的主题进行了研究，包括婴儿期失明后视力的恢复、视觉歪曲错觉，还帮助美国空军研究月球登陆及停靠时的知觉问题。在此期间，他发明了一些研究工具：一台用来减小大气激流对行星和月亮登陆照片所产生影响的望远镜摄像机，一台光学深度扫描显微镜，以及一台三维绘图机器。他于1967年离开剑桥，到了爱丁堡大学，在那里，他与唐纳德·米契（Donald Michie）和克里斯托弗·朗格特–希金斯（Christopher Longuet-Higgins）一起共同创立了爱丁堡大学的机器智能与知觉系。也就是在那里，他制造了“Freddie”，即早期的智能机器人之一，它能够识别物体，还能够操作和操纵它们。尽管这项研究在国际上获得了相当多的认可，但是由于政府不提供研究人工智能的基金，他离开那里，到了布里斯托尔大学。在那里，他创建了大脑与知觉实验室，专门研究视觉与听觉过程，并重点强调医学在其中的应用，同时还成立并指导着布里斯托尔科学探索与技术中心。

从广义上讲，关于人类知觉的理论有三种：推论性的（与**赫尔姆霍茨**有关）、组织性的（如**惠特海默**以及格式塔学派的其他人所倡导的理论），以及生态学的（如**吉布森**所提出的理论）。格雷戈里的人类知觉模型是科学家式的知觉者。在这个方面，他遵从了赫尔姆霍茨（他曾提出，知觉的核心无疑是以包括推断在内的过程为基础的）的观点，并反对吉布森的生态光学理论："当前的感觉资料（或'刺激'）在熟悉的情境中不足以直接控制行为。即使感觉资料的缺口很大，行为也能够继续，而且尽管没有感觉输入，行为也会很适当……在工程术语中，我们无法监控物体的特征，这些特征必定是由于适当的行为而为人所熟知的。这表明，这些特征是从过去推断而来的。与此相关的非常具有暗示性的——实际上是占支配地位的——事实是，知觉是预言性的"（1974：xix）。因此，格雷戈里认为，视知觉的一个主要问题是，理解大脑是如何解释眼睛看到的外部物体的模式。这一点之所以很重要，是因为知觉包含的远远不是简单的觉察模式，它还涉及不同空间和时间中看到物体。感知这个行为是一个动态的过程，涉及大脑对所呈现的信息寻求一种最佳的解释。这种最佳解释呈现出一种"知觉假说"或预测的形式，当这种知觉假说或预测不正确时，就会产生视错觉。换句话说，视错觉是由于大脑对周围世界做出错误推测而导致的。

两可图片，即看起来既像一个物体又像另一个物体的图片，表明知觉系统有时候会使用匹配假设来解释世界中的百态。不过，这些匹配假设不是错误，而是人们感知周围环境的过程中普通知觉的必然结果。格雷戈里的研究表现了他对于研究错觉的一贯兴趣——将它们描述为知觉"异常"是错误的，因为它们是正常知觉过程的产物——以及对于研究中所学到的东西的兴趣。他撰写了大量关于错觉的文章，包括庞邹错觉（有时候也称为铁轨错觉，指的是平行的两条铁轨在远处看起来像是聚合的）和月亮错觉（指的是当月亮的位置低于水平线时，它看起来要大一些，而当它位于其最高点时，看起来比较小）。他用一种一般性的视觉恒常假说对很多错觉作出了解释。该假说提出，在一些背景中，错觉图形的一些部分被知觉为三维形状的东西所形成的二维投射。换句话说，大脑通常使用一种大小恒常机制来得出这样的结论，即两米以外的一个物体（例如，一个足球）与50米以外的同一个物体大小是一样的。当面前呈现某些种类的图像时，大脑就会错误地推断，图像中图形离得最远的部分大一些。视觉恒常假说非常好地解释了许多错觉，但是并不能解释每一个错觉。例如，当有些错觉得到了转换，它们并不会像视觉恒常假说所预测的那样消失。这促使一些理论家提出，一些错觉依赖于感知者的年龄与文化。不过，格雷戈里的解释基本是以这种观点为基础的，即视错觉是由通常具有适应性的信息加工机制导致的。

格雷戈里关于知觉者是科学家或问题解决者的观点吸引了很多人的注意，尽管有人可能会提出，在某些方面这种观点太过于想当然，而且还有一些问题没有得到解释。例如，它避开了我们如何成功地将某事物识别为该事物的问题。我们如何知道面前的物体是一张桌子而不是其他东西？为了理解我们识别眼睛看到的物体的模式，我们最先需要解释的是我们是如何识别模式的。要将某物识别为一种模式，就需要即拥有某些合适的模式范畴，以及有能力识别归入这种或那种范畴的例子。因此，从根本上说，知觉者在解释他们所看到的东西时，似乎需要一种先验的或先天的关于世界的知识——但是这种论述并没有表明这种先验的知识来自于哪里，而只是暗示它肯定是先天的。

格雷戈里关于知觉的论述表明，在看某种东西的时候，个体会将他们即时的知觉经验与先前的经验以及通过学习积累起来的知识联系在一起，但是如何使他人可以理解这是怎样做到的，它却相对说得很少。例如，没有哪两个人具有完全一样的经验，但是如果我们所知觉到的东西受到我们的经验的影响，那么我们如何才能确保人们以相似的方式来看待这个世界？这种批评并不是特别针对格雷戈里的观点——它对每种“自上而下的”关于知觉的理论都适用，在这样的理论中，知觉者被看做是积极主动地建构并将意义赋予感觉信息之上，而不是完全被动地对感觉刺激做出反应。对于潜在的一个非常模棱两可的视觉景象，人们都作出了相同的解释，这是如何发生的？格雷戈里理论中的假设是，解释的范围受到环境、遗传因素或者两者之结合的限制或决定。不过，还存在着另外一种可能性，即知觉范畴在社会性角度上看至少部分是人为的——它们是议定的协议，因此也是一种社会现象。例子可以参见本书关于**鲁利亚**和**维果茨基**的研究的讨论。

在知觉的其他领域，格雷戈里也取得了开创性的成果。他关于运动知觉的研究导致了对两种相互依赖的系统的确定和描述：图像－视网膜运动系统和眼－头运动系统。在图像－视网膜系统中，临近视网膜点的继时性刺激提供了物体运动的信号。来自于眼－头系统的信息被用来区分观察者所观察到的由图像－视网膜系统所提供的运动。这些系统使得观察者可以区分眼睛运动所导致的网膜像运动和物体相对于其背景运动所导致的网膜像运动。然而，一个几乎没有异议的事实是，格雷戈里最为著名的是他关于视错觉的研究，这在很大程度上归于他具有一种才能，可以在心理学和视觉中普及和使人理解一些复杂概念。

理查德·格雷戈里的主要作品

Eye and Brain, Weidenfeld, 1966; fourth edition, 1990.

The Intelligent Eye, Duckworth, 1970.

Illusion in Nature and Art, Duckworth, 1973 (co-edited with Sir E. Gombrich).

Concepts and Mechanisms of Perception, Duckworth, 1974.

Mind in Science, Weidenfeld, 1981; Penguin, 1983.

Odd Perceptions, Methuen, 1986; Routledge, 1988.

进一步阅读

Goldstein, B. (2000) *The Blackwell Handbook of Perception*, Blackwell.

Prinzmetal, W. and Beck, D.M. (2001) 'The tilt-constancy theory of visual illusions', *Journal of Experimental Psychology: Human Perception and Performance*, 27, 206-17.

Robinson, J. O. (1998) *The Psychology of Visual Illusion*, Dover.

阿尔伯特·班杜拉（1925~）

班杜拉（Albert Bandura）最先提出一种社会学习理论，该理论一直以来在理解攻击行为以及理解人类大量其他行为是如何由自我评价所激发和调节时发挥着重大影响。

阿尔伯特·班杜拉有五个姐姐，他是这个家庭中唯一的儿子，成长在加拿大阿尔伯塔北部的蒙代尔。他的小学和中学都是在那个乡村唯一的学校里度过的。他的心理学生涯是偶然出现的。他经常与工程系和医学预科的学生共乘校车去爱荷华大学，而医学院预科学生的日子开始得很早。由于早上很早到校就可以上心理学课程，所以他选择了这门课程并很快就迷上了心理学。在爱荷华大学，他与**赫尔**的一个合作者、学习理论家肯尼斯·斯彭斯（Kenneth Spence）一起学习，1952年，在临床神经心理学家阿瑟·本顿（Arthur L. Benton）指导下，他获得了临床心理学的博士学位。在读博士期间，他遇到了弗吉尼亚·瓦恩斯（Virginia Varns），护理学校的教员。他俩结了婚，后来有了两个女儿。1952年，他搬到了堪萨斯的维奇塔，在维奇塔辅导中心开始了为期一年的实习训练。然后，他去了斯坦福大学。

在职业生涯一开始时，班杜拉主要研究的是学习。那个时候大多数的研究都针对来自直接经验的学习。那时，人们普遍认为学习只能通过对刺激作出反应并体验其结果而发生。班杜拉感觉到，这条理论化路线与非正式的证据是不一致的，事实上，所有源自于直接经验的学习都是在一种旁观的基础上发生的——通过观察他人的行为以及这种行为在他们身上所产生的后果。尽管行为主义倾向于强调环境对于行为的影响，班杜拉却感兴趣于行为对环境的影响。

在这一方面，他的观点更接近于雅各布·坎特（Jacob Kantor）的立场，坎特的“交互作用行为主义”认为，我们应该同等重要地来看待有机体及其周围的刺激物，这一观点预示了生态心理学的出现。班杜拉称他关于环境－行为相互作用的概念为“交互决定论”，这一观念认为环境与一个人的行为互为起因。他将这个观点作了进一步的发展，开始考虑环境、行为以及个体的心理过程之间的相互作用。一旦他开始考虑心理表象的作用，他就不再是一个严格意义上的行为主义者，而成了一位认知心理学家。实际上，他经常被看做是认知行为主义的“奠基者”。

他的《社会学习理论》（Social Learning Theory，1977）开始在理论方面雄心勃勃地“为分析人类思维和行为提供一个统一的理论框架”（p.vi）。尽管将认知概念引入行为主义明显表明他脱离了传统的行为主义，不过这也标志着班杜拉开始了关于观察学习（模仿）与自我调节的研究。这一兴趣引起了一项关于观察学习的决定因素与机制，以及支配行为模仿的规则的研究项目。他区分了三种模仿：真实的（如一个朋友的行为），象征性的（如电视中一位演员的行为），以及文字的（如一篇段故事或小说中所描述的某个人的行为）。上个世纪通信技术的巨大发展（从收音机到电视，再到互联网）意味着象征性的环境在塑造价值观、观点、态度以及生活风格中起着越来越强大的作用，因此，班杜拉的研究与信息和通信技术在当代的发展尤其相关。

班杜拉尤其关注于新行为方式在社会中流行时象征性模仿的作用，并非常密切地从事一项被称为“充气娃娃”的经典研究，在这项实验中，他想检验通过观察成人榜样做出的攻击性行为，年幼的儿童能否习得攻击性行为。他让 3 到 6 岁的儿童要么观察一个攻击性榜样（一个成人拿着槌棒击打娃娃），要么观察一个非攻击性榜样（一个成人安静地玩玩具，忽略娃娃的存在），要么没有榜样（这是一个没有看到任何榜样的控制组）。那些看到过攻击性榜样的儿童比其他两组儿童更多地倾向于模仿他们所观察到的暴力行为。关于人们如何会认为伤害他人的行为是微不足道的，甚至是可以接受的，班杜拉的社会认知理论提供了一种最有影响的心理学解释。班杜拉与他的同事确定了一些认知机制，犯罪者可能会用其来弱化其行为于他人所产生的影响。这些机制包括道德合理化（例如，“我说谎是为了保护我的家人”）、给严重的攻击贴上委婉的标签（例如，“我让他陷入一点麻烦”），以及对后果的否认（例如，“我只是从大的连锁店偷了些东西”）。

班杜拉另一条主要的兴趣线旨在澄清个人动因的不同机制。这项研究主要关注于人们是如何控制他们自身的动机、行为以及他们的环境的。这一研究的一个主要关注点在于，人类行为是如何受到内在标准和预期的自我评价反应的激发和调节的——如果我做某件事情的话，我自己的感觉将会是什么样的。班杜拉认为，在个人动因机制中，没有什么比人们所知觉到的控制其生活的自我效能更为重要和普遍的了。他与第一个研究生理查德·沃尔特斯（Richard Walters，在一次摩托车事故中英年早逝）一同进行的关于攻击的家庭起因的研究，使人们更加关注人格发展中模仿的作用。像人格理论家沃尔特·米切尔（Walter Mischel）一样，他发展了一种社会认知理论，认为个体会积极地使用诸如记忆、问题解决等认知过程来考虑关于世界的经验，以及做出决策、计划行为。这与那些认为个体或多或少是一个对周围情境的被动反应者，或者是无意识驱力的一个牺牲者的观点完全相反。事实上，班杜拉与**艾森克**观点相同，认为精神分析过于依赖那些无法得到清晰界定的概念，他认为在获得心理机能持续变化方面精神分析的治疗方法不能证明其有效性，对该理论他是持高度批判态度的。他还批判那些过于强调儿童早期体验的论调，在这个方面，我们可以认为他与**罗杰斯**更为乐观、更为人本的心理学比较接近。与罗杰斯不同的是，后者注重创造一种有益于改变的治疗氛围，班杜拉更加强调实证经验对理论的推进，并且更注重真实体验对治疗的作用。

班杜拉强调研究行为的获得、保持和变化的过程，这一点与特质理论家不同，后者更为看重先天气质的重要性。社会认知理论认为，机能适应的个体都是非常和谐的有机体，他们能够适应环境，能够改变环境以适合其自身。自我不是一个固定的结构，而是一套认知过程：个体并不拥有一个被称为“自我”的心理结构，自我认知过程是从属于个体的一个构成部分。班杜拉将自我效能信念看做人类动机、幸福以及个人成就的基础。换句话说，除非他们相信自己能够通过自己的行为带来想要的结果，要不然的话，在面对困难的时候就几乎没有什么外因可以使其作出或坚持行动。有大量的证据可以支持他的观点，即个人效能信念几乎塑造着人们生活的每一方面——不管你的想法是乐观主义还是悲观主义的，个体都很容易遭遇压力和抑郁，也经常作出生活选择。不过，批评者提出，自我效能理论遗漏了这一点，即引导行为的事实上是结果预期：如果人们相信他们能够操作某一个特定情境中所呈现的任务，那么，激发他们行为的就是这种对于获得一个积极结果的预期。班杜拉回答说，设计得很好的实证研究应该能够解决这种争论，而且他指出了大量证据，表明自我效能信念与结果预期相比，能够更为精确地预测行为。

已有证据表明自我效能理论在临床干预中尤其有效。例如，自我效能分析指出，恐惧症（如恐蛇症）就是源于人们丧失了其自我效能感——能够对出现在面前的情境有效地作出反应的感觉。因为人们只有在实际应对一种情境后，才可以确信他们能够应对该情境，因此，治疗干预强调做出特定行为的能力，比如触摸蛇。尽管班杜拉赞同艾森克的观点，认为治疗之所以有效是因为它们减少了焦虑反应，但是他不同意治疗干预应该强调降低情绪应激水平的观点。相反，他认为治疗应集中于发展个体认为自己能够有效应对的信念感。治疗者的作用是，通过运用各种各样的技术，使患者参与令其感到害怕的任务，帮助他们熟练地操作那些任务，继而促成成功的结果。例如，感到焦虑和害怕的人可能会这么做，因为他们计划的能力要么被切断，要么在有效性方面减小，而且，这样的个体会集中于计划应对他们的情绪压力，而不是解决呈现在他们面前的情境问题。班杜拉提出，一个治疗者的作用可能首先涉及替代性掌握：一位患有恐蛇症的患者将首先观察其他人触摸蛇。随着治疗的进展，患者与治疗者更为密切地合作，以保持自我效能的增长与更成功的操作之间建立起交互作用。尽管这种类型的治疗方案取得了相当大的成功，但是批评者指出，它没有指出个体恐惧症的根源，没有重视这种恐惧症中可能暗含的无意识过程的作用，而且通常需要患者有相当复杂的、像成人一样的认知能力才能从一种治疗干预中获益。

正如约翰·范彻（John Farquhar）经典的“三社区研究”所表明的，班杜拉社会学习理论影响了大范围的应用研究，该研究将三种干预与一些农村社区匹配。一个社区通过大众传媒和直接邮件得到了关于预防心脏病的信息；另一个社区获得了额外的、为那些被认为处于高风险的人所提供的指导；第三个社区充当控制组。研究发现，在降低心脏病风险方面，大众传媒与直接的指导一样有效。更为普遍的是，50 年来，班杜拉的观点一直产生着相当大的影响，并获得了相当多的尊重。这些影响在很大程度上可以归因于他愿意将来自于心理学内大量亚学科中各种实证研究所获得的观点囊括进来。这种意愿表现在他为其理论所起的名字的改变中，从观察学习（反映了一种更为传统的行为主义观点）到社会学习理论（反映了一种更强调通过观察他人而习得社会行为的方式的观点），再到社会认知理论（强调了作为社会学习之中介的认知过程的作用）。

阿尔伯特·班杜拉的主要作品

Adolescent Aggression, Ronald Press, 1959 (with R. H. Walters).

Social Learning and Personality Development, Holt, Rinehart and Winston, 1963, (with R. H. Walters).

Principles of Behavior Modification, Holt, Rinehart and Winston, 1969.

Social Learning Theory, Prentice-Hall, 1977.

'Self efficacy: toward a unifying theory of behavioral change', *Psychological Review*,

1977, 84, 91-215.

Social Foundations of Thought and Action: A Social Cognitive Theory, Prentice-Hall, 1986.

Self-Efficacy in Changing Societies, Cambridge University Press, 1995.

进一步阅读

Evans, R. I. (1989) *Albert Bandura, the Man and His Ideas: A Dialogue*, Greenwood.

Hall, C. S. and Lindzey, C. (1957) *Theories of Personality*, Wiley.

Mowrer, R. R. and Klein, S. B. (2000) *Handbook of Contemporary Learning Theories*, Erlbaum.

罗伯特·卢斯（1925~）

"卢斯（Robert Duncan Luce）"这个名字无可避免地与数学心理学的发展联系在了一起。

卢斯出生在宾夕法尼亚的斯克兰顿，他的父母都是大学毕业生，在还是一个小孩子和十来岁的青少年的时候，他从未受到一种学术性职业的吸引，与传统的学校功课相比，他更喜欢画风景画。写作对于小时候的他来说是一个大问题，而且这个问题在他的整个一生中都存在。因此，他不愿意申请上大学也就不怎么让人觉得奇怪了，而他想要获得航空工程学学位的决定更多的是其对于飞机的狂热迷恋所激发，而并不是想成为一名工程师。具有讽刺意味的是，他直到 40 多岁才真正地学会飞行。在麻省理工学院（MIT）读大三的时候，他被招入一个写作补习班，因为他的功课经常被记为拼写差、写作差。到 1943 年夏天，卢斯已是美国海军的一员，而且在位于圣母玛丽亚的海军军官学校毕业之后，他在费城海军造船厂的弹射器与制动齿轮装置学校待了一段时间。三年后，他回到了 MIT，这次是作为数学系的一名研究生进入该校的。在他的整个生涯中，他从未上过一门心理学的课程，他是通过一位室友而偶然知道心理学的，这位室友当时正研究利昂·费斯廷格（Leon Festinger，一位社会心理学家，关注于对社会网络的分析）所提出的一些问题。当时 MIT 还没有心理学系，不过有一个小团体实验室。他在那里谋得了一个职位，研究的问题是许多工作团体会形成一种沟通结构，这种沟通结构影响了他们执行任务的方式。卢斯加入这个实验室不到六个月的时间，其主任亚历克斯·巴弗拉斯（Alex Bavelas）离开去了国务院，并将实验室的管理工作交给了卢斯和李·克里斯蒂（Lee S. Christie）。到了 1953 年，实验室已经很难运转。哥伦比亚大学社会学系的保罗·拉扎斯菲尔德（Paul F. Lazarsfeld）雇佣卢斯来管理一项被称为行为模型项目的研究。在此期间，卢斯继续研究用博弈论（数学的一部分，关注于对一群个体的决策进行逻辑分析）解释他在小团体实验室中所观察到的一些社会交互作用，而且他还与霍华德·雷法（Howard Raiffa）一起着手撰写《游戏与决策》（*Games and Decisions*，1957）。从 1954 年到 1955 年，他是斯坦福大学行为科学研究中心的一员，他的兴趣转向了期望效用理论（一种决策理论，其基本观点是为人们作出决定是为了使自己的预期利益最大化）。当卢斯回到哥伦比亚时，他清楚地感觉到，当时那里所使用的实验方法和数学技术都不足以用来理解全体工作人员正在研究的社会交互作用。在此期间，他了解了心理物理学（刺激的物理强度与被感知到的强度之间的关系），尤其是斯坦利·史蒂文斯（Stanley S. Stevens，他的大部分学术生活都奉献给了将数学运用于心理学）的研究。

在 20 世纪 50 年代早期，卢斯是北美为数甚少的数学心理学家之一，其他几个是理查德·阿特金森（Richard C. Atkinson）、罗伯特·布什（Robert R. Bush）、C. H. 库姆斯（C. H. Coombs）、威廉·埃斯特斯（William K. Estes）、乔治·米勒（George A. Miller）、W. J. 麦克吉尔（W. J. McGill）、斯坦利·史蒂文斯（Stanley S. Stevens）以及帕特里克·萨普斯（Patrick Suppes）。他们的兴趣在于对一些心理过程，尤其是决策进行数学分析。做决策是所有活着的生物的根本特征。它经常由于不确定性而变得复杂：我们不能确切地预测明天的天气会是什么样的，我们也无法预测在某餐馆点的饭菜是否如我们希望的那样令人满意。数学心理学家尤其受到这一事实的吸引：即在一些不同的选择中，人们不会一致地作出同一个选择，甚至所呈现的选择项不变时也是如此。经典的强度理论对此是这样解释的，他们提出，尽管提供给某一个体的两个选择项可以一直不变，但是他们可能作出的反应（接受或拒绝其中任何一个选择）强度以某种随机的方式而不同。例如，如果两个选择 x 和 y 彼此相似，那么，根据某一个体对每个选择将会作出的反应的强度，有时候 x 会强一些，而其他时候 y 会强一些。卢斯使用经典的强度理论来解释呈现给人们超过两个选择时他们将会如何作出反应，他发现，选择的一致性不能归于他们所作反应的强度之间的差异。他提出了一种不同的观点：对于不同选择的反应的强度不会随意地变化，反应是恒定的，但是对于不同选择的选择过程是不同的。因此，他的基本假设是，当有更多的选择时，个体在 x 和 y 之间的选择不会发生变化。他以一种数学公理来系统阐述这种观点，被称为卢斯的选择公理。

假设在一个餐馆里，给某人提供了一份菜单，而且我们知道，他有 20% 的可能性选择鸡肉，有 30% 的可能性选择鱼。这就是说他有 50% 的可能性选择菜单上的其他东西（因为 20% + 30% + 50% = 100%）。但是，如果服务员告诉他菜单上其他所有东西都没有了，那么选择鸡肉的概率就会上升至 40%，而选择鱼的概率会升至 60%。发生这种情况的原因在于，如果只存在两个选择，那么根据概率论，它们的概率加起来必须是 100%，而根据卢斯的选择公理，它们必定保持同样的比率。尽管卢斯的选择公理不能解释关于多种选择中选择行为的所有实验发现，但是几年以后，阿莫斯·特沃斯基（Amos Tversky）将这条公理推广到了被称为“逐渐减少”的原则中。根据逐渐减少原则，人们假定一位决策者拥有多种标准。每一种标准具有一个最小和最大的取舍水平。作出一个决策的过程包括选择一个标准，然后考虑所有与其相违背的选择项。那些不符合取舍值的选择项就被舍去。对于其他的标准也继续使用这种程序，直到所有（除唯一的一个选择外）的选择项都被舍去。运用标准的顺序是关键点，因为它会对结果产生重要的影响。特沃斯基使用这条逐渐减少原则来证明，当给某人呈现一系列的选择项时，每一个选择项都应该被认为具有其自身的选择结构。卢斯的选择公理是一种异常的情况，在其中没有这样的结构。丹尼尔·卡尼曼（Daniel Kahneman）、阿莫斯·特沃斯基和邓肯·卢斯的开创性研究在心理学之外产生了相当大的影响，例如，在选择理论与方法的发展与运用中，丹尼尔·麦克法登（Daniel McFadden）赢得了2000年的诺贝尔经济学奖。两年后，卡尼曼也赢得了该奖。

在20世纪60年代，卢斯与大卫·克兰茨（David H. Krantz）、特沃斯基及帕特里克·萨普斯一起从事一个项目，以系统地呈现及整合关于测量的非常广泛的多学科出版物。他们的一项主要任务就是找到最少数量的可以描述基本代数结构的数学结果，这些代数结构具有加法数字表征，并且关于测量之加法理论的所有结果都可以从其得出。这就意味着，事实上必须要对文献中的每一个结果进行重新证明，以符合他们的图式。

1967年，卢斯的第一段婚姻的破裂，他与他的第二任妻子辛西娅·纽比（Cynthia Newby）在里约热内卢逗留了一段时间。他们曾两次回到北美，在那里工作了较短的时间，第一次是在高等学习研究院（1969-1972），第二次是在欧文的加利福尼亚大学（1972-1975），之后去哈佛待了较长的时间（1976-1988），然后又回到了欧文。

卢斯对于心理物理学的的兴趣部分程度是因为数学在这一领域的发展中扮演了一个非常重要的角色。心理物理学是关于某物的物理量（一段时间的持续，或者是钱的金额大小）与其被体验到的量（体验到的持续时间，或者是钱的总额的有用性）之间关系的研究。例如，将一块手表放到你面前，核对一下时间，然后闭上眼睛45秒钟。睁开眼睛，再核对一下手表上的时间。心理物理学关注的是物理现实——手表上所记录的真实流逝的时间——与你所体验到的关于时间流逝的主观现实之间的差异。卢斯对于心理物理学的兴趣使得他开始研究人们在评价一个刺激的大小（例如，一个声音是否比另一个声音大），以及察觉一个刺激是否存在（例如，他们是否察觉到了一个非常简短的声音）时不同人所作反应的变异性。这里有一个基本的观念是，关于一个刺激是否存在以及两个刺激之间是否存在差异的主观评价涉及了某种不确定性。这种不确定性是诸如“两个声音的强度之间是否存在差异，或者我是否设想到了这种差异？”

此类问题。卢斯提出了一个数学模型，认为个体给予一系列刺激的感觉注意与下列因素直接相关：（1）以其为基础而作出决策的刺激的数量；（2）两种决策策略（他称之为计时和计数）的影响。一些关于决策的实验结果可以用这两点来加以解释，否则，就很难理解；不过，这些发现也清楚地表明该问题所涉及的方面要比这多很多，而且他的模型也不能解释所有的实验证据。

在他后来的研究中，卢斯认为，生理学家、物理学家古斯塔夫·费希纳以及斯坦利·史蒂文斯将对物理刺激的主观强度（心理物理学）的测量置于一个合理的科学基础之上的尝试是有缺陷的。他们都没有证明自己的理论假设是正确的。费希纳用最小可觉差（JND）这个术语来指有机体真正感觉到的物理刺激的最小变化，或者是这个有机体能够分辨出的两个刺激之间的最小差异。卢斯指出，费希纳假定 JND 是以加法的方式相互联系在一起的：一个 JND 与另一个加在一起，如此等等。这样，我们可以将关于一个刺激的主观强度看做一些 JND 的相加：一个主观体验非常强的刺激包括许多的 JND，而一个主观体验弱的刺激包括很少的 JND。史蒂文斯持一种不同的观点，认为两个刺激的相对主观强度之间具有的是乘法而非加法关系。不过，像费希纳一样，他也是从一个假设来开始研究的。卢斯系统阐述了一种理论，将费希纳的观点与史蒂文斯的观点结合到了一起，不过他用代数学来对他的理论进行了详细的说明，因此，他的理论中没有隐藏的假设，该理论的每一部分都是明晰的，并且可以用恰当的实验来对其加以验证。不过，卢斯给他的理论增加了一条防止误解的说明，他指出，虽然他的理论是以代数学来撰写的，但是其并不含有概率性质。换句话说，不能将他的理论与概率论联系在一起，而这很重要，因为行为是可变的、概率的。

尽管卢斯不可避免地与数学心理学的发展以及将量化技术运用于行为分析联系在一起，但是他经常对心理学家们不加批判地使用统计学表示担忧。在他看来，许多心理学家都陷入了一种思维方式，这种思维方式是因为他们对于统计学的依赖，而不是因为他们想要解决问题："对于其目的而言（主要是关于农业是否可能取得的成功、工业和药物干预的决策），统计推理技术是很好的，但是它们并不特别适合于科学推理，因为归根到底，科学推理是试图模拟正在发生的事情，而不仅仅是决定一个变量是否会影响另一个变量"（1989：281）。

邓肯·卢斯的主要作品

Games and Decisions, Wiley, 1957 (with H. Raiffa).

Individual Choice Behavior, Wiley, 1959 (co-edited with R. R. Bush and E. Galanter).

Handbook of Mathematical Psychology. Volumes 1, 2 and 3, Wiley, 1963-65 (with D. H. Krantz, P. S. Suppes and A. Tversky).

Foundations of Measurement, Academic Press, 1971.

'A neural timing theory for response times and the psychophysics of intensity', *Psychological Review*, 1972, 79, 14-57 (with D. M. Green).

Foundations of Measurement, Volumes II and III, Academic Press, 1989/90 (with D. H. Krantz, P. S. Supes and A. Tversky).

Sound and Hearing, Erlbaum, 1993.

'A psychophysical theory of intensity proportions, joint presentations, and matches', *Psychological Review*, 2002, 109, 520-32.

进一步阅读

Bockenholt, U. (1992) 'Multivariate models of preference and choice', in F. G. Ashby (ed.), *Multidimensional Models of Perception and Cognition*, Erlbaum.

Bundesen, C. (1993) 'The relationship between independent race models and Luce's choice axiom', *Journal of Mathematical Psychology*, 37, 446-71.

Luce, R. D. (1989) 'R. Duncan Luce', in G. Lindzey (ed.), *Psychology in Autobiography, Volume III*, Standford University Press.

唐纳德·布罗德本特（1926~1993）

布罗德本特（Donald Eric Broadbent）使用实验方法来帮助人们更好地理解广泛情境中的人类行为，尤其是他关于选择性注意的研究。

唐纳德·布罗德本特生于伯明翰，他的父亲是一家本部在英国的跨国公司的总经理，在第二次世界大战爆发之初就离开了公司，也离开了家人。战争早期，唐纳德和他的母亲生活在兰迪马的一个小威尔士村庄里，后来，他们搬到了莫尔德。他的母亲在当地的商业事务所任办公室助理，用微薄收入维持母子两人的生活。唐纳德是在温彻斯特学院上大学的，学费来自他父亲的养老金、“助学金”以及学校的奖学金。1944 年，他开始服兵役，他的 RAF 训练是在北美进行的，在那里他第一次认识了心理学这门学科——当时，英国的大多数年轻人都没有听说过心理学。他被吸引了，开始考虑人们要用复杂的技术进行工作时会产生的问题，而这也促使他从工程学转向了心理学。因此，他最初被心理学吸引是因为需要设计适合人们完成工作的技术环境。在他整个职业生涯中，他都一直信奉这一观念，即心理学家应该发展出能够在公众感兴趣的方面付诸应用的合理理论，而且他提供了大量的证据，证明了解决实际问题的研究如何能够促进和形成理论的创新。**巴特利特**领导的剑桥心理学系尤其适合于有这样兴趣的人。彭布罗克学院的招生委员会曾认为他应该读一个化学方面的学位，但是经过他再三说服之后，他们放弃了。

战争期间为了解决用户的技术问题，认知心理学在应用层面上取得发展，进而导致 1944 年在剑桥建立了医学研究委员会的应用心理学组。布罗德本特一毕业就加入了这个应用心理学组，从事与环境应激源对人类认知操作影响相关的主题的研究，这是他整个职业生涯中一直在研究的主题。1958 年，他成为组长，在接下来的 16 年时间里，他塑造着这个组，创造了一种将理论研究与应用研究混合的持久的氛围。

1949 年，布罗德本特与玛格丽特 · 怀特结婚，育有两个女儿，1972 年他们离婚。同年，他与玛格丽特 · 格雷戈里（她曾嫁给理查德 · 格雷戈里）结婚。几年后，布罗德本特搬到了牛津，追求他自己的研究，而不用担负应用心理学组的任何行政义务。他的大多数研究都是与第二任妻子共同进行的。1979 年他的女儿莉兹的死亡（在一次交通事故之后）对他的生活产生了持久的影响，并且几乎可以肯定的是，这一事件部分地使他放弃了先前强烈的基督教信仰（Weiskrantz，1994）。

布罗德本特曾在剑桥接受训练，当时的剑桥在阿伦·图灵（Alan Turing，一位关于人工智能的智力先驱）和肯尼斯·克雷克（Kenneth Craik，一位极具天赋的实验者）的影响下形成了一种氛围，这种氛围与他设计适合人类使用的技术环境的兴趣相一致，并使他能够根据计算过程（这种计算过程是任何像人类那样来作出行为的体系都必须使用的）来解释人类行为的观点。尽管，就在布罗德本特到达剑桥之前，克雷克在一次交通事故中去世，但是他关于控制论以及层次控制体系的思想已经产生了很大的影响。20 世纪 50 年代，布罗德本特对一些应用问题进行了研究，首先研究了噪音对认知操作的影响，后来又研究了同时处理大量言语信息的困难之处。根据克雷克、图灵、巴特利特以及剑桥群体中的其他有影响之人物的概念框架，这些问题很容易得到解决；但是根据当时心理学实验室中所通用的术语，要解决这些就是成问题的。结果，他想在主流学术杂志上发表早期研究的想法遇到了一些困难。他关于听觉选择性注意（对环境中一些刺激的知觉，比对其他刺激的知觉优先）的研究之所以具有创新性，原因有二：第一，在那个时代，它提供了一种研究注意心理学的方法论，当时，行为主义抵制对这些现象的研究；

第二，它开创了新的信息 – 加工概念（这些概念是在数学和工程学中提出的），以发展一种认知模型，这个模型将会被证明在理论上是合理的，而在解决实际问题上是有用的。

《知觉与交流》（*Perception and Communication*，1958）总结了许多他在自己的实验室中以及其他地方取得的成果。布罗德本特采用了一种信息加工的框架，并认为这一框架优于刺激 – 反应理论。这一著作的出版是合时势的，它被那些想要用控制论、信息加工或者认知取向来解释人类行为的心理学家们广泛引用。该书把后来为人所熟知的认知心理学提上了日程，也许这也是他最为人所熟知的贡献。然而，人们通常没有完全认识到，这一著作中的观点是为了应用而进行的研究的副产品。这反映了他独特贡献的一个重要特征：他证明，心理学理论在植根于对实际问题的分析时才是最好的。

《知觉与交流》的一个中心主题是，承担几项任务的个体可能会体验到每一任务所涉及的中心过程之间的干扰，而这可以通过练习来减少，并且，在有些情况下，通过一种“过滤”机制来选择某些特定的任务，而不是其他的任务。不过，这个概念是确定的，并且，像当时的许多心理学家一样，布罗德本特认为一个内部事件是以一种直接的因果方式紧接另一事件的。20 世纪 60 年代，他和其他人发现了大量的证据，表明中心过程并非如此；相反，个体“内部的”瞬时事件在统计学上只与先前发生过的事情联系在一起；因此，稳定、有效的行为取决于许多单独过程的平均值。从这一视角出发，作为一种区分过程细节的方式，错误变得非常重要；从原则上讲，要想完全地消灭人类的错误也是不可能的。这些论点在相当大的程度上改变了对注意和工作量的概念化，并且也提出了一些关于概率和知觉中的动机的作用的问题。这些修正过的观点出现在《决策与压力》（*Decision and Stress*，1971）一书中，不过这本书没有《知觉与交流》那样有影响。布罗德本特将此归结于他自己没有充分地介绍和交流这本书中的观点，而与现在的论点和证据无关。在后来的研究中，他继续反对那些认为存在明确的、单独的认知机制的心理学理论。他提出，想要找到任何特定的心理任务都能据其进行操作的“那种”机制，是不可能的。不同的人会采用不同的方式完成同一任务，同一个人在不同的场合也可能操作不同。这导致布罗德本特支持心理学中的两条进攻路线：第一，需要研究为什么某种认知策略占据优势而不是另一种，这种思维方式表现出了哪些优势和劣势？第二，我们应该考虑什么样的外部情境导致采用一种策略而非其他策略。

这种研究重点的转变与社会的实际需要所发生的改变是相一致的；以前需要快速解决劣质技术装备导致的问题，现在需要一种更具计划性的方法来设计之前很长一段时间都可能无法制造出的装备。因此，布罗德本特脱离应用心理学组，到了牛津，这为他提供了机会，以证明从对不同的注意与记忆风格的实验室实验中所逐渐积累的证据，能够与外面世界中、个体的那些冗长的生活经验联系在一起。20 世纪 70 年代到 80 年代，他一直在从事这方面的研究，并取得了丰硕的研究成果，包括证明从事某些特定种类工作的个体会发展出特定的精神病症状的证据。这些发展出的症状取决于工作的特定特征，而这个过程是与特定个体的选择性注意模式（在实验室中这个个体可以被引导着表现出这种模式）联系在一起的。因此，在后来的几年，布罗德本特一直研究工作环境中强有力的、普遍的社会压力源所产生的影响。作为该项研究的一部分，他设计了认知失败量表，此量表被广泛用来测量工作中的心不在焉。他广泛的研究兴趣——注意与记忆、知觉、压力、个体的气质差异、职业健康以及应对风格——贯穿一个潜在的理论结构，使他忙于研究相关的问题及其应用价值。在轻松一些的时刻，他提出，他正试图促成建立一个新的主题，他称之为“Dyccop”：动力性认知临床职业心理学（Dynamic Cognitive Clinical Occupational Psychology）。

布罗德本特坚信，对一个心理学理论之思想优点及其道德合理性的验证，在于其在实际问题中的运用。而且，通过考虑所有的适应体系——不管是机械的、电子的还是社会的——之间的相同之处，心理学能够澄清许多主要的问题。他运用这种观点来评价他自己对心理学所作出的贡献："……在职业接近尾声的时候，认识到了这些就是值得的，即知识的提升实际上是一个网络，而不是一个单一的模块，个体之间的交互作用减少了任何一个人的错误所造成的伤害，而且不断地回顾过去的产出会使得最终的结论越来越精确"（1973：59-60）。

唐纳德·布罗德本特的主要作品

'A mechanical model for human attention and immediate memory', *Psychological Review*, 1957, 64, 205-15.

Perception and Communication, Pergamon, 1958.

Behaviour, Eyre & Spottiswood, 1961.

Decision and Stress, Academic Press, 1971.

In Defence of Empirical Psychology, Methuen, 1973.

'The Maltese Cross: A new simplistic model for memory', *Brain and Behavioral Sciences*, 1984, 7, 55-94.

'Implicit and explicit knowledge in the control of complex systems', *British Journal of Psychology*, 1986, 77, 33-50 (with P. Fitzgerald and M. H. P. Broadbent).

进一步阅读

Baddeley, A. and Weiskrantz, L. (eds) (1993) *Attention: Selection, awareness, and control: A tribute to Donald Broadbent*, Clarendon Press/Oxford University Press.

Weiskrantz, L. (1994) 'Donald Eric Broadbent', *Biographical Memoirs of Fellows of the Royal Society*, 40, 33-42.

劳伦斯·科尔伯格（1927~1987）

科尔伯格（Lawrence Kohlberg）提出了一种道德思维理论，表明道德推理是按阶段发展的，遵循一种不变的顺序。

劳伦斯·科尔伯格出生在纽约的布隆维尔，他的父亲是一位富有的商人。他上的都是很有名望的学校，但是他并没有沿着这条享受特权的道路走下去，相反，高中一毕业，他就加入了美国商船队。后来他到一条轮船上工作，该船负责从欧洲偷运犹太难民通过英国封锁线到达巴勒斯坦。这些行为所带来的道德两难——如何来证明这种违背法律的行为是正当的——出现在了他几乎所有的心理学研究中。后来，科尔伯格进入芝加哥大学学习，当时，只要通过期终考试就能获得一门课程的学分。他参加了足够多的考试，并在一年的时间里就获得了学士学位。他于1958年提交了关于道德判断的博士学位论文，这在当时是一个不同寻常的研究主题。美国心理学家厄尔·巴恩斯（Earl Barnes）在早些时候曾做过一些关于儿童道德推理的研究，但是比不上科尔伯格论文的规模。科尔伯格的这篇论文开创了30年的道德思想发展研究。科尔伯格关于道德推理的一些观点可以追溯到**皮亚杰**和**比纳**。例如，比纳和西奥多·西蒙（Theodore Simon）智力测验中的一些项目就具有道德的性质。皮亚杰职业生涯早期曾接受比纳的指导，在那段时间，皮亚杰尤其关注年幼儿童与年长儿童在思考道德问题的方式上存在的质的差异。他创造了"道德实在论"这个词来指一些这样的差异。那些被皮亚杰描述为遵从于"道德实在论"的儿童认为，规则是绝对的，是不可变的——它们是不能改变的。这种关于世界之观点的一个含意是，当判断他人的行为时候，行为目的是不重要的。例如，不小心打碎三个玻璃杯的人，就应该比故意打碎一个玻璃杯的人得到更多的惩罚。科尔伯格通过要求10、13和16岁的男孩来解决一系列的道德两难问题，从而精炼并拓展了皮亚杰的理论。这些两难问题以短文的形式呈现，在这些两难问题中，每一个男孩要在遵从和对抗法律或权威人物之间做出选择（对抗行为是符合人类需要的）。与最终的判断相比，科尔伯格对儿童推理的潜在结构更为感兴趣。通过分析儿童对不同两难问题的反应，科尔伯格得出，道德发展遵循的是一种三个道德水平的不变顺序，每一个水平又包括两个不同的道德阶段。每一个阶段代表了一种特定的思维方法，而不仅仅是做出一种特定的道德决策。

对于科尔伯格三个道德水平和六个阶段的特征，可以界定如下。

水平1：前习俗道德

在这个水平上，为了避免惩罚或获得奖赏，儿童会遵守权威人物强加给他的规则。阶段1：惩罚和服从定向。一个行为是好是坏取决于其结果。阶段2：朴素的享乐主义。处于道德发展这个阶段的人遵守规则是为了获得奖赏或满足个人的目的。

水平2：习俗道德

处于这个水平上的个体会为了赢得他人的赞赏或保持社会秩序而尽力服从规则和社会规范。获得赞扬和避免责备代替了有形的奖赏和惩罚，成为做出道德行为的激发因素。阶段3：“好孩子”或“坏孩子”定向。道德行为是让他人高兴的、帮助他人的或得到他人赞同的行为。阶段4：维持社会秩序的道德。儿童会认为一般人的视角——社区或社会的意志是法律的反映。“对的”就是那些与合法的权威规则相一致的东西。

水平3：后习俗（或原则性）道德

在这个水平上，对与错是根据广泛的公正原则来界定的，这些原则可能会与书面法律或权威人物的命令相冲突。阶段

> 5：契约的、个人权利的和民主地接受法律的道德。在这个社会契约阶段，个体意识到，公正法律的目的是表达大多数人的意志并追求人类的价值。完成这些目的并公正地加以运用的法律被看做是社会契约，这些社会契约是个体有义务去遵守的，而损害人类权利或尊严的强加法律被看做是不公正的，值得对其提出挑战。阶段6：个体良心原则的道德。在这个“最高的”道德阶段，个体在自我选择和自己的良心基础上界定对与错。这些原则超越了任何可能与其冲突的法律或社会契约，它们是抽象的道德准则或普遍的公正原则（并尊重个体的权利）。

科尔伯格提出，他的道德发展阶段构成了一种不变的、普遍的道德发展顺序，这种发展与认知的发展有着密切的联系。不过他也宣称，思维的发展不足以保证道德的发展。为了超出道德推理的前习俗水平，必须将儿童暴露在会引起认知不平衡的人或情境面前——现存的道德概念与新观念之间的冲突会迫使他们重新评价自己的观点。因此，像皮亚杰一样，科尔伯格也认为，认知发展与相关的社会经验是道德推理发展的基础。

对于科尔伯格道德发展论的批评都是围绕这六个问题而展开的。第一，科尔伯格的阶段是遵循一种固定的发展顺序吗？要出现大量的证据需要一些时间，而一般的结论是，科尔伯格的道德阶段似乎代表了一种与皮亚杰所描述的认知发展序列有着密切联系的不变顺序。第二，科尔伯格断定在思维的发展与道德推理的发展之间存在着一种根本的关系。总的来说，心理学证据表明，这种关系实际上确实存在。例如，熟练掌握角色采择和采纳他人的观点，对于习俗道德的开端来说似乎是必要的。皮亚杰所称的形式运算的发展对于后习俗的或原则性道德来说似乎是必要的。不过，科尔伯格强调说，智力的发展并不能保证道德的发展。一个已经达到了智力最高阶段的个体可能会继续在前习俗水平上对道德问题作出推理。在儿童从前习俗道德发展到科尔伯格的最高阶段之前，智力成长与相关的社会经验都是必要的。第三，在20世纪60年代早期，科尔伯格关于人格和社会发展的论述挑战了有关社会化的一些主要假设——社会化观点认为，人主要是由社会力量和文化力量塑造的。他强调说，从很小的时候开始，儿童就会积极地解释他们的社会经验并赋予其意义，而且，认知发展以及思维与问题解决能力的发展对于理解社会发展与道德发展来说都是必不可少的。科尔伯格的观点有时候会被错误地描述为一种对于道德推理的纯认知观点，但是他的“社会经验”假设表明，他的理论应该被看成一种认知－社会观点。大多数的证据表明社会经验会促进道德的发展。

第四，科尔伯格的理论还由于宣称道德推理可以预示道德行为而受到批评。有大量的研究表明，年幼儿童的道德判断并不能预示他们在一些情境中的真实行为，在这些情境中，他们会被诱导着去欺骗或违背其他的规范。假设的两难问题仅仅是那样——假设的——因此本身并不具有真实生活事件中所遭遇的那种重要结果。第五，该理论提出，道德推理存在一致性。研究已经发现，儿童和青少年在解决不同道德问题所采用的推理类型（或阶段）上相当一致。不过，也可能是这样的，即一致性只是反映了科尔伯格的所有两难问题都是抽象的和假设的这一事实，而且在更为有形的两难问题中（会真正地考虑其结果），不一致的推理会出现。大多数的经验证据表明，道德推理有一种潜在的一致性——这种一致性不仅仅可归因为科尔伯格道德两难问题之抽象和假设的本质。第六，有人提出，科尔伯格的理论存在着性别偏差。尤其是，卡罗尔·吉利根（Carol Gilligan，1982）提出，科尔伯格的理论基于对男性的访谈，而且在一些研究中，似乎认为女性在道德方面次于男性，她们通常在阶段3作出推理，而男性通常在阶段4进行推理。她提出，女性发展出了一种不同的道德取向，这种取向在科尔伯格的理论中并没有得到恰当的体现，她还进一步指出，这些不同的道德取向是性别刻板化的产物。尽管吉利根关于道德推理中性别差异的观点并没有得到广泛支持，但是她强有力地证明了道德远不止是一种对于规则、权利以及公正的关注，而且基于同情关注的推理可以与科尔伯格所赞同的道德公正取向一样具有原则性，一样地成熟。

道德发展阶段理论由于过分强调发展变化中的间断性及其对于文化背景（它们就是从文化背景推断而来的）的依赖性而经常遭到挑战。不过，科尔伯格的观点仍然是关于道德判断的心理学辩论的中心。除了系统地阐述了一种关于道德发展的认知–社会观点，他还提出了一套评分指标以确定个体道德推理的阶段，他将此作为一个记分系统以手册的形式发表了出来，启发了后来成千上万的研究。其他的人发展并详尽阐述了他的理论。例如，他早期的作品强调了一般的认知发展，在其中，个体被看做与社会世界是统一的、一致的、自我定向的。其他人则区分了自我的不同方面，并将不同种类的社会世界也区分了开来。例如，埃里奥特·特里尔（Elliot Turiel）提出了领域理论，详尽阐述了这个观点，即道德和社会习俗的概念来自于儿童试图从根本上解释其所获得的不同形式的经验——道德经验和社会经验。

科尔伯格曾问道，犯罪行为与道德推理之间存在着怎样的关系？是不是罪犯的道德推理有别于我们其他人？他并没有打算系统阐述一种犯罪理论，不过可以理解的是，至今还有一些人感兴趣于用他的理论探究犯罪行为发生的原因。不过，其潜在的关联受到这一事实的局限，即科尔伯格主要关注的是道德推理，而不是道德行为：某些人很有可能对道德问题进行高水平推理并坚持高道德标准，但却不让这些所考虑的事情引导其行为。相反，一些适应得很好的个体可能会发现，他们已经被社会化，要以道德方面值得称赞的方式来做出行为，但是他们可能不会对其行为之下的原则进行高水平的道德推理。

科尔伯格在心理学内的影响和哲学界对其研究缺乏关注形成了对比。之所以这样是有一些原因的。科尔伯格不是作为哲学家而接受训练的，而且尽管哲学家们会因为他想要将道德心理学与道德哲学紧密联系在一起的尝试而受到吸引，但是他们也经常惊讶于科尔伯格有时候对哲学术语使用的随意性。例如，科尔伯格曾提出，道德推理的六个阶段具有一种内在的逻辑次序，而且这种顺序从逻辑上讲是必要的。但是，如果事实就是这样，那么就没有必要来寻求证据了——证明从逻辑上讲是否必要的东西——因此就没有必要来进行关于道德发展的纵向研究。还有一个例子是，科尔伯格认为认知发展与道德发展之间的关系是非常重要的。哲学家们并不认为这种观点是一个自明之理，即思维过程越发展，道德就越发展——这是科尔伯格为人熟知的一个观点，但是一些哲学家认为，这种观点并没有充分地体现在他的理论中。例如，在他的一个两难问题中，我们必须就一艘只能承载两个人的小船上的三个男人的命运作出决定。这三个人中一个是船长，他会划船，也会航海；另一个是健康的年轻人，他会划船；还有一个老年人，他的一个肩膀骨折了，而且他既不会划船也不会航海。在对这一两难问题的解决方式进行评分时，科尔伯格将最高分，也就是阶段 6 判给了随机抽签的决定，因为这是以普遍公正的原则为基础，而且尊重个体权利的决定。不过，假如船上的这三个人都是在信奉功利主义伦理的文化中长大的，那么他们就会一致同意让这个受伤的老人跳入水中。这是一种在道德方面较为低级的思维方式吗？产生这种思维的文化在道德方面较为低级吗？关于这些问题的答案，已经开始了争论。这些批评可能对于心理学家来说不太重要，但是对于哲学家来说，该理论缺乏对细节的关注，这就可能导致人们对此理论不太在意。

劳伦斯·科尔伯格的主要作品

'The development of children's orientations toward moral order. Part 1: Sequence in the development of moral thought', *Vita Humana*, 1963, 6, 11-33.

'Moral stages and moralization: The cognitive developmental approach', in T. Lickona (ed.), *Moral Development and Behavior*, Holt, Rinehart and Winston, 1976.

The Philosophy of Moral Development, Harper & Row, 1981.

Essays on Moral Development. Volume 1, The Philosophy of Moral Development, Harper & Row, 1981.

The Meaning and Measurement of Moral Development, Clark University Press, 1981.

进一步阅读

Gilligan, C. (1982) *In a Different Voice*, Harvard University Press.

Hock, R. R. (1995) *Forty Studies that Changed Psychology*, Prentice-Hall.

Modgil, S. and Modgil, C. (eds) (1986) *Lawrence Kohlberg: Consensus and Controversy*, Falmer.

恩德尔·托尔文（1927~）

托尔文（Endel Tulving）的记忆理论引入了情节记忆这个概念，情节记忆是对个人经验及事件的长时记忆。

恩德尔·托尔文的儿童期是在爱沙尼亚的一个小镇上度过的。他非常喜欢运动，但对科学并没有表现出特别的兴趣。他的父亲是一名法官，在1940年爱沙尼亚被强制性地并入苏联前，他们一家都过着相对舒适的生活。1944年，托尔文和他的弟弟汉斯与家人分离，被带到了德国，这一别就20年。战后，他完成了高中教育，之后工作了一段时间，成为一名教师，并担任美军的翻译员。在于1949年移居加拿大之前，他在海德尔堡学习了一段时间的医学，在加拿大，他曾作为一名普通劳动者工作了较短的一段时间。次年，他与露丝·米克尔萨结婚——他们曾是高中同学，他们生了三个女儿：埃罗·安、露丝和琳达。在妻子的支持下，他在多伦多获得了一个心理学学位，紧接着在哈佛获得了硕士学位，然后是博士学位；他的博士学位论文写的是眼球的运动与视敏度。毕业后，他回到多伦多任职，几年后，他发现自己已位列一些新任命的高级职员之列，其中包括丹尼尔·伯莱恩（Daniel Berlyne，为关于创造力的心理学做出了具有创新性的贡献）和认知心理学家乔治·曼德（George Mandler）。托尔文在多伦多的第一项研究利用了乔治·米勒（George Miller）和埃德温·纽曼（Edwin B. Newman）在哈佛所教授的研究班资料。这项研究的主要目的是设计一种方法，以测量在一个多重试验的自由回想情境中，序列对回忆项目的限制程度。在曼德的鼓励下，他采用"主观组织"这个术语来描述他的方法所测量到的东西。1970年，他接受了耶鲁大学的教授职位，但是多种因素使他又回到了多伦多，直到1974年，他才担任了耶鲁和多伦多的联合教授。

在托尔文的时代，人们认为，心理学家需要缜密思考，并将记忆的各种子系统作出区分。其中最为著名的要属托尔文在程序记忆（例如，对于动作操作的记忆，包括经典条件反应）、情节记忆（例如，对于个人经历与事件的记忆）以及语义记忆（例如，常识知识和语言知识）之间所作的分类。托尔文第一次对语义记忆和情节记忆进行区分时，主要是认为二者的信息类别与来源不同——前者是个体经验到的事件，后者是一般性事实。这个观点被广泛接受，但是以此分类为基础的实验设计必须解决两方面的问题，一方面是进行语言记忆（也称为词语学习）分析时常见的困难，另一方面是完全缺乏相关的经验数据。十多年之后，已经有足够的资料证明，这种假设是有其神经学基础的，并且情节记忆与语义记忆代表了两种在机能上相分离的记忆系统。

在托尔文区分语义记忆与情节记忆时，大多数心理学家正在使用冯·艾宾浩斯 19 世纪 80 年代所用的研究记忆的方法。艾宾浩斯曾提出，为了研究最纯粹的记忆，我们必须排除所有潜在的混淆变量。为了让记忆内容毫无意义，并因此与其他记忆以及先前经验相分离，他使用了无意义音节，以通过这种方法揭示记忆的基本定律。托尔文给出了两个原因来解释为什么这些方法不能说明情节记忆中正在发生什么事情。第一，情节记忆是关于在特定的地点所发生事件的记忆——关于“是什么”、“什么地点”以及“什么时间”——而实验室条件只关注“是什么”。例如，被试会被问到笼统问题：“对于先前曾出现在你面前的东西，你能记住什么？”第二，先前的研究假定，当给某人展示一个项目名单，然后问他某一个特定项目是否出现在这个名单上时，他的反应是其记忆内容的一个可靠线索。托尔文的推断似乎很直接：如果某人从一个名单上辨认出了一个项目，是因为他们对于名单上这个项目的外观有一种有意识的回想。不过，从记忆中回想某事也可能会犯错误——我们可能不会按照需要回想记忆中的一些项目。

托尔文被看成一位认知心理学家，他比任何人都更关注记忆分析中最重要的一个问题：编码（将信息转换为一种可以储存在大脑中的形式）与提取心理事件之间的关系。托尔文和克雷克（Craik，1975）提出，什么东西会被编码进入记忆，受到当时所附属的特定条件的影响。例如，每一次我们看到行人幸免于车祸时，我们都不会将所知道的关于汽车的一切东西编码为该记忆的一部分，而只会编码这辆汽车的特定特征。要回想起某一辆特定汽车的细节，在特定时间、特定地点回想起的信息，与编码进记忆的原事件的细节之间，必须有足够的重叠。因此，当我们看到另一个行人幸免于车祸的场面时，它可能会以某些方式（这些方式是我们在看到成千上万不同的汽车时不会出现的）唤起我们对于先前某一事件的回忆。托尔文宣称，在成功地再现了原初编码环境之特征的背景下，回忆将会获得提高，这是被称为认知访谈技术的一条根本原理。爱德华·格斯尔曼（Edward Geiselman）接受了这种观念，将其作为一种警务人员访谈技术：将目击者置于他们看到某一特定事件那天的细节之中，通过这样做，他们所回忆起的东西要比直接询问该事件所得出的证据多得多。

托尔文关于记忆的论述有时候被总结成编码特异性原则：如果一个提示或暗示为某人提供了在进行编码的过程中曾得到加工的信息，那么这个提示或暗示就将会帮助他们从记忆中提取某条信息。托尔文的观点所面临的一个困难是在应用编码特异性原则时导致的。人们通常认为，记忆的好坏取决于在回忆时得到加工的信息与编码时细节信息之间的重叠程度。一般情况下，我们不可能单独测量这两者之间的重叠——除非是在受到非常严格控制的实验室情境中，而托尔文不支持这种研究方法，认为该实验情境把情节记忆排除在外了。一种富有吸引力的不同方法是，通过测量某人在编码某事时的记忆操作水平，以及他们回忆这件事情时的记忆操作水平，以此计算两者之间的重叠。但是，还有一个问题：这是循环的，因为对记忆的第二次测量（回忆某件事情时的操作）被当成一个与信息编码之间信息重叠的一个直接指标。托尔文通过一个预测编码特异性程度的数学公式，提出了这个问题。但是，这个公式本身在几个方面已经受到了批评，特别是它没有考虑到再认任务对于回忆所产生的相当大的启动效应。换句话说，在一项回忆任务中的表现也许会人为地比较好，这是因为在许多次实验试验中，人们已经看到了那些将会被记住的材料，他们也许已经自发地产生了对于在再认阶段所做的偶然事件的记忆。这会让他们在一些回忆实验中更占优势。其他批评则集中于在不同类型材料中再认失败的普遍性。例如，与给人们提供“详细的”指导相比，当给人们提供配对的抽象名词（例如，荣誉—焦虑）和“象征性的”指导时，再认失败的情况会更严重一些。这表明，如果配对联想词语是抽象的，或者相互之间没有关联，那么它们就不能互相提供很多的背景，而且编码特异性效应就会弱一些。如配对联想词语之间关系密切（要么是因为这两个词语之间有着语义上的联系，要么是通过个人的学习努力而形成的），那么编码特异性效应就会更强一些。尽管存在着这些批评，托尔文关于编码和提取之间关系的观点已经得到了支持。

托尔文为长时记忆的分析做出了重要的贡献，他提出，长时记忆中包括两种类型的知识：程序性知识和命题性知识。程序性知识涉及知道如何操作熟练行为，如骑自行车和开汽车。命题性知识则涉及知道特定的事情已经发生了或者是正确的——这是事实性知识。**安德森**在发展记忆和问题解决的计算机模拟时，使用了非常相似的观点。托尔文还进一步将命题性知识界定为包括情节记忆和语义记忆。情节记忆指的是关于已经发生在某人身上的事情的记忆——他们关于世界的个人经验　并激发了后来很多关于自传性记忆之研究与理论的发展。语义记忆指的是所记住的独立于时间和空间的知识存储——关于世界的一般信息。托尔文用了一个“洋葱”模型来描述这三个主要记忆系统之间的关系：程序记忆被看做最为基本的子系统；由此生出的是语义记忆；最后，从语义记忆得出的是情节记忆。用人类进化的术语来说，他认为情节记忆是最晚发展出来的。从个体发展方面看，这表明它是相对晚发展、早衰退的；一个人要到儿童后期才能发展出这种记忆系统，而且它是老化过程中最先行的部分。它还非常容易受伤，任何种类的脑损伤都会伤及它。

与丹尼尔·沙克特（Daniel Schachter）一起，托尔文系统阐述了第四种类型的记忆，即知觉表征系统（PRS），对此，人们在很大程度上都觉察不到，而且它还包含一种对于环境的感觉记忆。这种PRS 被认为是在前语义水平上发挥作用的，而且通常是在关于启动的实验中对其进行研究。启动指的是一种为个体提供某种背景信息的程序，如某一物体的整体外观，或者他们看到这个物体的时间。正是在进行启动实验期间，托尔文和沙克特注意到，不可能的物体（如荷兰艺术家莫里茨·埃舍尔［Maurits Escher］的画中所描绘的那些东西）不能被启动。换句话说，给人们提供背景信息通常会帮助他们回忆起某一特定物体的细节，但是在给他们提供自然界中不存在之物体的图画的情况下就不会产生这种效应。他们的结论是，这种“PRS 发展出来，只能在生态学上进行有效的计算”，这种结论一定乐坏了吉布森。

恩德尔·托尔文的主要作品

'Episodic and semantic memory', in E. Tulving and W. Donaldson (eds), *Organization of Memory*, Academic Press, 1972.

'Structure of memory traces', *Psychological Review*, 1975, 82, 261-75 (with M. J. Watkins).

'Depth of processing and the retention of words in episodic memory', *Journal of Experimental Psychology: General*, 1975, 104, 268-94 (with F. I. M. Craik).

'Encoding specificity: Relation between recall superiority and recognition failure', *Journal of Experimental Psychology: Human Learning & Memory*, 1976, 2, 349-61.

'The measurement of subjective organization in free recall', *Psychological Bulletin*, 1977, 84, 539-56 (with R. J. Sternberg).

'Retrieval independence in recognition and recall', *Psychological Review*, 1978, 85, 153-71 (with A. J. Flexsor).

Elements of Episodic Memory, Clarendon Press, 1983.

'Priming and human memory systems', *Science*, 1990, 47, 301-16 (with D. L. Schachter).

'Episodic memory: from mind to brain', *Annual Review of Psychology*, 2002, 53, 1-25.

进一步阅读

Collins, A. F. et al. (eds) (1995) *Theories of Memory I*, Psychology Press.

Conway, M. A. , Gathercole, S. E. and Cornold, C. (eds) (1998) *Theories of Memory II*, Psychology Press.

Tulving, E. and Craik, F. M. (eds) (2000) *The Oxford Handbook of Memory*, Oxford University Press.

诺姆·乔姆斯基（1928~）

作为语言学科学中最为重要的人物，乔姆斯基（Avram Noam Chomsky）关于语言建构方式的观点，从根本上影响了心理学家思考语言是如何习得和使用的。

诺姆·乔姆斯基的父亲威廉为了避免被征入拥护沙皇制度的军队，于1913年从俄国逃到了美国。他在巴尔的摩的血汗工厂里工作，不过他还是通过在约翰·霍普金斯大学学习而在巴尔的摩希伯来小学任教，以维持自己的生活。在搬到费城后，他与妻子埃尔希·西蒙诺夫斯基开始在密卡维以色列公理会的宗教学校任教，后来他成了这所学校的校长。他还被任命为格拉茨学院的教师，并且成为这所学院的校长，这个职位他一任就是37年。诺姆与他的弟弟大卫过着一种非常多样、丰富的家庭生活。乔姆斯基一家非常积极地参与犹太人的文化活动与各种事宜，例如希伯来语言的复兴。他的父亲被认为是一位最主要的希伯来语法学家，而且我们可以推断，这对诺姆在语言学方面兴趣的发展产生了一种强烈的影响。诺姆出生在费城，在快满两周岁的时候，他被送到了奥克巷国家日校（这是坦普尔大学开办的一个实验单位），并在那里一直待到12岁。这所学校受到了哲学家约翰·杜威（John Dewey）思想的强烈影响，杜威赞成那些支持独立探究的精神，并认为与流行的、偏重机械学习与训练的正规教育相比，通过做来学要高级得多。12岁的时候，乔姆斯基来到了费城的中心高中。这是一件震惊的事情：他震惊于考试等级与成就的重要性，随着岁月的流逝，他形成了这样的观点，即社会支持类似学校这样的机构，是因为它们支持了成功的统治阶级的需要。后来，在宾夕法尼亚大学的时候，他学习了数学、哲学与语言学，尤其受到了俄国语言学家泽利格·哈里斯（Zelig Harris）

的影响。哈里斯也是一名语言学家，他在描述语法及正确发音的数学规则方面取得了相当大的成功。正是哈里斯向乔姆斯基介绍了精神分析学家哈里·斯塔克－沙利文（Harry Stack-Sullivan）和卡伦·霍妮（Karen Horney）的著作，并把乔姆斯基引进了心理学的大门。乔姆斯基的学士论文《现代希伯来语的词素音位学》为他后来的许多研究奠定了基础。那篇论文通常被认为是现代生成语法的第一个例子——生成语法是一种能够预测或生成所有可能的在语法上正确的发音的规则。尽管哈里斯非常熟悉乔姆斯基的论文，他还是没有告诉他早先时候一种描述生成语法的尝试，那是美国语言学家伦纳德·布卢姆菲尔德（Leonard Bloomfield）于 1939 年发表的《梅诺米尼语的词素音位学》。乔姆斯基一直都困惑于为什么哈里斯和亨利·霍恩尼斯瓦尔德（Henry Hoenigswald，宾夕法尼亚的另一位语言学家）都不让他注意到这篇文章——很可能是因为布卢姆菲尔德的观点远没有乔姆斯基的观点那样完善。

尽管乔姆斯基 1949 年就完成了他的学士论文，但是这篇文章直到 1979 年才发表。就在 1949 年，他娶了卡罗尔·沙兹——他们在费城的同一个街区长大。她与诺姆对于犹太文化与历史有着许多共同的兴趣，而且她也是一位语言学家，在儿童语言习得领域非常成功。他们有三个孩子：迪亚娜、艾维和哈里。毕业后，乔姆斯基继续在宾夕法尼亚获得了语言学方面的博士学位，尽管在 1951 年到 1955 年期间他的大多数研究是在哈佛进行的。他的博士学位论文《转换分析》，收录在一未出版的大卷本《语言学理论的逻辑结构》（*The Logical Structure of Linguistic Theory*）中，篇幅占 175 页。这本书在很大程度上是为他自己而撰写的，尽管他与卡罗尔在一台胶版印刷机上复印了几十份送给感兴趣的同事。严格说来，这篇论文直到 1975 年才得以出版。

在乔姆斯基看来，语言学是关于语言——所有语言——结构的研究，而且一种语言理论应该定位于成为讲某一语言的人对其语言的所有规则。这一点非常重要，因为与说出来的话中所显示的相比，说某一语言的人可能事实上知道更多关于其语言的东西。例如，如果有人用录音机录下一群人的日常言论，他就可能会得出结论说，他们一次又一次地重复使用一些语法规则。然而，他们也能够理解用其他迥然不同的规则来建构的句子，而且他们也能够在自己的谈话中使用那些规则，只是由于这个或那个原因而没有选择那些规则而已。因此，乔姆斯基认为，一种语言理论必须说明人们所知道的，以及能够理解的，而不仅仅是所观察到他们所发的音和所听到的东西。这使他走上了这样一条路，即证明有限的一套语法规则是怎样界定一个说某种语言的人的知识或"能力"的。这种知识或"能力"不同于实际上所说出来的内容——乔姆斯基称后者为"表现"，因为它所指的是一位语言的使用者事实上说或"表现"出来的句子的语法结构。通过这么做，他提供了一种关于语言的思维方式，复兴了由德国语言学家威廉·冯·洪堡（Wilhelm von Humboldt）最先提出的观点。在这一点上，非常有必要澄清一个误解。能力与表现之间的区别看起来可能是切合实际的，但是认为人们可以完全将它们区分开来的说法实际上是非常有争议的。然而，将能力与表现在概念上进行区分在语言学界影响很大，这反映在以下事实中，即语言学主要是关注于对能力的分析，而关于语言的心理学——"心理语言学"——关注于理解表现中所涉及的过程，如语言的创造与对语言的理解等。

乔姆斯基的《句法结构》（*Syntactic Structures*，1957）介绍了现已成为所有现代语言学理论中最有影响的概念：转换生成语法。正如这个名字所暗含的，这个理论包含两个部分：一个转换的部分，以及一个生成的部分。这两个部分在逻辑上并不互相依赖，而是乔姆斯基对两者之间相互作用的系统阐述才产生了这种关于语言的强有力的论述。在转化生成语法之前，大多数的语法理论都关注于对句子的分析，包括将一个句子分成或剖析成各个部分（例如，短语），并确定各个部分的功能以及它们之间的联系。这种分析的优点在于，能够在不同的句子之间进行结构比较。例如，"Ted saw Gretta"（泰德看见了格瑞达）就与句子“Gretta saw Ted”（格瑞达看见了泰德）非常相似。短语结构语法尤其擅长于描述句子之间的关系。不过，当处理诸如“Ted saw Gretta”（泰德看见了格瑞达）、“Gretta was seen by Ted”（格瑞达被泰德看见了）这样的句子时，短语结构语法就遇到了困难。这类句子的理解就需要转换系统，这种系统能够理解一个句子，重新组织其各个部分，并保持其含义不变。

乔姆斯基语法的第二个特征是，它是“生成的”。这暗含着两层意思。第一，一种语法必须要这样设计，即它要能够预测或详细说明一种语言的所有可能的句子。这种语法必须能够预测或详细说明诸如“Dan supports Liverpool”（丹支持利物浦队）、“Sheila saw John”（塞拉看见了约翰）这样的句子是合理的，而像“Sheila ice-cream John”（塞拉冰淇淋约翰）、“supports Sheila Dan”（支持塞拉丹）这样的句子是不合理的。一种生成语法并不关心如何对任何已经说出来的句子给予说明，而是关注在一种特定的语言内有可能说出来的所有可能的句子。这看起来似乎是一个相对不太重要的观点，但是当乔姆斯基发表他的理论时，就等于是向一种已经相当确定的经验主义传统发起了强烈的攻击，经验主义传统重视对口语的取样（一种语言文集的创造）以及将分析程序系统地运用于该语言。为什么乔姆斯基会看到需要有这样一种语法？因为它允许循环——同样的语言装置可以一次又一次地重复运用。想一个非常非常长的句子。当你结束这个句子的时候，加上“也许”这个词。这就类似于想一个你可能想到的最大的数字，然后加上 1。一种语法必须能够说明循环的现实，事实上，语法规则（不管哪一种）都要能够生成更为复杂的句子。

生成语法的第二个含意是，关于所有可能的句子，它在理解方面应该是非常清楚的。乔姆斯基转换语法的生成规则是改写规则。这就是说，它们将一个符号（或句子）改写成另一种，直到最终完成一套符号（或句子），这套符号（或句子）有可能被具体说明的语言生成。详细指出先前所有规则的要求似乎是非常明显的，但是当时盛行的思想是重视丰富语言文集的创造、对分析程序的系统运用，以及对语法规则的推断。在这种背景之下，乔姆斯基的观点使得这一点变得非常清楚明白，即语言学家正在受到某人在某个地方曾说出来的东西的摆布。他们必须永远都要在对已经说出来或写下来的句子进行回顾性分析的基础上，创造历史语法。

乔姆斯基的转换生成语法是一个规则系统，它在循环地界定并引起句子转换。"一种生成语法是生成一套对结构的描述，从理论上说，每一种描述包括一个深层结构、一个表层结构、一种（对深层结构的）语义解释，以及一种（对表层结构的）语音解释"（1972：126）。转换语法就等于是乔姆斯基的"深层结构"概念。"Katy hugged Wendy"（凯特拥抱了温蒂）与"Wendy was hugged by Katy"（温蒂被凯特拥抱了）的意思是一样的。在乔姆斯基对"表层结构"与"深层结构"作了区分，前者指的是一个句子中词语的真实顺序，而后者指的是一个句子得以生成的语法关系。他使用转换规则这个概念来描绘深层结构与表层结构之间的关系，为的是解释为什么词语的不同排序可以表示相同的意思。他提出，控制短语结构的规则生成深层结构，而转换规则的进一步运用产生一个句子的口语形式，也即最后的表层结构。

乔姆斯基认为，语言能力，即一个语言的使用者所知道的东西，不能通过观察语言如何使用并试图推断出控制其使用的潜在规则来归纳性地加以解释。因此，他对经验主义者沿着这条研究路线前进而做出的努力持高度批判的态度："任何想要分析行为原因的人，都将会在缺乏独立的神经生理学证据的情况下，让自己只关注所能获得的数据，即在有机体上的输入记录，然后通过这些记录描述具体反应的功能。然而这只不过是对问题的界定罢了"（1959：26）。乔姆斯基还认为，存在一种先天的、人类特有的语言能力，它的存在可以用来解释人类语言的本质。他提出，人类具有一种语言获得装置（LAD），而且他还用这种装置来解释为什么全世界的儿童都以相同的速度发展语言，并有一种相似的发展次序——即使每个地方需要学习的语言是不同的。他这一观点的哲学根源可以追溯到哲学家伊曼努尔·康德（Immanuel Kant）。康德关于心理的哲学是基于以下观点的，即我们是通过思维的范畴来认识现实的。他认为其中的一些范畴，例如，“量”、“原因”以及“影响”是先验的，或者说是先天的。乔姆斯基的 LAD 也针对语言提出了一个相似的观点，即人类生来就具有一种关于语言听起来将是什么样的模型。因此，儿童能够将语言声音从其周围喧嚣的众多其他噪音中区别出来。乔姆斯基关于 LAD 的观点现在已经得到了发展，当然也遭到了很多人的挑战，尤其是心理学家斯蒂芬·平克（Steven Pinker），尽管其赞成语言获得有一个先天的神经系统，但是他更为强调的是进化的作用——语言是一种由选择过程引起的适应。

尽管乔姆斯基并不是一位心理学家，但是他对于**斯金纳**的《言语行为》（*Verbal Behavior*，1959）的评论被看做是心理学领域内的一篇经典之作。乔姆斯基写这篇评论的目的并不是想要批评斯金纳关于语言的观点本身，而是将其作为一种更为一般的批判，批判用实证主义的方法分析所有的复杂行为这种做法。这篇评论的结果是，普及了一种与先前不同的理性主义的方法（或者用乔姆斯基的话说是一种“笛卡尔式的”）来研究语言与语言获得。乔姆斯基将他的观点描述为是“理性主义的”、“笛卡尔式的”，这是因为他想让他的观点向后可以追溯到康德的观点，以及勒内·笛卡尔（René Descartes）的哲学，后者尤其推崇心理的先天或天赋特征。乔姆斯基宣称，如果他是正确的，而且人类事实上确实具有一种 LAD，那么通过运用一种系统推理过程，就有可能得出或推断出作为语言——每一种语言——结构之基础的根本原则或定律是什么样的。因此，通过将其用于生成新的发音，我们就可以检测这样推断出来的根本原则或定律是否正确。如果这样建构的发音是无意义的，那么这条定律就是错误的。而如果发音是合理的，那么这条定律就是正确的。

从某种视角看，他对于斯金纳之《言语行为》的评论可以被看做是由一位笛卡尔式的结构主义者（他还持有一种实用机能主义的观点）提出的批评，但是他的观点在某种程度上使得这一争论对心理学家们思考语言的方式所产生的影响变得不那么重要了。尽管神经学家卡尔·拉什利（Karl Lashley）先前已观察到，语言有比行为主义观点认为的多得多的东西，但是乔姆斯基研究得要深远得多。他认为，语言太过于复杂，不能仅仅用学习原则来进行解释，而且每一个儿童生来就具有大脑结构，这使得对他/她来说要获得语言的规则相对容易一些。如果儿童只能依赖于强化和联想原则，那么他们就不能学会这些原则。在乔姆斯基看来，与大脑中为语言获得预先设定好的内在结构相比，语言发展与学习的联系要松一些。跟儿童说的语言是一种过于贫乏的刺激——即人们所熟知的"刺激贫乏论据"的观点——而正确语法的强化过于任意，以至于在全球范围内没有一种关于语言获得的学习理论得到了足够的注意。

在乔姆斯基之前，心理学与语言学之间的相互作用很大程度上局限于对词和词组的分析，而不是对句子结构的分析。罗杰·布朗（Roger Brown）和乔治·米勒（George Miller）也是最早承认乔姆斯基关于语言的分析对于心理学而言意义重大的心理学家。布朗对于儿童掌握母语方面的兴趣，使他注意到了乔姆斯基关于语言获得的论述。米勒的博士学位论文是关于混入噪音之中的言语的可理解性的问题，他使用统计技术，尤其是马尔可夫模型，来描述一个句子当中的每一个词对于前面一个词的依赖性。乔姆斯基的《句法结构》（1957）就对用来描述所有像语言一样复杂的东西的马尔可夫系统的局限性进行了很有条理的分析。米勒想要为认知心理学（心理学的一个分支，尤其关注于注意、思维、问题解决以及相关的过程）的出现提供思想指导的努力，部分地是由一本教科书《语言学理论的逻辑结构》（*The Logical Structure of Linguistic Theory*）支撑的，该书是乔姆斯基在20世纪50年代早期撰写的。这本书开始遭到了出版商的拒绝，并且一直到1975年才见天日。不过，乔姆斯基给了米勒一份复本——这是他与卡罗尔在他们胶版印刷机上印出来的，而且这一复本后来在1956年哈佛纪念大厅的火灾中几乎丧失。

乔姆斯基并没有料到，他关于语言结构的理论会被看做一种关于语言获得与生成的心理学理论。他并不认为人们在准备说话的时候，事实上使用了短语结构和转换语法这些程序，但是心理学家们受到了这一可能性的吸引。短语结构规则生成深层结构，在说一个句子时进一步的转换规则决定了最后的表层结构吗？回答这些问题的最初尝试（例如，在关于一个人说话时从主动态变成被动态需要多长时间的研究）是心理语言学（一门子学科，关于语言的心理学）出现的前兆。有研究者对证据进行考量后指出，说话与理解语言并不依赖于对乔姆斯基式规则的精确运用，而且，背景因素（在其中把词语说出来的环境）以及一种发音的真实可能性，也是非常重要的。尽管这些发现指出了他早期观点的不成熟性，但是也为后来对其理论的修正提供了方向。那些修正有两大影响：第一，它们导致了一种印象，即乔姆斯基的理论可能生来就是不稳定的；第二，它们引导研究者区分并精炼了他们的问题，也因此促进了言语理解、言语生成以及儿童语言获得这些领域的发展，只是缺乏某种整合。

乔姆斯基关于语言的理论在三个主要方面遭到了批评。第一，认为存在一个理想的或者说在理论上完美的说话者。问题不在于他认为这种能力是真实存在的，而在于这种能力被等同于一种非语言成分，即这位说话者，而不是语言本身。这种批评通常是语言学家提出的，而不是心理语言学家，对于认为语言是一种单独的心理能力这种观点，后者提出的问题较少。第二，强调说话者的能力在其成为一种语言的模范说话者之中的作用。有人可能会提出，本土说话者并不必然是理想的语言说话者。从原则上说，理想的说话者应该能够获得几种语言方面的能力，而不是一种。还有人可能会提出，一种语言的一个本质特征在于有可能对它进行翻译。而乔姆斯基在强调本土说话者的能力时将其忽略了。第三，乔姆斯基的理性主义姿态可以被看做有点像是对行为主义传统与实证主义传统的过度反应。许多心理学家（其中包括布鲁纳）提出，语言并不是以乔姆斯基的先天论论述中所暗含的方式而突然“接通”的，而且有大量的证据表明，学习也是非常关键的。

尽管乔姆斯基的贡献位列20世纪的思想成就之中，但是还是有必要说明他作为一名反政府主义者所产生的影响，其中包括他在1967年五角大楼的一次游行中起了重要作用，而被关在监狱一段时间（与小说家诺曼·梅勒 [Norman Mailer] 一起）。乔姆斯基至少做出了三个具有基础性的、持久的贡献：他使得语言学的着重点从描述性的、归纳性的水平，转向了一种解释性的水平；他激发心理学家们重新考虑他们关于语言学习的观点；他在能力与表现之间所做的区别（尽管对它持批评态度的大有人在），对于整个心理学的结构探究与解释来说，已经被证明是一个强有力的隐喻。心理学家斯蒂芬·平克指出，乔姆斯基关于语言的理论现在是一种少数派观点，但是他的理论的明晰性与完善性是无与伦比的——它依然是赢家。

诺姆·乔姆斯基的主要作品

Syntactic Structures, Mouton, 1957.

'Review of Skinner, "Verbal Behavior"', *Language*, 1959, 35, 26-58.

Cartesian Linguistics: A Chapter in the History of Rationalist Thought, Harper & Row, 1966.

Language and Mind, Harcourt, Brace, Jovanovitch, 1968.

The Sound Pattern of English, Harper & Row, 1968 (with M. Halle).

Studies of Semantics in Generative Grammar, Mouton, 1972.

The Logical Structure of Linguistic Theory, Plenum, 1975.

Rules and Representations, Basil Blackwell, 1980.

Language and Problems of Knowledge: The Managua Lectures, MIT Press, 1988.

进一步阅读

Alexander, G. (ED.) (1990) *Reflections on Chomsky*, Basil Blackwell.

Barsky, R. F. (1997) *Noam Chomsky: A Life of Dissent*, MIT Press.

Blumenthal, A. L. (1970) *Language and Psychology: Historical Aspects of Psycholinguistics,* Wiley.

Cogswell, D. (1995) *Chomsky for Beginners*, Writers and Readers.

乌尔里克·奈瑟（1928~）

奈瑟（Ulric Richard Gustav Neisser）将认知心理学界定为感觉信息凭其得以转换、缩减、合成、储存、恢复和使用的所有过程，他还撰写了一本关于这一主题的教科书，其中提供了一种模型结构，该结构已被许多作者复制。

奈瑟出生在德国的基尔。1933 年在他四岁的时候，他的父母汉斯和夏洛特把家搬到了美国。他最初的学术兴趣是物理学，这是他在哈佛大学转向心理学之前主修的一门课程——这一改变部分是由于受到了埃德温·波林（Edwin G. Boring）所授课程的吸引。奈瑟的毕业论文是乔治·米勒（George Miller）指导的，那是一位年轻的教师，他教授沟通的心理结构并撰写这一主题的文章，他还通过使用诸如“位”和“音位”这些概念而使自己与众不同。从哈佛毕业后，奈瑟到了斯沃斯莫尔学院攻读硕士学位，这使他接触到了格式塔心理学的一些开创者，其中有著名的沃尔夫冈·苛勒(Wolfgang Köhler)及其助手汉斯·华莱士(Hans Wallach)。获得了硕士学位之后，他去了麻省理工学院（MIT），当时麻省正想成立一个心理学系。他在 MIT 所撰写的大多数学术论文都是关于对“信息单位”测量的。这并不合奈瑟的本意，于是 1954 年他回到哈佛，完成了博士学位，并继续待在那儿从事博士后研究。1957 年，他获得了布兰迪斯大学的一个职位，当时领导这所大学的是**马斯洛**，而他正忙于成立心理学中的“第三势力”，以抵抗精神分析和行为主义的影响。马斯洛认为，心理学应该是一种向善的力量，而且应该和其他的事物一样，花更多的时间来理解人性的积极面，这给奈瑟留下了尤其深刻的印象。奥利弗·塞尔弗里奇（Oliver Selfridge）是一位数学家，也是人工智能的倡导者，在思想领域有着同样的影响。塞尔弗里奇关于模式识别的研究符合奈瑟对知觉的兴趣，并让他们两人进行了多产的合作研究，其中包括他们受到广泛赞扬的“机器模式识别”（1960）。他在费城马丁·奥恩（Martin Orne）的实验室度过的休假年中断了其十多年关于视觉搜索行为的经验和理论研究。正是在这里，奈瑟写出了他的《认知心理学》（*Cognitive Psychology*，1967），此举不仅为这一领域命了名，而且给出了一个整体的概念框架。在这本书里，他将认知心理学界定为使感觉信息得以转换、缩减、合成、储存、恢复和使用的所有过程。开头的几页包括下面这段论述：

> 30年前，一本这样的书至少需要一章的篇幅来针对行为主义者的观点进行自我辩护。而今，让人高兴的是，舆论氛围已经发生了改变，我们几乎或者完全不需要再进行辩护了。实际上，刺激－反应理论家自己正在充满精力和热情地提出假设，而结果只是受不了良心的痛苦而晕厥。研究认知过程的根本原因与对其他任何东西进行研究的原因一样清楚：因为它们是存在的……认知过程肯定存在，因此对它们进行研究不可能是不科学的。
>
> （1967，5）

他认为，通过模仿不同心理阶段的信息流，就可以对认知进行最好的研究，而且他认为计算机隐喻提供了一种强有力的解释性模拟。他创造了诸如“图像记忆”（一种早期的对视觉储存概念的详细阐述，指的是使视觉表象在刺激终止后还可以持续大约半秒时间的感觉记录器）和“声像记忆”（凭其，在刺激停止之后，听觉表象应该还可以持续1~2秒）这样的术语。

在《认知心理学》出版后不久，奈瑟就去了康奈尔大学，在那儿，他受到了**吉布森**的影响，吉布森极其提倡用“生态学方法”来理解知觉和行为。奈瑟开始确信，认知信息加工模型可能并不是他开始所认为的那样一种有效的研究策略。他提出，该模型倾向于低估有效的刺激信息，过于依赖在人工实验室情境中获得的结果，而且可能会使注意力偏移正确方向，不能理解认知如何在信息丰富的自然环境中产生的。

《认知心理学》是“认知革命”的催化剂，而他的《认知与现实》（*Cognition and Reality*，1976）则提出了一些认知心理学创立之基础的根本假设，而且反应也是迥然不同的：“我在《认知与现实》中所介绍的信息不如我在《认知心理学》中所介绍的那样通俗……现在，我要说的是，人们想要做的事情也许并不值得去做，也许他们应该去做其他的什么事情。这不是一条非常受欢迎的观点（Barrs，1986：282）。”在《认知与现实》中，他提出我们不可能在一个体系的背景之外对该背景进行研究，这一观点与认知社会学的创立者艾伦·西科莱尔（Aaron Cicourel）和认知人类学家罗伊·德安德雷德（Roy D' Andrade）的观点有着许多共同之处。例如，我们不能将记忆与其他认知过程分离开来而对其进行研究，而且我们也不能在人们所生活的背景之外对心理进行研究。奈瑟对认知过程的实验室研究价值，以及认为实验室中所观察到的过程就是真正的认知过程这一错误观点持批判态度。例如，他指出，以实验室为基础的研究没能注意到一些真正重要的问题：为什么经历同样事情的人对该事情的记忆会不同？为什么我们对于生命最早期的记忆会如此之少？为什么我们会清晰地记住某些特定的事情，而对其他一些事情则似乎会完全遗忘？他所提出的这些问题预示了关于自传性记忆、闪光灯记忆、预期性记忆以及目击者记忆的创新研究的出现。

对他的修正主义观点持批评态度的人对此提出了反驳，他们宣称，在生态学方面有效的研究很少使用恰当的实验控制，它倾向于在不完善的理论框架内进行研究，而且所得发现通常也不能推广至特异情境（所得发现就是在这种情境中观察到的）。对于贫乏的“自然”设计中得出的发现的意义，他们也持高度批判的态度。作为反应，奈瑟进一步清楚表达了他所确信的东西，并在他的著作《观察到的记忆》（*Memory Observed*, 1982）中明确地将其运用于记忆研究。由于奈瑟的这些努力，生态学方法在认知心理学的许多领域中已经成为替代信息加工的一种可行的方法。

奈瑟的论点为一场更大的、关于实验室研究法和自然研究方法对记忆认识的辩论做出了非常重要的贡献。实验室法倾向于将记忆比喻为储藏室，这一观点强调分析记忆的储存内容以及通向记忆内容的通道。对于日常记忆的自然研究将记忆比喻为通信联系，并追求对过去事件之记忆的准确性与完整性的分析。但是，奈瑟的观点与两者都不相同，两者都追求对于记忆的表象性论述——过去事件是如何在记忆中呈现的。奈瑟提出了一种非表象性的记忆观点，认为记忆是行动的一种形式。他的观点与另一种非表象性理论，即动力系统理论相似，后者将一个系统的行为看做是其子系统之间相互作用的新产物。奈瑟的观点还与吉布森的生态学取向有许多的共同之处，但在表明有机体更主动，以及他们的认知器官能够指导如何搜寻信息，奈瑟的观点与其不同。

奈瑟主张，知觉与行为是直接相关的；图式的行为在保存认知过程之卓越位置的同时，能够说明适应性行为的存在：图式指导行动，行动导致信息的收集，而信息又修改图式。他的观点与拉斐尔·努涅兹（Rafael Núñez）和乔治·莱克夫（George Lakoff）的观点有许多共同之处，他们赞同一种非正统的视角，认为认知不仅仅是一个心理过程。他们还认为认知是建立在肉体化经验基础之上的。他们的基本观点在于，人类有机体的结构与机能决定着如何去体验这个世界，包括思维过程所必需的概念。因此，一个人什么都不能思考——只能思考其肉体化的大脑允许他去思考的东西。奈瑟对于肉体化心理论题的论述常被用来解释大脑是如何过滤大量信息的（要不然的话，就会超出认知加工的能力）。因此，像**巴特利特**、**布鲁纳**以及其他人一样，奈瑟也广泛地使用了“图式”这个概念，并强调图式在预期接下来发生什么以及应该注意什么中的作用。他对这一概念的使用表现在他对于熟练运动的解释中，他认为，图式有助于确定应该对情境中的哪些方面进行评估，并准备恰当的行动以对感觉信息作出反应。他的“预期图式”概念表明图式是从记忆当中提取出来的，这种观点与他的其他观点多少有些不同，即图式可以随着环境的需要而动态性地得到建构。“追随着巴特利特，我通常将记忆比喻为建构，也就是说，记忆是为了满足特定的目的而熟练地用可获得的信息建构起来的产物”（1996：204）。从一开始，他就提出，重建图式理论的“纯粹”观点是站不住脚的，这是因为要让图式重建，就必须将某些东西储存起来。而且，他对布鲁纳的“超越信息所提供的内容”持批判态度，并觉得“感知是获得信息，而不是超越信息的事情”（1976：182）。

在《对记忆的重新思考》（*Remembering Reconsidered*，1988）中，吉布森对于奈瑟关于认知心理学的修正所产生的影响也清楚地表现了出来。奈瑟将记忆看成一种必需习得的技能，因此这个记忆的自我必须具有自身的发展。他将这个自我分为三个发展的范畴：生态自我（所感知到的关于其物理环境的自我）、扩展自我（主要以个人记忆和预期为基础）以及评价自我（与对社会力量的感知的发展相关）。在后来的研究中，他区分了这种三重结构，增加了人际自我（与物种所特有的情感协调和沟通之信号相关）、私人自我（意识到了没有必要将一个人的体验与他人分享）以及概念自我（从所置身的假设和理论网络中提取意义）。自我知觉是自知最早、最为根本的形式。生态自我被认为是以个人对在环境情境的直接知觉为基础，而扩展自我与评价自我被认为是由于与他人的社会互动而建立的。他假设，我们可以意识到我们所有的生态自我，他将这样一种意识称为“客观意识”，表明这是一种即时提供的关于我们的身体及其运动的意识。在关于新生儿因忧伤而哭泣以及模仿的研究中，我们可以找到支持“生态自我”的证据。“生态自我”这个概念吸引人的一点是，它初步解决了自我意识出现的自相矛盾的问题。不过有批评者提出，奈瑟夸大了他的发现，许多复杂的知觉加工都是无意识地或非认知地进行的，而且有大量的证据表明意识加工与无意识加工是有区别的。还有其他人（如布鲁纳）认为，他走得还不够远，而且仍旧假定了多种叙事的存在：并不存在一种依赖于记忆的已被记住的静态自我，而是存在一种永远不断重写的叙事，这种叙事会深深地受到社会和文化因素的影响。

奈瑟所产生影响的一个典型矛盾体现在他的《认知心理学》的卓著（这个版本被当作后来认知心理学教科书的范本，并使他成为奠基性人物）以及他的《认知与现实》的受欢迎程度（他认为该书摧毁了他作为主流认知心理学家的声誉）。如果关于认知主义第二次革命的预言成真的话，那么奈瑟的自我评价就需要修改一下。布鲁纳是这样说的："毫无疑问，认知科学为我们理解信息是如何流动和加工做出了贡献……因此，让我们回到这个问题，即如何围绕意义这个概念，以及在一个共同体内创造和处理意义的过程来建构一种心理科学"（1990：10）。这样一种呼吁表明，《认知与现实》中所提出的观念和论点应该获得一个重要的位置。

乌尔里克·奈瑟的主要作品

'Pattern recognition by machine', *Scienific American*, 1960, 203, 60-8 (with O. G. Selfridge).

Cognitive Psychology, Appleton-Century-Crofts, 1967.

Cognition and Reality, Freeman, 1976.

'John Dean's memory', *Cognition*, 1981, 9, 1-22.

Memory Observed: Remembering in Natural Contexts, Freeman, 1982.

The School Achievement of Minority Children: New Perspectives, Erlbaum.

Remembering Reconsidered: Ecological and Intellectual Factors in Categorization, Cambridge University Press, 1988 (with E. Winograd).

The Rising Curve: Long-Term Gains in IQ and Related Measures, American Psychological Association, 1988.

The Perceived Self: Ecological and Interpersonal Sources of Self-Knowledge, Cambridge University Press, 1993.

The Remembering Self: Construction and Accuracy in the Self-Narrative, Cambridge University Press, 1994.

'Remembering as doing', *Brain and Behavioral Sciences*, 1996, 1, 203-4.

进一步阅读

Baars, B. (1986) *The Cognitive Revolution in Psychology*, Guilford Press.

Banaji, M.R. and Crowder, R. G. (1989) 'The bankruptcy of everyday memory', *American Psychologist*, 44, 1185-93.

Bermudez, J. L. (1998) *The Paradox of Self-Consciousness*, MIT Press.

Bruner, J. (1990) *Acts of Meaning*, Harvard University Press.

Morris, P. and Hampson, P. (1995) *Understanding Cognition*, Blackwell.

斯坦利·米尔格拉姆（1933~1984）

米尔格拉姆（Stanley Milgram）进行了一项经典的、具有争议的关于服从的实验研究，该研究表明大多数人都是能够做出凶残行为的。

斯坦利·米尔格拉姆出生在纽约市，也成长在那里，在上皇后学院（他在那里学习政治科学）之前，他上的是詹姆士·门罗高中——他与**津巴多**在12年级时是同学。在他毕业那一年，他对于心理学的兴趣才显现，因此他想要进入哈佛大学社会关系系的申请直到他于1954年夏天学完六门心理学课程时才得到接受。他的博士学位论文是**奥尔波特**指导的，后者开创性地将社会心理学方法运用于人格研究。米尔格拉姆的学位论文提出了从众方面的跨文化差异，并且以在挪威和巴黎收集到的数据为基础。鉴于**阿希**之前曾要求被试在大多数人都做出错误判断的、有很强社会压力的情境中判断线条的长度，米尔格拉姆让被试对声音的持续时间进行判断。他总结说，与法国（它的文化差异性更大，而且有着更为强大的多元思想传统）相比，在挪威这种相对较小的、同质的社会中，从众的压力更大。在耶鲁大学教书期间，米尔格拉姆的兴趣从从众转向了关于权威服从的研究，并因此发展了阿希发起的研究路线，1959年，米尔格拉姆曾在阿希的指导下工作了较短的一段时间。

米尔格拉姆主要感兴趣的是人们所经验到的社会问题。例如，他的岳母想知道为什么给人让座这样的绅士行为在纽约地铁的乘客当中似乎在减少。他的一个学生就着手验证现象的原因是否是纽约市市民已经无视于他人的需要。米尔格拉姆对学生的发现进行了总结，他指出，纽约人并不是麻木不仁的，出现这种现象是因为它们的社交受到抑制，从而无法与地铁中的其他人建立亲密关系，从而在社会性方面受到了抑制，无法互相交流。他的犹太血统无疑会促使他在思想以及个人方面关切一个更大的问题："如果希特勒提出要求，你会杀死一个陌生人吗？"米尔格拉姆设计了一个试图回答这一问题的研究范式。他的研究方案意在分析当权威下达的命令与执行者本人的良心相违背时，普通人服从那些命令的程度。在他的经典以及有争议的研究中，他创设了一种实验室情境，后来证明这是一种非常强有力的研究服从的方式。在一位科学家之命令下，人们基本上会被劝服向某人（他们已被告知这个人是无辜的受害者，并且还有心脏问题）施加他们认为极端危险的电击（450 伏）。在所进行的 21 次实验中，米尔格拉姆发现，大约三分之二的被试愿意向受害者实施电击。在很多国家都重复做了这项实验，尽管被试中准备实施这种电击的百分比有所不同，但是平均数也是大约三分之二的人服从；这个数字已经成了一个标杆统计数字。

针对这项研究发表的第一篇评论不是出现在心理学杂志上，而是在《圣路易邮报》一篇高度批判性的社论上。米尔格拉姆一直不知道这篇文章，直到罗伯特·布克浩特（Robert Buckhout，一位社会心理学家）落脚圣路易，才把它带到了米尔格拉姆的面前。大量的批评随之涌来，其中许多批评都是关于该研究使用欺骗的研究方法的伦理问题、知情同意的本质问题、对同意参加心理学实验的被试的尊重问题，以及米尔格拉姆的研究使这门科学声名扫地到何种程度。发展心理学家戴安娜·鲍姆林德（Diana Baumrind）最先提出的最为强烈的论断之一是，米尔格拉姆的研究不符合伦理标准，因为被试参与的这项研究使他们承受了不适当的心理压力，而且在研究后又没有将其解决。米尔格拉姆的回应是，这项研究设计得很好，而且有明确的证据表明在经过一次彻底的事后交谈后被试的苦恼就会消失。然而对这一研究争论的程度很高，以至于在对其伦理性的探究结果出来之前，他加入美国心理学会的申请被搁置了。不过，后来结果很顺利，他于 1963 年被批准获得成员资格。两年后，这项研究被授予美国科学进展学会年度社会心理学奖。当对这项研究的翻译出现时，它们最先出现在希伯来和德国，也许这并不是偶然。

米尔格拉姆认为，每个人都具有双重能力，一种是作为个体做出自己的道德判断的能力，一种是根据自己的特点进行道德判断的能力。不过，当我们顺从于权威而对自己的道德判断不予理会时，我们——男性和女性类似——中有三分之二的人能够做出极为凶残的行为。那些对米尔格拉姆的发现的解释，以及它们引起的伦理问题，现在还仍有争论。人们通常这样解释它们：（1）实验者坚持让被试做要求他们所做的事情而引起的标准压力——与**阿希**在他的研究中所采用的较少压力程序不同；（2）信息影响——在面对一个模棱两可情境或危机情境时，让他人来决定应该怎么做的倾向；（3）冲突的社会规范——一旦实施了第一次电击，被试就会给自己施加额外的压力，让自己继续服从。后来的研究表明，让同伴示范对他人的恶性行为，会增加被试实施他们所认为的威胁生命的电击的意愿。不过，那些需要受到电击而引出被试对比反应的受害者，后来都不愿意参与这种施虐受虐的关系中，大多数被试都拒绝了邀请。

如果米尔格拉姆是在今天做那些实验，那么服从的人会不会少一些？这样思考的原因有二，大众传媒已经警告普通大众要注意人类对于服从于权威的易感性；米尔格拉姆的研究结果已经渗入了通俗文化之中（例如，对该实验的一种通俗化表述出现在1973年的《哈珀》[*Harper*]杂志上，而且它们是彼得·加布里埃尔[Peter Gabriel]1986年的歌曲“We do what we're told—Milgram's 37”的主题）。而且，尽管米尔格拉姆发现那些不熟悉他的实验范式的人的预测大大地低估了真实的服从比率，但是后来的研究表明这种差距已经大大缩小了（Blass，1999）。因此，关于一个人对于服从权威的易感性的知识，可以作为抵制顺从要求的一种保护性因素。不过，布拉斯（Blass，2000）在收集了35年之间的研究的基础上，分析了研究发表年限与所报告的服从数量之间的关系。他发现，两者之间并没有关联：后来的研究并没有比先前的研究报告更多或更少的服从。

米尔格拉姆的方法的独创性还体现在他对于更为良性的社会影响的研究中。从他的实验室往外看正对着纽约的第 42 街道，他安排不同数量的行人（他们都是实验助手——学生或者同事）站在那里，盯着一个六楼的窗户看。米尔格拉姆在窗户后面拍摄下了人群。他系统地变化实验助手的数量，并测量所聚集人群的大小。在只有一个实验助手盯着看的时候，大约有 45% 的行人会停下来抬头看，但是在有 15 个实验助手的时候，就会有大约 85% 的行人停下来。这是一种不同的社会力量——感染，而不是服从——但是它却强有力地证明，随着影响源数量的增加，其社会影响的强度似乎也会增加。这并不是说感染从本质上说是错误的：它能够带来一种信息加工优势，因为仅仅注意到他人在做的事情并模仿他们的行为，意味着人们能够花较少的时间来做决定——这是一个在大多数时候都会带来适当决定的策略（Cialdini，1993）。米尔格拉姆的研究开创了对社会影响进行实验研究的新时代，这一点在津巴多的研究中得到了最为有力的表现。

在一套非常具有创造性的实验技术的基础上，米尔格拉姆开始了关于社会过程的研究，其中最为著名的是丢信方法、小世界问题以及 Cyranoid 范式。丢信方法是用来研究利他行为的，指的是研究者在一个地区到处“丢失”一些贴了邮票、写好了地址的信件。研究者躲在暗处观察发现这些信件的人的行为（例如，将其邮寄出去，阅读这封信，当作垃圾丢了），并用其来表示他们的利他行为。在第一次研究中，米尔格拉姆系统地对地址上的小细节作了一些改变（例如，“纳粹党的朋友”或者是“医学研究组织”），为的是分析社会和政治态度对于助人意愿的影响。他设计了小世界问题来验证这一假设，即地球上的每一个人都是在一个巨大的社会网络中联系在一起的。该理论预测，在世界的任何角落随机地选取两个人，只要通过一条非常短的朋友或同事链——只要六个，他们就可以相互联系在一起。这一观点在最初得到了轶事证据以及民间传说的证明，更为新近的研究表明，这种现象是整个自然界中的一个基本规律，而且它似乎是互联网发展中的一个重要原理。有人已经做了一些尝试，试图让世界各地的几千人参与，以给予“六度分离”（Six Degrees of Separation）一个决定性的验证。这些发现还没有确定的结果，但是无论最终的结果是什么，米尔格拉姆的小世界问题的答案都将会揭示很多关于这个星球上的社会网络结构的东西。Cyranoid 范式（根据赛拉诺·德·伯吉拉克［Cyrano de Bergerac］命名的，他曾代表一位结巴请愿者而雄辩地发表意见）指的是一种实验操作，在其中，一位被试在谈话中说着话，但说出的不是他自己的想法，而是一位隐藏起来的观察者的想法，这些想法是通过一台微型收音机传达给他的。米尔格拉姆在其他领域的兴趣，如他 1972 年对于巴黎和纽约居民之心理地图的研究，预示了关于建构环境的环境心理学的出现。

没有证据表明，米尔格拉姆研究服从行为的兴趣，以及他对被试使用欺骗的研究方法，是他人格的一些方面以及他对待他人之态度的反映。像他的博士论文导师戈登·**奥尔波特**一样，他是一名支持型而不是要求型导师，在 CUNY 研究生中心期间，他的许多博士学生中只有一个从事的是服从主题的研究。在米尔格拉姆去世后，社会心理学家欧文·卡茨（Irwin Katz）这样说：“在经过 20 年的批判性调查与讨论之后，它们依然是本世纪现代心理学所创造的，对人类行为所进行的最为卓越的、最为透彻的、最具干扰力的研究之一。我们当中那些自认为拥有关于人的知识的人，依然困惑于他的发现，以及它们可能会对社会产生的可怕影响”（引自 Blass，1999）。

斯坦利·米尔格拉姆的主要作品

'Nationality and conformity', *Scientific American*, 1961, 205, 45-51.

'Behavioral study of obedience', *Journal of Abnormal and Social Psychology*, 1963, 67, 371-8.

'Some conditions of obedience and disobedience to authority', *Human Relations*, 1965, 18, 57-76.

'The small world problem', *Psychology Today*, 1967, 1, 60-7.

'The lost letter technique', *Psychology Today*, 1969, 3, 30-3, 66, 68.

Obedience to Authority, Harper & Row, 1974.

The Individual in a Social World, Addison-Wesley, 1977.

进一步阅读

Baumrind, D. (1964) 'Some thoughts on ethics of research: After reading Milgram's "Behavioral study of obedience"', *American Psychologist*, 19, 421-3.

Blass, T. (1999) 'The Milgram paradigm after 35years: Some things we now know about obedience to authority', *Journal of Applied Social Psychology*, 29, 955-7.

Blass, T. (2000) *Obedience to Authority: Current Perspectives on the Milgram Paradigm*, Erlbaum.

Cialdini, R.B. (1993) *Influence: Science and Practice*, Harper Collins.

菲利普·津巴多（1933~）

津巴多（Philip George Zimbardo）设计了著名的斯坦福监狱实验，这项研究警告人们要注意去个体化的后果，以及减轻其有害影响的必要性。

菲利普·津巴多的父亲是乔治·津巴多和玛格丽特·比希卡切。他的儿童期和青春期是在纽约的南布朗克斯犹太人区度过的。5岁的时候，他感染上了肺炎和百日咳，在一家条件很差的儿童传染病医院住了6个月。在詹姆士·芒罗高中读12年级时，他与斯坦利·**米尔格拉姆**（Stanley Milgram）同一年级；后来他们失去了联系，不过在1960年又再次相遇。那个时候，米尔格拉姆已经被任命为耶鲁大学的助理教授，而津巴多正任职于纽约大学，为了赚钱维持在纽约的生活，他同时还在耶鲁大学兼职。在耶鲁大学攻读硕士期间，津巴多受到了卡尔·霍夫兰德（Carl Hovland）的影响，当时卡尔·霍夫兰德已经发表了关于说服性沟通与态度改变的研究，包括战时宣传片对军队全体人员的影响，津巴多的博士论文探究了从众的决定因素。

津巴多对心理学做出影响性贡献的起点，是他认识到米尔格拉姆的权威服从研究的局限性，在其实验情境中，权威人物（如一个装成实验室科学家的人）直接控制着研究被试，并不断地监控他们的行为。然而，在许多现实情境中，权威人物通常并不存在，但人们还是会顺从不合理的要求。权威人物能够创造一些心理状态，在这些心理状态下他人会顺从其可憎的要求。在重复米尔格拉姆的研究并对其作出拓展时，他确信，被试在一段时期内向某个体施加电击，他们认为这个人是一个倒霉的受害者，在这种情境中并不存在权威人物。在研究的一个拓展项目中，他确定了一些在没有权威的情况下人们也会顺从的条件。包括将一个人置于一个群体环境中而除去其独特感，并通过要求他们穿制服而创造一种匿名感和伪装。在这些情境中，人们的认知机能减弱——他们的问题解决技能和批判性意识水平似乎都降低了——而且，如果给他们酒和其他容易使人醉的东西，这种影响就会更大。通过创造最低程度的非人性化的条件，**班杜拉**扩展了这一研究。

津巴多认为，他人的在场能导致去个体化，可使人产生一种匿名感，以及作为一个个体的自我感的降低。在这些情境下，人们体验到的责任感降低——认为自己将会对自身行为负责的可能性降低。津巴多的观点受到了一些关于集体行为的理论的影响。例如，法国医生、社会心理学家古斯塔夫·勒庞（Gustav Le Bon，其经典著作《乌合之众》至今仍十分畅销。——译者注）的观点在关于群体的早期理论中是很有影响的。但勒庞的观点缺乏组织性，而且在很大程度上是基于法国大革命期间所进行的一些轶事研究，以及对巴黎街头的群众行为的观察。勒庞总结说，群体生来就是非理性的，并且表面上受到集体的、原始的心理的控制。不过，群体行为也可能是有目的的，因为群体为具有相似特征的人们提供了机会，使他们有机会表达相似的需要和相同的特征。勒庞暗示，在对群体行为的管理中有三个过程：匿名，它降低了责任感，并提高了权力感；传染，它导致了共同的感觉，在群体中传播非常快；以及易受暗示性，它促进群体成员不加批判地接受群体中他人提出的关于一个人应该如何做出行为的指示。另一种观点提出，攻击行为之所以产生，是因为群体中的一部分人，通过趋同过程，改变了对暴力行为接受性的标准。津巴多的去个性化理论利用这两种观点的部分内容，解释了群体中有时候会出现的个体约束减少的现象。这个过程可以分成三个部分：输入、内部变化以及行为结果。输入，或者去个性化的原因，包括匿名感、责任分散以及生理唤醒的状态。内部变化与去个体化有关，包括：第一，自我觉察的降低易于产生一系列不受限制的行为；第二，经验的变化，如集中和判断方面出现障碍，以及非现实感。去个体化的破坏性后果包括行为冷淡（例如，没有注意到那些感到苦恼的个体的困境，也不对其作出反应），以及对他人实施暴力的犯罪行为。不过，去个体化另一种后果是，若给予恰当的亲社会线索，人们有时候会做出利他行为，而且通过这样做，可以重新建立起个体感和个人责任感。

津巴多因设计一些具有独创性的实验而受到称赞，这些实验是他与研究生克雷格·汉尼（Craig Haney）和苛特·班克斯（Curt Banks）一起完成的，实验剖析了社会责任与去个体化。例如，在一次研究中，被试一到实验室就让他们穿上实验外套和兜帽。而且为了保持匿名情况，不用他们的名字，房间也是黑暗的。在一个对比条件中，被试穿着他们平常的衣服，贴上大大的名字标签，坐在一间亮堂的房间里。然后，指示所有的被试向另一个体施加（假定的）电击。那些匿名条件下的被试对于“受害者”表现出了更具攻击性的行为，施加了更多、更长时间的电击。

在一项著名但却颇具争议、众人皆知的斯坦福监狱实验的研究中，津巴多扩展了他的研究，超出了人为的实验情境。那些自愿参加一项关于监狱生活心理学研究的学生被“逮捕”，并被关在斯坦福大学心理学大楼地下室的一个模拟监狱里。那些“看守员”也是自愿者。很快，被试就开始按照各自的角色行事：他们表现得越来越像真实监狱中的真实囚犯和真实的看守员。这一研究预定为期两个星期，但是仅仅六天后，研究不得不中止，因为这些“看守员”以相当残忍的方式来对待所谓的“囚犯”。实际上，津巴多和他的同事们已经证明，人们会含蓄或外显地使用他们所担任的角色的社会规范，并让这些规范塑造他们的行为。也有人已经提出，那些参加研究的人仅仅是按照他们认为他们被期望的那样来做出行为。但是，津巴多及其他人反驳说，即使他们仅仅是在“扮演角色”，但是他们实际上与那些在真实的监狱中第一次担任这些角色的人也并没有任何差别。在他与克里斯蒂娜·马斯拉奇（Christina Maslach）结婚的当年，发表了这项研究；他们共有一儿一女（津巴多在前一次婚姻中还有了一个儿子）。

斯坦福监狱实验实施的时间与圣昆廷和阿提卡监狱暴乱发生的时间是一致的。政治家试图通过媒体减轻大众的道德恐慌，吵吵闹闹地要求给予一个解释，他们想听到津巴多的研究。因此，津巴多向关于监狱改革的国会小组委员会进行了口头汇报，而斯坦福监狱实验也成为最为人熟知的一项心理学研究。最为激烈的批评家指出，尽管这项研究拥有效度这个漂亮外衣，但是它不应该得到表扬。例如，精神分析学家埃瑞克·弗洛姆（Erich Fromm）指出："模拟囚犯与真实囚犯之间的差异是非常大的，因此我们事实上根本不可能通过对前者的观察而得出类比"（1973：90）。弗洛姆还进一步指出，除了在这些发现的介绍中普遍缺乏精确性之外，该研究还缺乏会聚效度：没有检查同种类型的监狱中的经验来验证研究结果。与这种批评相一致的是，在关于监狱心理学与犯罪学的主流教科书中通常不会引用这项研究。津巴多回应说，关于真实世界中的冲突的研究表明，在绝大多数情况下，国家和社会的许多行为其实是与他的去个体化和非人化假说相一致的，仅仅是后者的一种变式。

斯坦福监狱实验的一个意外结果是，津巴多开启了一条关于害羞的突破性的研究路线。在实验中，津巴多惊讶地发现许多"囚犯"适应了"看守员"强加在他们身上的那些欺凌和独裁策略。一些囚犯似乎是在用他们的自主性来交换那个"好囚犯"的角色，而且，通过这么做，他们内化了负面的自我意象。津巴多推断，这些"囚犯"似乎轻视他们自己，而且还发现他们的"看守员"骂他们懦弱、无能。津巴多将这种囚犯－看守员现象扩展到了一种对害羞的概念化，认为其是一种自我强加的沉默和社会约束的监狱。但是，在那个时候，几乎还没有关于害羞的研究，而且即使是那些极少的研究，也是几乎无一例外地与儿童有关。因此，他着手进行了一些大样本的调查，这些调查表明，40% 的回答者报告说会经常感到害羞，而只有大约 5% 的回答者认为他们从未感到害羞。紧接着，他使用多种方法对这现象进行了研究，包括个案研究、深度访谈、实验技术、观察技术，研究中的发现预示了一种基于个体与群体认知行为疗法结合的、针对感到羞愧之成人的非常成功的干预项目。他早期的调查研究也鼓舞了其他人来探究害羞与社交恐惧症和社会焦虑障碍之间的关系。

为什么津巴多和米尔格拉姆在当时要进行关于自主性与顺从的研究？至少有部分原因可能是觉察到了奥斯威辛、特雷布林卡以及德国的战俘营中所发生的事情。他们的研究也可以被看做仅仅是那个时期美国人中普遍存在的焦虑的另一种表现。例如，1950 年，社会学家大卫·里斯曼（David Riesman）出版了一本非常流行的平装本《孤独的人群》(The Lonely Crowd)，集中分析了社团和政府越来越大的权力是怎样影响国民性格的。作为整个 20 世纪 50 年代的畅销书，该书探索了战后美国的从众与个性的根本问题，其中的观点包括了那个时期大量的社会评论和政治评论。更为特别的是，斯坦福监狱实验可以被看做是阿希和米尔格拉姆非常有影响的、关于从众与服从的研究的一种逻辑拓展。像米尔格拉姆一样，津巴多也证明，通常人们认为自己会作出反抗的情境中，其实他们可能会做出可憎的行为。像米尔格拉姆的研究一样，几乎可以确定的是，重复他的监狱实验在伦理上是不被接受的。有一位政治理论家、群体行为的分析家埃弗雷特·迪安·马丁（Everett Dean Martin）曾说过，研究群体的真正价值在于，它能使我们对群体心理之破坏性潜能产生更清楚的认识，以及认识到防止群体专制的必要性。同样，斯坦福监狱实验几乎被奉为偶像的地位可能是由于，它警告我们要注意去个体化的结果，以及认识到减轻其有害影响的必要性。

菲利普·津巴多的主要作品

'A study of prisoners and guards in a simulated prison', *Naval Research Reviews*, 1972, 9, 1-17 (with C. Haney and C. Banks).

'The psychology of imprisonment: Privation, power and pathology', in Z. Rubin (ed.), *Doing Unto Others: Explorations in Social Behavior*, Prentice-Hall, 1974.

The Shy Child, McGraw-Hill, 1981-(with S. L. Radl).

The Psychology of Attitude Change and Social Influence, McGraw-Hill, 1991 (with M. R. Leippe).

Psychology of life, 16th edition, Allyn and Bacon, 2002 (with R. J. Gerrig——译者注)

进一步阅读

Banuazizi, A. and Movahedi, S. (1975) 'Interpersonal dynamics in a simulated prison: A methodological analysis', *American Psychologist*, 30, 152-60.

Crozier, W. R. (2001) *Understanding Shyness: Psychological Perspectives*, Palgrave.

Fromm, E. (1973) *The Anatomy of Human Destructiveness*, Fawcett.

阿伦·巴德利（1934~）

巴德利（Alan D. Baddeley）建立了一种复杂的记忆理论，该理论富有成效地运用于大范围的情境之中。

阿伦是唐纳德与内莉·巴德利的次子，成长在利兹汉斯莱特的工人阶层社区。他的父亲是一位排字工人，他的母亲是家庭妇女。他在科克本中学的学业成绩甚至低于中等水平，一直到十几岁的时候，他才对学术产生了浓厚的兴趣，并开始考虑上大学的可能性。他想要上牛津大学或剑桥大学的雄心在很大程度上是受到在这两所学校中的一所踢橄榄球的愿望的激发，但是它们并不乐于招收他，于是他的这种愿望也就没有实现。考虑到获取一个哲学方面的学位在毕业之后的就业前景不好，所以没有学哲学，但是心理学却提供了一个有吸引力的妥协方案，于是他上了伦敦大学附属学院。1950 年美国实验心理生物学家罗杰·罗素（Roger W. Russell）被任命为那里的教授，他向巴德利介绍了北美与英国的传统。毕业之后，基于他在老鼠身上所做的关于次级强化的认知取向的研究——该观点认为，动物能够创造粗糙但却有效的关于其环境中事物的表征，如记忆等，他在普林斯顿大学获得了文学硕士学位。他回到了英国，却发现工作还是像以前一样难找，他曾一度去医院做搬运工，后来又去当老师。谈到去伯登神经研究所研究酒精的有益影响，布里斯托尔——该研究由黑啤酒制造商资助——似乎更吸引人，但是这个职位却从未成为事实。不过，他在英国医学研究委员会下属的剑桥应用心理学研究室（APU）获得了一个职位，这所研究室是由邮局提供经费的（他们给那些关于邮递区号设计的研究提供经费）。就是在 APU 工作的这五年期间，他与希拉里·安妮·怀特结了婚；他们有三个儿子，其中一个罗兰（Roland）致力于心理学与计算神经科学方面的研究。在 APU（当时是在**布罗德本特**的指导下）工作了一段时间之后，他又有一段时间到了苏塞克斯大学担任讲师和高级讲师。在苏塞克斯大学，他的第一个博士后研究合作者格兰汉姆·希契（Graham Hitch）与他一起开始了他整个职业生涯中关于记忆研究的合作。在加利福尼亚大学度过的一个休假年让他有机会与乔治·曼德（George Mandler，从事的是关于记忆中结构因素和组织因素的研究）、唐纳德·诺曼（Donald Norman，从事的是记忆与注意的研究）合作。

一回到英国，巴德利就担任了斯特灵大学的教授。这个任期比较短——只有两年——因为巴德利担任这个职位，斯特灵想要扩展的计划由于政府缩减大学公共费用的政策而受阻。当布罗德本特从 APU 退休时，巴德利回到了剑桥，从 1974 年到 1995 年担任研究室的主任，然后去了布里斯托尔大学担任心理学教授。尽管巴德利的名字必然与关于记忆的研究联系在一起，但是在心理学学科领域内，以及在公众的心里（这是他的一种能力，他能够以一种外行读者可以参与的、非专业的形式将复杂的观点传达给他们），他也为语言发展与障碍、发展障碍以及恢复等认知领域都作出了有价值的贡献。这项工作的一些方面（例如，关于阿尔采姆症）包括他与妻子希拉里合作进行的研究。

巴德利在 APU 的第一个任期激发了他对于人类记忆以及将心理学运用于实验室情境之外的兴趣。他在读研究生期间，就对潜水产生了兴趣，而且对于测量潜水者在远海表现的问题兴趣浓厚，并继续在这一领域从事研究。对于短时记忆以及工作记忆的兴趣，来自于一个他想要评价电话线质量但却没有成功的研究项目。在一项研究中，他对于相似词语和不相似词语都使用了即时记忆，并对语音相似性效应之强大感到震惊。他发现，在即时记忆中，语音相似性比意义相似性具有强得多的影响，而在长时记忆中却恰恰相反，即语音相似性不太重要，而语义相似性却占有支配性的地位。这一发现使得他认为，记忆具有独立的长时记忆（LTM）和短时记忆

（STM）成分。与伊丽莎白·沃林顿（Elizabeth Warrington）合作的关于遗忘症患者的研究得出了一个相似的结论，这些遗忘症患者在一项 STM 任务中表现正常，而在需要 LTM 的任务中表现出机能严重受损。

巴德利是在这样一个时期发表他的记忆理论的：当时，关于记忆的简单两分观点，即认为记忆是一个由短时记忆和长时记忆两个连锁但却独立的储存器组成的系统，被弗格斯·克雷克（Fergus Craik）基于加工水平而作的论述取代了。在克雷克看来，刺激信息依其特征在多个水平上被同时加工。某件事情被加工得“越深”，它被记住的可能性就越大。例如，那些涉及强视觉表象或者与现存的经验或知识有着许多联系的信息，将会在一种更深的水平上得到加工。尽管巴德利认为这种观点是对记忆编码作用的重新概念化，但他自己将会接受早先由布罗德本特及其他人提出的 STM 的单一概念，并在后来将其纳入一种关于工作记忆的多元素模型中而加以详细阐述。巴德利和希契（1974）提出，STM 至少有三个组成部分：一个中枢执行系统，两个辅助系统——发音回路（后来将其重新命名为语音回路）和视觉空间初步加工系统。中枢执行系统负责组织和计划认知活动，并积极参与加工理解、计划以及行为控制的过程。大脑前叶损伤，就会表现出中枢执行系统的受损，这一点在遭受这种损伤的人中得到了证明，他们会在建构和控制其行为方面遇到特定的困难。视觉空间初步加工系统是负责视觉心理表象的部分，之所以这样称谓它，是因为有证据表明心理表象似乎具有视觉和空间两种属性。语音回路使得以语言为基础的信息在一段时间里能够为中枢执行系统所获得，不过像一台老式的磁带录音机一样，它能容纳的信息量是相当有限的。在关于那些表现出特定的记忆广度缺陷但却没有完全丧失短时记忆的脑损伤患者的研究中，我们可以发现证据，说明作为语音回路基础的神经过程的确是存在的。

尽管中枢执行系统是该模型中最为重要的成分，但它却被证明是最难驾驭的。注意分配机制理论认为，人们集中注意（转换注意）

的能力可以使其在两项同时发生的任务上分配注意。关于阿尔茨海默症患者的研究表明，他们完成双重任务的能力明显受损，这与巴德利的预测相一致。其他证据并不适合这个模型，例如，一位严重的遗忘症患者能够具备打桥牌的能力，甚至能够记住桥牌合约以及先前手中所打的牌。这种情形表明，存在着某种将长时表征暂时激活的存储系统，以创造和保持新颖的认知结构——某种类似于长时工作记忆的东西（Baddeley and Hitch，2000）。为了调解越来越多关于中枢执行系统之操作的证据，巴德利假定了工作记忆的第四个成分——情节缓冲器。这被假定为一个容量有限的系统，它以不同的编码形式为多种信息提供暂时的存储。人们认为，它能够将来自于辅助系统与长时记忆的信息固定在一起，成为一种单一的情节性表征。我们需要有意识的努力才能从这个缓冲器中重新找回信息。该模型的这种扩展更加强调对信息的综合理解，而不是对这些子系统进行分离研究。通过这样做，它提供了一个更为坚定的理论基础，据此可以对工作记忆中更为复杂的执行控制做出解释。

巴德利与希契的模型已经被证明是强大的、富有成效的，正被运用于广泛的情境中，从对成人阅读到对失语症患者记忆消退的分析，从对儿童记忆发展到对老年痴呆患者记忆缺陷的分析。该模型进展得很好，是因为它允许基于实证研究不断地进行理论发展（正如增加情节缓冲器所表明的那样），并提供了一个可以运用于真实世界中广泛问题的强有力的模型。巴德利一直都认为该理论有必要进一步精炼并优化，他总结说：“在 25 年之后，假定一种新的成分仍旧不能解决当前正在思考的这些事情中所潜在的那些深层的、重要的问题。不过，它确实强调了我们的工作记忆模型能够解释和整合来自不同渠道的信息，而这是非常必要的。”（Baddelet and Hitch，2000：135）。

阿伦·巴德利的主要作品

'Working memory', in G. Bower (ed.). *Recent Advances in Learning and Motivation*,

Volume VIII. Academic Press, 1974 (with G. J. Hitch).

The Psychology of Memory, Basic Books, 1976.

'The trouble with levels: A re-examination of Craik and Lockhart's framework for memory research', *Psychological Review*, 1978, 85, 139-52.

Your Memory: A User's Guide, Sedgwick and Jackson, 1982.

Working Memory, Clarendon Press, 1986.

Working Memory and Language, Erlbaum, 1993 (with S. E. Gathercole).

'Exploring the central executive', *Quarterly Journal of Experimental Psychology*, 1996, 49, 5-28.

'Development of working memory: should the Pascual-Leone and the Baddeley and Hitch models be merged?', *Journal of Experimental Child Psychology*, 2000, 77, 128-37 (with G. J. Hitch).

'The episodic buffer: a new component of working memory?', *Trends in Cognitive Sciences*, 2000, 4, 417-23.

进一步阅读

Collins, A. F. , Gathercole, S.E., Conway, M. A. and Morris, P. E. (eds) (1995) *Theories of Memory I*, Psychology Press.

Conway, M. A. , Gathercole, S. E. , and Cornoldi, C. (eds) (1998) *Theories of Memory II*, Psychology Press.

Tulving, E. and Craik, F. M. (eds) (2000) *The Oxford Handbook of Memory*, Oxford University Press.

约翰·安德森（1947~）

安德森（John Robert Anderson）提出了一个以计算机为基础的能够模拟广泛智力行为的系统，并以此为数学和计算机程序建构了一个监控系统。

约翰·安德森出生在温哥华，在贫民区里长大。儿时，他曾追求几个“梦想”，而且他的父母对他所有这些梦想都很支持。其中一个梦想是成为作家，那也是他进入英国哥伦比亚大学学习心理学时的抱负之一。尽管他高中时候成绩非常好，但是作为一名大学生，他一直没有确定自己是否要选择心理学作为毕生职业。在最后一年，他扫除了所有障碍，于 1968 年以名列年级前茅的成绩毕业，并被授予总督金奖。为了做毕业论文，他与亚瑟·瑞伯（Arthur S. Reber）一起研究了有关语言信息和非语言信息中倒吸气音的知觉。20 世纪 60 年代的大学课程通常包括学习理论、语言心理学和认知心理学（关于思维和问题解决的心理学），但是关于这三个主题之间的联系的课程却很少。安德森对语言与思维之间的联系尤其感兴趣，当他获得攻读斯坦福大学博士的机会时，在这个领域从事研究的时机就来了。这一机会使得他与下面这些人有了工作关系：戈登·鲍尔（Gordon Bower），发表了关于人类学习之数学模型的开创性研究；理查德·阿特金森（Richard Atkinson），从事的是计算机辅助教学的研究；赫伯特·克拉克（Herbert Clark），从事的是关于语言理解与使用的研究；以及爱德华·费根鲍姆（Edward Feigenbaum），研究的是以知识为基础的认知系统。他原本打算获得一个数学心理学方面的博士学位，但是他关于回忆结构的研究（在鲍尔的指导下）是另一个梦想的开始——建立一种关于人类思维过程的充分而详细的理论，这样它在计算机模拟中就可得以施行。这样一种正规详细的理论在**巴德利**那里得到了阐述："尽管简单的定性概念模型已经被证明是有用的，但是，如果我们想要进一步发展这些概念，就最终会到达这个点上，即需要某种形式的详细且更为可取的定量模型"（1994：363）。他最初的尝试是用计算机模拟记忆的 FRAN（Free Recall in an Associative Network，联想网络中的自由回忆），后来是建立了 HAM（Human Associative Memory，人类联想记忆）理论。HAM 是一个关于人类记忆的结构与过程，它是一个详细论述人类记忆如何加工语言的模型。

1972 年从斯坦福大学获得博士学位后，安德森在耶鲁大学谋得助理教授的职位。他在那里待了一年，给大学生和研究生讲授关于思维心理学的课程，期间，他在认知心理学方面的兴趣得到了扩展，开始研究认知过程与结构。后来他到了密歇根大学，林恩·瑞德（Lynne Reder）是那里的一名研究生。他们于 1973 年结婚，并形成了一种亲密的智力合作关系。在他待在密歇根的三年期间，他在语言和学习方面的兴趣得到了发展，而且设计了一个关于语言习得的计算机模拟程序。他与 G．格里诺（G. Greeno，从事的是学习与推理方面的研究）的交往，把他的兴趣直接引向了将认知心理学运用于教育事业。这两方面的发展在他后来的学术生涯中都是意义非常重大的。在这段期间，他提出了 HAM 理论，并进行了一些实验，这些实验导致了后来 ACT（Adaptive Control of Thought，思维的适应性控制）理论的提出。像 HAM 一样，ACT 也是一个人类记忆的计算机模型，不过它有一个重要的扩展，即研究诸如问题解决、记忆的交互作用等认知过程。他关于 HAM 的研究主要集中于建立一个关于世界之事实性信息或"陈述性知识"的模型。ACT 引入了一套有序的、被称为产生式系统的规则，这套规则也是 ACT 的基础。例如，如果你正在做一个蛋糕，那么陈述性知识就包括配料的清单，而产生式系统就是那些指明如何将它们放在一起的规则。如果你正在使用一个不熟悉的方法制作蛋糕，那么同时记住所有的配料以及所有的产生式规则通常是不可能的。ACT 试图在一个具有工作记忆的计算机模型中对此进行模拟——工作记忆是一种暂时的记忆存储，在那里，不同的信息与规则被放在一起。

安德森回到了耶鲁大学，在那里他继续发展并验证 ACT 理论，集中研究过去的知识与新知识习得之间的相互作用，以及过去的知识是如何影响新知识的习得的。1978 年秋天，安德森一家搬到了卡内基梅隆大学，在赫伯特·西蒙和阿伦·纽维尔（Alan Newell）的公司里，他研究的重点转向了问题解决的计算机模拟。安德森使用"认知架构"这个术语来指心理的构思与组织，在《认知的架构》(*The Architecture of Cognition*，1983）一书中，他描述了一种得到了充分发展的理论 ACT*，并将其描述为一种关于认知体系基本操作原则的理论。它审视的是高水平的认知，即那些为思维提供方向的元素，如计划以及产生式系统，这种系统限制了人类认知系统中的适应性选择的方式。例如，思考一下下面这个比喻：储存在一台计算机里的关于世界的陈述性或事实性知识的量可能在几年的时间里会大量增加，但是，这种信息的有用性将会受到那些如何结合和使用它的规则的限制。从这个意义上说，ACT* 是一种对那些限制人类问题解决和学习能力的认知过程的模拟。

在 1980 年和 1985 年，安德森有了两个儿子，杰伊和艾贝。安德森对于他们的认知能力发展的强烈兴趣反映在他对大儿子语言习得过程所做的模拟中（发表在《认知的架构》中）。他早先时候对于将认知心理学运用于教育的兴趣此时重新燃起，而且他通过辅导孩子数学而卷入对这两个孩子的教育中。他想要建立一种能够教授数学的计算机程序，包括建构一个关于将要学习的特定数学技能（如减法）的认知模型，并强调在教学中运用实时的认知模型。他通过努力发展一套以与学生解决这些问题所使用的同样的方式和同样的速度解决一类问题（如减法问题）的产生式规则而做到了这一点。换句话说，安德森以计算机为基础的数学导引（maths tutor）试图像一个学习者所理解的那样来模拟这个世界。一个好的关于学习者世界的计算机模型，应该能够诊断出学习者所犯的任何错误，然后通过细致的指导教学提供恰当的帮助。

之所以用 ACT* 这种说法，是因为安德森认为 ACT 理论已经无法再进一步发展了。从那以后，他就开始致力于两方面的研究以“打破”ACT 理论。其中一方面是基于 ACT 理论，建立一个以计算机为基础的智力导引程序。其基本思想是，在计算机中嵌入一个关于 ACT 将如何解决非常复杂的四维任务（如几何中的生成证据）的模型。这个以计算机为基础的导引程序使用关于技能习得的 ACT 理论，以使学生能够仿效存储在计算机中的模型。令安德森吃惊的是，这种以计算机为基础的导引程序被证明是非常成功的，而且经常被引证为最有成效的智力导引首创之一。他第二个废除 ACT 理论的尝试开始于 1978 年在澳大利亚弗林德斯大学度过的一个休假年。在那里，他集中研究了认知如何才能适应任何环境的不确定性本质特征。他有一个观念，要理解人类思维，我们没有必要发展一种关于其机制的理论，为此他提出了一种所谓的“理性的”分析。他认为，我们只需理解个体面对各种问题时不确定性是如何组织的，即可能性的结构。这使他成功建立了关于人类记忆与分类的理论，并设计了一种计算机程序，它能够解释和处理在人类解决各种问题的研究中所收集的大量资料。安德森进一步发展了一种关于程序学习的新理论，且将理性分析也并入了其中。这就是 ACT-R 理论，该理论发表在《心理的规则》（Rules of the Mind，1993）上，该书附有一张计算机光盘，其中含有一个 ACT-R 模拟。ACT-R 强调在学习任何技能时练习的重要性。其基本主张是，为了学习一种复杂的技能，我们必须分别掌握其每一个组成部分。这种观点与格式塔的主张（更充分的描述参见**惠特海默**）是不同的，后者认为，学习包括顿悟或转化的时刻，即整个知识结构得到重新组织或学习——类似于在花了几分钟或几个小时来想问题的解决之道后，一种解决方法突然蹦了出来，也就是有一种“我想出来了！”的顿悟。

在其更为新近的研究中，安德森指出了心理学家对于跨度不超过几十毫秒的心理效应实验的偏好，与教育学家对于重大教育成果之成就的关注之间的区别。他的分析简明扼要地重述了一些谴责**冯特与巴特利特**的问题，冯特与巴特利特都关注在实验室条件下研究的微不足道的心理事件与诸如语言和文化这样庞大的现象之间的关系。安德森提出了下面这个问题："我们有理由相信研究在几十毫秒的时间里所发生的事件，就能够提高学习吗？"（2002：86）他的回答使用了阿伦·纽维尔（Alan Newell）的看法，认为"认知有四个层面"：生物的、认知的、理性的和社会的。毫秒水平的分析处于生物层面内，而重大教育的成就位于社会层面之中。有人已经提出，联结生物过程与大范围的教育成果，是一座太难搭建的桥梁，但安德森却认为，搭建三座稍小、连续、跨度更长的桥梁是有可能的：生物层面－认知层面，认知层面－理性层面，以及理性层面－社会层面。他主张，成百上千个小时的时间里所发生的学习，能够有意义地被分解成跨度只有几十毫秒的学习事件，虽然他也承认，需要进行进一步的实证研究来支持他关于认知层面－理性层面和理性层面－社会层面这些"桥梁"的论点。运用这种方法，安德森表明了他自己对微小层次的人类思维过程的计算机模拟的研究是怎样与大得多的现象联系在一起的。安德森这种研究方法的力量在于，他证明了一个一般的架构或结构是怎样被用来操作非常大范围的认知任务的（从简单的到相对复杂的）。ACT 中所使用的这种一般架构取向，不同于其他研究者坚持认为的取向，即每一种心理机能（例如，记忆、语言、知觉）都有其独特结构，并必须要根据其独特点来进行研究。不管这一争论最终的结果是什么，现在已经有一个共识，即人类记忆还有许多其他特征，如提取等仍需进行恰当的模拟。尽管存在这种局限性，ACT 理论的未来仍将看好，要想打破这一理论，显然还有很长的路要走。

约翰·安德森的主要作品

'Recognition and retrieval processes in free recall', *Psychological Review*, 1972, 79, 97-123 (with G. H. Bower).

Human Associative Memory, Winston and Sons, 1973, (with G. H. Bower).

Language, Memory and Thought, Erlbaum, 1976.

'Acquisition of cognitive skill', *Psychological Review*, 1982, 89, 369-403.

The Architecture of Cognition, Harvard University Press, 1983.

Transfer of Cognitive Skill, Harvard University Press, 1989 (with M. K. Singley).

Rules of the Mind, Erlbaum, 1993.

Learning and Memory, Wiley, 1995.

'Spanning seven orders of Magnitude: a challenge for cognitive modeling', *Cognitive Science*, 2002, 26, 85-112.

Cognitive Psychology and it's implications, worth, 2010. ——译者注

进一步阅读

Baddeley, A. (1994). *Attention*, Oxford University Press.

Fodor, J. (1983). *The Modularity of Mind*, MIT Press.

Laird, J. E., Newell, A. and Rosenboom, P.S. (1987) 'SOAR: an architecture for general intelligence' , *Artificial Intelligence*, 33, 1-64.

Simon, H. A. (1981) 'Information-processing models of cognition' , *Journal of the American Society for Information Science*, 32, 364-77.

Kolodner, J. L. (1983) 'Reconstructive memory—a computer model' , *Cognitive Science*, 7, 281-328.

术语表

情感（Affect）：主观体验到的情绪，如幸福、害怕、悲哀。

拟人论（Anthropomorphism）：将人类的思想、情感归到非人的动物身上。

人工智能（Artificial intelligence）：关于诸如学习和问题解决这些认知过程的假设的或真实的计算机模型。

联想主义（Associationism）：一种关于观念之本质与根源，以及心理中感觉与观念之间关系的哲学理论。它试图对感觉、感觉观念以及观念本身是如何相互联系到一起的作出解释。

依恋理论（Attachment theory）：认为婴儿生来就具有要与其母亲保持亲密接触的生物需要的理论。

注意（Attention）：持久地集中注意力，可以使大脑用其有限的资源来加工从感觉和记忆中获得的大量信息。

行为主义（Behaviourism）：对有机体的行为及其环境进行研究，意在预测并控制其行为。

认知（Cognition）：参见认知能力。

认知能力（Cognitive ability）：参与进任何获取及加工信息的过程（如注意、学习、问题解决等）的能力。

认知结构（Cognitive architecture）：心理的设计与组织。

认知发展（Cognitive development）：关于我们一生中如何获得和使用知识的研究。

认知心理学（Cognitive psychology）：心理学的一个分支，关注于思维、问题解决、记忆、学习以及相关过程的所有方面。

认知革命（Cognitive revolution）：指的是一种用来理解人类行为的强调注意、决策、问题解决、记忆等之重要性的方法的出现。

相关系数（Correlation coefficient）：关于两个变量之间关系的统计测量。相关值的数值范围在 -1 到 +1 之间。例如，+1 表示在两个变量之间存在着正比关系（例如，当一个人的体重增加，他的身高也增加）。0 表示两个变量之间不存在任何关系（例如，一个人的身高与他的体重完全不相关），而 -1 表示两个变量之间存在着反比关系（例如，当一个人的体重增加，他的身高下降了）。

控制论（Cybernetics）：关于动物与机器的沟通与控制的科学。

发展心理学（Developmental psychology）：对有机体毕生所经历的心理过程的有次序的变化所进行的研究。

差异心理学（Differential psychology）：根据行为、人格、智力等对个体之间的差异所进行的研究。

内驱力（Drive）：有机体内部的一种动机源，它促使动物通过特定的行为而降低其影响（例如，性驱力、饥饿驱力）。

经验主义（Empiricism）：一种哲学取向，认为所有的知识都来源于经验，而不是预先决定的先天因素，同时还支持在知识的系统习得中使用实验法。

习性学（Ethology）：研究动物行为，尤其是在其自然栖息地对其进行研究的科学。

优生学（Eugenics）：对一个种族或物种的遗传特质作出改善，例如通过控制人类的交配来提高人口素质。

实验法（Experimental method）：一种研究方法，在其中，为了分析一个变量所产生的变化，要对另一个变量或因素进行系统的控制或改变。例如，可以通过实验来控制（亮或暗）一个变量的水平——如房间的光亮度——然后测量它对其他变量（如阅读的速度）所产生的影响。

实验社会心理学（Experimental social psychology）：社会心理学的一个分支，使用实验法。

存在主义（Existentialism）：该取向强调从每个个体（背负着责任）的观点理解经验的重要性，而且强调使用客观方法来获得对个体经验的理解是不可能做到的。

机能主义（Functionalism）：心理学内的一个思想流派，它强调理解心理过程与行为之机能的重要性；它会提出这样的问题，如“行为的目的是什么？”

格式塔心理学（Gestalt psychology）：一个思想流派，认为心理具有先天的组织能力，会对人们如何感知世界产生影响，而且它还发展了一系列定律来描述那些先天组织能力的操作与机能。

习惯（Habit）：以某种特定的方式来做出行为的趋势或心理倾向。

人本主义心理学（Humanistic psychology）：一种利用现象学和存在主义观念的思想流派，强调自由意志和个人责任。

特殊规律心理学（Idiographic psychology）：一种强调对个体及其独特特征进行研究的取向（参见一般规律心理学）。

信息加工（Information processing）：用计算机科学和人工智能的观念对认知进行研究。

智能（Intellect）：关于理性思维和推理的心理官能。

智力（Intelligence）：参与获得及加工信息中所涉及的任何过程（如注意、学习、问题解决等）的能力。

内省（Introspection）：人们意识到他们当前所处心理状态的过程。

最小可觉差（Just noticeable difference，JND）：一个刺激可觉察的最小变化，或者两个刺激之间可觉察的最小差异（更常指一种差别阈限）。

语言（Language）：一个使用一套惯常的声音来进行交流的体系；通常也指书面符号的使用。

学习（Learning）：由经验引起的行为的持久改变；一种学习理论就是一种对于解释这些吃就改变如何得以发生的尝试。

记忆（Memory）：大脑编码、存储以及提取信息的能力。

方法学（Methodology）：引导一种合理的科学研究之研究方法的系统组织。

动机（Motivation）：一种或多种驱动能，能够引起指向某一物体或目标的随意行为的唤起、定向以及坚持（例如，口渴会激发一个有机体做出指向于获得水的随意行为）。

先天论者（Nativist）：认为行为强烈受到遗传和生物因素影响的人，而且他们对经验和学习持贬低的态度。

需要（Need）：缺乏生存所必需的某种东西（如食物、温暖），以及缺乏诸如安全感、爱、尊重这些更为复杂的需要。

神经心理学（Neuropsychology）：将心理学原理用于对人类行为之神经基础的研究。

一般规律心理学（Nomothetic psychology）：强调对人与人之间的相似性进行研究，并试图确定适用于大多数人的关于行为的一般原理或定律的取向（参见特殊规律心理学）。

有机体（Organism）：一种活着的生物。

教育学（Pedagogy）：关于教学的科学或专业。

知觉（Perception）：一个有机体凭其来选择、组织以及解释感觉的过程。

人格（Personality）：一个人之行为与品质的总体，这将他与其他所有人区别了开来。一种关于人格的心理学理论就是一种对于人格是如何组织起来的以及人格中为什么会存在差异这些问题作出解释的尝试。

现象学（Phenomenology）：一种强调对意识经验进行分析而试图不受到预期或前概念影响的取向。

实证主义（Positivism）：与经验主义相似的哲学取向，认为科学应该只以可观察的科学事实以及它们之间的逻辑关系为基础。

实用主义（Pragmatism）：一种哲学视角，提出，要理解一个计划的意义，我们首先必须理解这个计划所导致的结果。它经常与“这个计划有用吗”这个问题联系在一起。

精神分析（Psychoanalysis）：一种关于心理之组织与机能的理论，尤其强调无意识的作用。

心理生物学（Psychobiology）：关于所有行为之生物基础的研究。

心理测量学（Psychometrics）：心理测验的建构与使用。

心理物理学（Psychophysics）：关于某物的物理量（如一段时间的持续或者钱的总数大小）与其体验到的量（如感知到的持续时间或者感知到的钱的有用性）之间关系的研究。

理性主义（Rationalism）：一种哲学取向，声称知识是通过推理过程而获得的，而且认为演绎（指的是从一套在逻辑上暗含结论的前提推断出这个结论）是唯一有效的推理系统。

感觉（Sensation）：一种由对任何感觉器官的刺激所导致的感觉或经验。只有能够看见、听到、尝到、闻到或者感觉到物体，我们才能知道它是什么（也参见知觉）。

社会学习（Social learning）：他人的行为等社会影响是如何影响一个人的思想、情感以及行为。

社会化（Socialisation）：这是一个开始于婴儿期的过程，个体通过这个过程从周围他人（包括父母和同伴）以及学校环境那里习得行为、思想、价值观以及态度。

社会心理学（Social psychology）：心理学的一个分支，尤其关注于对诸如从众、服从这些社会行为的理解。

社会生物学（Sociobiology）：关于所有社会行为之生物基础的研究。

构造主义（Structuralism）：心理学内的一个思想流派，强调理解经验之结构的重要性；它会提出“经验的基本元素或构成元素是什么”这样的问题。

特质（Trait）：一种诸如焦虑或羞耻这样的心理特点或特性。

内脏（Viscera）：身体的内部器官，尤其指腹内的器官，如肠。

心理学教材中译本系列

心理学与生活（第 16 版），菲利普·津巴多、理查德·格里格 著，王垒 等译

教育心理学（第 7 版），罗伯特·斯莱文 著，姚梅林 等译

社会心理学（第 8 版），戴维·迈尔斯 著，侯玉波、乐国安、张智勇 等译

组织行为学（第 11 版），弗雷德·鲁森斯 著，王垒 等译

人力资源管理（第 7 版），劳埃德·拜厄斯、莱斯利·鲁 著，李业昆 等译

人力资源管理（第 10 版），韦恩·蒙迪 著，谢晓非 等译

异常与临床心理学，保罗·贝内特 著，陈传锋、严建雯、金一波 等译

理解孩子的成长（第 4 版），彼得·史密斯 等著，寇彧 等译

心理学（第 7 版），戴维·迈尔斯 著，黄希庭 等译

健康心理学（第 3 版），简·奥格登 著，严建雯、陈传锋、金一波 等译

自我，乔纳森·布朗 著，陈浩莺、薛贵、曾盼盼 译

决策与判断，斯科特·普劳斯 著，施俊琦、王星 译

亲密关系（第 3 版），莎伦·布雷姆 等著，郭辉、肖斌、刘煜 译

态度改变与社会影响，菲利普·津巴多、迈克尔·利佩 著，邓羽、肖莉、唐小艳 译

影响力心理学，菲利普·津巴多、迈克尔·利佩 著，邓羽、肖莉、唐小艳 译

管理决策中的判断（第 6 版），马克斯·巴泽曼 著，杜伟宇、李同吉 译

阅读障碍与阅读困难——给教师的解释，达斯 著，张厚粲、徐建平、孟祥芝 译

APA 出版手册（简明版），美国心理学会 编著，周晓林、叶铮、张旋、曹琳 译

心理学与我们（第 7 版），罗伯特·费尔德曼、黄希庭 著，黄希庭 等译

心理学实验的设计与报告（第 2 版），彼得·哈里斯 著，吴艳红 译

心理学研究方法（第 7 版），约翰·肖内西 著，张明、吴艳红、郭秀艳 等译

危机中的青少年（第 3 版），麦克沃特 等著，寇彧 等译

心理学精要（第 5 版），戴维·迈尔斯 著，黄希庭 等译

跨文化社会心理学，史密斯 等著，严文华 等译

心理统计导论（第 9 版），理查德 · 鲁尼恩 等著，林丰勋 译

改变心理学的 40 项研究（第 5 版），罗杰 · 霍克 著，白学军 译

像心理学家一样思考（第 2 版），唐纳德 · 麦克伯尼 著，王伟平 译

亲密关系（第 5 版），罗兰 · 米勒 等著，王伟平 译

心理学史（第 4 版），戴维 · 霍瑟萨尔 著，郭本禹、魏宏波、朱兴国、王申连 等译

人格心理学（第 2 版），兰迪 · 拉森、戴维 · 巴斯 著，郭永玉 等译

生物心理学（第 10 版），詹姆斯 · 卡拉特 著，苏彦捷 等译，彩印精装

孩子的世界：0~3 岁（第 11 版），黛安娜 · 帕帕拉 等著，陈福美 等译，彩印精装

对“伪心理学”说不（第 8 版），基思 · 斯坦诺维奇 著，窦东徽、刘肖岑 译

50 位最伟大的心理学思想家，诺埃尔 · 希伊 著，郭本禹、方红 译

认知心理学及其启示（第 7 版）， 约翰 · 安德森 著，秦裕林、程瑶、周海燕、徐玥 译

心理学英文影印版系列

（教育部高等学校心理学教学指导委员会推荐用书）

心理学与生活（第 18 版），理查德·格里格、菲利普·津巴多 著

普通心理学（第 6 版），罗伯特·费尔德曼 著，黄希庭教授推荐

心理学实验的设计与报告（第 2 版），彼得·哈里斯 著，沈模卫教授推荐

心理统计（第 9 版），理查德·鲁尼恩 等著，张厚粲教授推荐

心理学研究方法（第 6 版），约翰·肖内西 等著，周晓林教授推荐

社会心理学（第 8 版），戴维·迈尔斯 著，彭凯平教授推荐

发展心理学（第 9 版），黛安娜·帕帕拉 等著，林崇德教授推荐

变态心理学（第 9 版），劳伦·阿洛伊 等著，王登峰教授推荐

心理测验与评估（第 6 版），罗纳德·科恩 等著，彭凯平教授推荐

认知心理学基础（第 7 版，双语版），里德·亨特 等著，傅小兰教授推荐

心理测验与评估学习指南，罗纳德·科恩 著

心理统计学习指南（双语版），戴维·皮滕杰 著，林丰勋教授译注

异常与临床心理学，保罗·贝内特 著，陈传锋教授推荐

人格心理学（第 2 版，双语版），兰迪·拉森 等著，郭永玉教授推荐

生物心理学（第 9 版），詹姆斯·卡拉特 著，苏彦捷教授推荐

心理测验：历史、原理及应用（第 5 版），罗伯特·格雷戈里 著，闫巩固教授推荐

英汉对照心理学大词典（第 3 版），阿瑟·雷伯 等著，王垒 等译注

变态心理学（第 13 版），詹姆斯·布彻 等著，贾晓明教授推荐

社会研究方法（第 6 版），威廉·纽曼 著，辛涛教授推荐

如何成为质性研究专家（第 3 版），科琳·格莱斯 著，刘力教授推荐

改变心理学的 40 项研究（第 5 版），罗杰·霍克 著，白学军教授推荐

这才是心理学（第 8 版），基思·斯坦诺维奇 著，杨中芳教授推荐

当代组织行为学，莉·汤普森 著，谢晓非教授推荐

教育心理学（第 7 版，双语版），罗伯特·斯莱文 著，姚梅林 等译注